U0275122

陆战武器

鉴　赏　（珍藏版）

《深度军事》编委会　编著

清华大学出版社
北京

内 容 简 介

本书精心选取了自二战以来的300余种经典陆战武器，涵盖了坦克、装甲车、火炮、导弹、爆破武器、枪械等多个类别，着重介绍了每种武器的基本信息、整体结构和作战性能，并有准确的参数表格。全书共分为6章。第1章简明扼要地介绍了陆战武器的发展历史、前沿技术、未来趋势等知识，第2～6章则分别介绍了不同类型的陆战武器中的重要型号。

本书内容翔实，结构严谨，分析讲解透彻，图片精美丰富，适合广大军事爱好者阅读和收藏，也可以作为青少年的科普读物。

图书在版编目(CIP)数据

陆战武器鉴赏：珍藏版 /《深度军事》编委会编著. —北京：清华大学出版社，2022.7（2024.1重印）

（世界武器鉴赏系列）

ISBN 978-7-302-61118-9

Ⅰ.①陆… Ⅱ.①深… Ⅲ.①陆军－武器－鉴赏－世界 Ⅳ.①E92

中国版本图书馆CIP数据核字(2022)第111972号

责任编辑：李玉萍
封面设计：王晓武
责任校对：张彦彬
责任印制：丛怀宇
出版发行：清华大学出版社
　　　　　网　　　址：https://www.tup.com.cn，https://www.wqxuetang.com
　　　　　地　　　址：北京清华大学学研大厦A座　　　邮　　编：100084
　　　　　社 总 机：010-83470000　　　邮　　购：010-62786544
　　　　　投稿与读者服务：010-62776969，c-service@tup.tsinghua.edu.cn
　　　　　质 量 反 馈：010-62772015，zhiliang@tup.tsinghua.edu.cn
印 装 者：河北华商印刷有限公司
经　　销：全国新华书店
开　　本：146mm×210mm　印　张：13.375　字　数：428千字
版　　次：2022年8月第1版　印　次：2024年1月第3次印刷
定　　价：79.80元

产品编号：094041-01

丛书序

FOREWORD

国无防不立，民无防不安。一个国家、一个民族，最重要的两件大事就是发展和安全。国防是人类社会发展与安全需要的产物，是关系国家和民族生死存亡的根本大计。军事图书作为学习军事知识、了解世界各国军事实力的绝佳途径，对提高国民的国防观念、加强青少年的军事素养有着重要意义。

与其他军事强国相比，我国的军事图书在写作和制作水平上还存在许多不足。以全球权威军事刊物《简氏防务周刊》（英国）为例，其信息分析在西方媒体和政府中一直被视为权威，其数据库广泛被各国政府和情报机构购买。而由于种种原因，我国的军事图书在专业性、全面性和影响力等方面都还存在明显不足。

为了给军事爱好者提供一套全面而专业的武器参考资料，并为广大青少年提供一套有趣、易懂的军事入门级读物，我们精心推出了"世界武器鉴赏系列"图书，内容涵盖现代飞机、现代战机、早期战机、现代舰船、单兵武器、特战装备、世界名枪、世界手枪、美国海军武器、二战尖端武器、坦克与装甲车等。

本系列图书由国内资深军事研究团队编写，力求内容的全面性、专业性和趣味性。我们在吸收国外同类图书优点的同时，还加入了一些独特的表现手法，努力做到化繁为简、图文并茂，以期符合国内读者的阅读习惯。

本系列图书内容丰富、结构合理，在带领读者熟悉武器历史的同时，还可以帮助读者提纲挈领地了解各种武器的作战性能。在武器的相关参数上，我们参考了武器制造商官方网站的公开数据，以及国外的权威军事文档，做到了有理有据。每本图书都有大量的精美图片，配合独具匠心的排版，具有较高的欣赏和收藏价值。

前言
PREFACE

陆战是人类历史上最古老的战争形式，比海战和空战起源更早。在冷兵器时代，陆战主要是由配有冷兵器的士兵结成一定阵形，以白刃格斗决胜负。这种以冷兵器杀伤作为陆战基本内容的格斗方式，经历了徒步格斗、车战、步骑战等阶段，持续了一个漫长的历史时期。

火器的出现，特别是随着线膛兵器的出现和广泛应用，火力逐渐成为决定陆战胜负的一个重要因素。20世纪上半叶的两次世界大战，对陆战和陆战武器的发展起到了极大的促进作用，各类陆战武器不断升级，也有新的陆战武器横空出世。与此同时，陆战的战略战术也随着陆战武器的发展而不断变化。

冷战时期，随着现代科学技术的发展，许多国家的陆军部队装备了导弹、核武器、主战坦克、各类先进的火炮和枪械，以及电子、红外等技术器材，军队的火力、突击力、机动力明显增强，防护力也有很大提高，针对核、化学、生物武器袭击的防护和对精确制导武器的防护，已成为现代陆战的重要因素之一。

本书紧扣军事专业知识，不仅带领读者熟悉武器构造，而且可以帮助读者了解武器的作战性能，特别适合作为广大军事爱好者的参考资料和青少年的入门读物。全书共分为6章，涉及内容全面合理，并配有丰富而精美的图片。

本书是真正面向军事爱好者的基础图书。本书由资深军事团队编写，力求内容的全面性、趣味性和观赏性。全书内容丰富、结构合理，关于武器的相关参数还参考了制造商官方网站的公开数据，以及国外的权威军事文档。

　　本书由《深度军事》编委会创作，参与本书编写的人员有阳晓瑜、陈利华、高丽秋、龚川、何海涛、贺强、胡妹婷、黄启华、黎安芝、黎琪、黎绍文、卢刚、罗于华等。对于广大资深军事爱好者，以及有意掌握国防军事知识的青少年来说，本系列图书不失为最有价值的科普读物。希望读者朋友们能够通过阅读本书，循序渐进地提高自己的军事素养。

　　本书赠送的相关资源均以二维码形式提供，读者可以使用手机扫描下面的二维码下载并观看。

目录 CONTENTS

第 1 章
陆军和陆战武器

陆军是最古老的兵种，从有军队存在开始就有陆军。冷兵器时代的陆军主要由步兵、弓兵和骑兵组成，现代陆军已经包含航空兵、机械化步兵、炮兵、装甲兵等多个类别。与此同时，陆战武器也随着陆军的发展而变化。

现代陆军发展简史

　　陆军是地面作战的核心力量，是现代化三军中历史最为悠久的一支。17～18世纪末期，许多国家已经正式将军队区分为陆军和海军，其中陆军又可分为战斗部队（主要包括步兵、骑兵和炮兵等）和勤务部队。19世纪初期，陆军开始走向正规化，采取统一的组织编制，使用制式的武器装备，颁布各种条令、条例，实行集中统一指挥。

　　第一次世界大战（以下简称"一战"）爆发前，为在战争中取得胜利，各国开始大规模扩充陆军，在战争中又新组建大量部队，组织结构也发生了较大变化。在此期间，步兵、炮兵仍是主要兵种，骑兵的地位有所下降，而工程兵、通信兵的作用有了提高，同时化学兵、装甲兵、陆军航空兵等新兵种和专业技术兵相继产生。

一战期间的法国陆军

　　第二次世界大战（以下简称"二战"）期间，陆军的规模进一步扩大。在战争初期，德国总兵力700余万人，而陆军就有520万人，编有214个师，其中坦克和摩托化师35个；苏联总兵力500余万人，陆军就有近440万人。此外，其他主要参战国的陆军也各有几百万人。当时陆军装备有坦克、火炮、火箭炮等新式武器，所以其火力、防御力和机动性有了空前的提高。由于战场需求，各主要参战国新组建了大量步兵师、机械化师和坦克师，有的还建立了炮兵军、坦克集团军和诸兵种合成集团军、方面军（集团军群）。

二战中的美国陆军非裔士兵

冷战期间，各类陆战武器进一步发展，陆军的人数虽不如世界大战期间多，但人员素质却越来越高。20 世纪 80 年代末，苏联陆军有 231 个师，人数达 159.6 万人；美国陆军有 18 个师，人数达 76.6 万余人。武器方面，由于各国越来越注重海陆空联合作战，所以非常注重机动性，导致一些重型坦克开始没落，取而代之的是各式各样的装甲车辆。

之后，各国陆军不断进行调整，但一直保持着相当大的规模。随着各国普遍加强陆军人员素质建设，陆军人数呈下降趋势。例如，1992 年年初，美国陆军共有 67.4 万人，编有 5 个集团军司令部、5 个军部、14 个作战师，而到 1995 年时则减至 12 个师，共 51 万人。

时至今日，一些发达国家，陆军装备为导弹、战术核武器等现代兵器，组织体制和训练也有较大改进，陆军的发展和建设达到了前所未有的水平。

即便海军和空军的地位日益提高，但陆军的地位也未出现根本性动摇。

正在训练的美国陆军士兵

正在训练的英国陆军士兵

伴随轻型装甲车作战的新西兰陆军部队

世界著名陆军部队

美国陆军第 1 步兵师

第 1 步兵师是美国陆军组建最早的师之一，因其在美国陆军史上占有多项"第一"，而且这个单位的标志有一个很明显的红色阿拉伯数字"1"，所以被美国人称为"大红1 师"。

1917 年 5 月 24 日，根据美国陆军部的指示，美国陆军将分散驻扎在多个驻地的正规陆军部队集中起来，正式组成美国第 1 远征师，并开赴欧洲作战。1919 年 7 月 6 日，第 1 远征师被改编为第 1 步兵师。

一战中，第 1 步兵师历经多次重大战役战斗，共作战 158 天，伤亡 2.2 万人，获得荣誉勋章 5 枚。

美国第 1 步兵师标识

二战中，第 1 步兵师共作战 443 天，参加大小战役战斗几十次。该师参战时间之长，俘虏敌人之多，获得勋章之多，在美军各师中名列前茅。而它付出的代价，也居美军前列，共伤亡 2.1 万余人。战争结束后，该师作为占领军留驻德国，直到 1955 年才根据轮换制度返回美国。回国后，第 1 步兵师一度在 1959 年改为训练师，1961 年又改为战备值班师。1962 年，第 1 步兵师加入进击司令部所属的战略预备队，成为执行全球战略任务的机动部队。

美国第 1 步兵师在伊拉克作战

美国陆军第 1 装甲师

第 1 装甲师隶属于美国陆军第 3 军，绰号"老勇士"。1940 年 7 月 15 日，根据美国陆军部的指示，第 1 装甲师在肯塔基州诺克斯堡举行成立庆典。

二战中，第 1 装甲师主要在北非和欧洲作战，大部分时间打的是苦战，美军中很多人认为这是一支运气很差的部队。二战结束后，第 1 装甲师被派往德国施瓦本格明德执行占领任务。1946 年 4 月至 1951 年 2 月，第 1 装甲师退出现役。1951 年 2 月，第 1 装甲师重新入役。此后，第 1 装甲师一直驻防

美国第 1 装甲师标识

在胡德堡。1971 年 5 月，第 1 装甲师大部与刚从越南战场返回美国的第 1 骑兵师一部合并组成新的第 1 骑兵师，第 1 装甲师余部退出现役。与此同时，驻德国巴伐利亚安斯巴赫的第 4 装甲师被改编为第 1 装甲师，于是"老勇士"摇身一变又"回到"德国。

20 世纪 90 年代以来，第 1 装甲师先后参加了海湾战争和伊拉克战争，并在科威特、卢旺达、乌干达、扎伊尔、土耳其、波兰、捷克和科索沃等国家和地区执行维和任务。

美军第 1 装甲师的步兵伴随装甲车作战

美国陆军第 10 山地师

第 10 山地师是一支以轻型步兵为主体、带有空中突击力量的诸兵种合成部队，也是美国陆军唯一的山地师。全师所有建制装备均可以通过空运快速部署，是执行应急作战任务的快速反应部队。

第 10 山地师的前身是 1941 年 12 月 8 日在华盛顿州路易斯堡组建的美国陆军第一支山地部队——第 87 山地步兵营（后来改为团）。1943 年 7 月 13 日，美国陆军以第 87 山地步兵营为核心，在科罗拉多州

美国第 10 山地师标识

正式组建第 10 轻型步兵师。1944 年 11 月，第 10 轻型步兵师被更名为第 10 山地师，并被授权佩戴蓝白相间的山地师臂章。

二战中，第 10 山地师主要在欧洲战场作战。在阿尔卑斯山脉下的加尔达湖畔攻坚战中，第 10 山地师歼灭了大量德军部队。二战后，第 10 山地师曾多次解散又再次成立。"9·11"事件后，第 10 山地师曾经作为美国陆军主力部队被部署在阿富汗。

美军第 10 山地师徒步行军的步兵

英国陆军第 7 装甲师

英国陆军第 7 装甲师是英国二战时期的著名装甲部队，组建于 1938 年。在北非战役中，第 7 装甲师在蒙哥马利元帅的统率下与德国名将隆美尔周旋，参加了阿拉曼等一系列重要战役，最终打败了德国的非洲军团，为取得北非战场的胜利立下了奇功，因此第 7 装甲师被称为"沙漠之鼠"。

英国第 7 装甲师标识

二战结束前，第 7 装甲师被解散。第 7 旅被派到缅甸，其跳鼠徽章变为绿色。第 4 旅被调到西西里岛，跳鼠徽章改为黑色。第 7 装甲师师部则前往意大利与美国第 5 军并肩作战，后被调回英国。20 世纪 60 年代，由于重组莱茵兵团，第 7 装甲师被撤编，降为第 7 装甲旅。后来，这支装甲部队被派遣到德国常驻。

二战期间丘吉尔检阅英军第 7 装甲师

俄罗斯陆军近卫坦克第 4 师

　　近卫坦克第 4 师即著名的"坎捷米罗夫卡"师，隶属于莫斯科卫戍部队，驻守莫斯科州西南部的纳罗 – 福明斯克市，是俄罗斯一支历史悠久、战功卓著的王牌英雄部队，曾经被誉为"俄罗斯铁拳"，是目前俄罗斯陆军中最精锐的部队之一。

　　1942 年 6 月 26 日，苏联坦克第 17 军建立，这便是近卫坦克第 4 师的前身。坦克第 17 军组建后不久就参加了斯大林格勒保卫战，并且表现优秀，因而被授予"近卫部队"的荣誉称号，并被改编为近卫坦克第 4 军。二战中，近卫坦克第 4 军辗转数千里，立下了汗马功劳。二战后，苏联将坦克军和机械化军缩编为坦克师和机械化师，近卫坦克第 4 军也被缩编为近卫坦克第 4 师。

俄罗斯近卫坦克第 4 师标识

2009 年，近卫坦克第 4 师更被降级为旅，直到 2013 年才重新恢复为师级部队。

俄罗斯近卫坦克第 4 师正在训练

法国陆军第 11 空降师

第 11 空降师隶属于法国陆军，堪称法军最重要的应急部署力量。该部队是法国军队中第一支快速反应部队，特别适合两类任务：在复杂的地形上执行反装甲作战，或是在重点地区进行机动防御作战。

法国空降部队的历史可以追溯到 20 世纪 30 年代中期，曾有多支空降部队组建后又解散。1963 年，法国重新组建了空降部队，并将其命名为第 11 空降师。之后几十年的时间里，第 11 空降师加入了多起战事并参与了联合国在乍得、黎巴嫩、吉布提等国展开的维和行动，均有出色表现。

目前，第 11 空降师的总部位于法国南部的图卢兹地区。该师以轻型装备为主，通常并不担负正面攻击敌军之类的任务，而特别适宜作为战略机动性攻击力量，以轻便快速的机动能力在快速变化的战场形势中寻机从敌军侧翼发起致命进攻。

法国第 11 空降师标识

法国第 11 空降师辖下的第 2 外籍伞兵团在卡维尔进行伞降训练

 陆战武器前沿技术

 反应装甲

　　反应装甲是指坦克受到反坦克武器攻击时，能针对攻击作出反应的装甲。最常见的爆破反应装甲，就是在坦克外表安装一层炸药，当坦克受到如反坦克导弹攻击时，引爆炸药，对反坦克导弹进行干扰破坏。

　　最初的坦克装甲都是在不断加厚装甲厚度的理念下进行技术革新的。这种方法的缺点很明显，坦克越来越重，以致发动机技术和桥梁、路面的承受能力都接近极限。特别是破甲弹、碎甲弹等炮弹种类的完善和反坦克火箭技术的发展，要求坦克装甲必须寻找其他的强化途径。20 世纪 70 年代末，以色列首先在装甲车辆上使用反应装甲。这种装甲以结构简单、廉价和显著提高防护能力等特点，显示出了广阔的应用前景。从此，反应装甲成为世界各国十分关注的一种新型装甲。

装有反应装甲的苏联 T-72 主战坦克

复合装甲

　　复合装甲是由两层以上不同性能的防护材料组成的非均质坦克装甲，一般来说，是由一种或者几种物理性能不同的材料，按照一定的层次比例复合而成，依靠各个层次之间物理性能的差异干扰来袭弹丸（射流）的穿透，消耗其能量，并最终达到阻止弹丸（射流）穿透的目的。这种装甲分为金属与金属复合装甲、金属与非金属复合装甲以及间隔装甲三种，它们均具有较强的综合防护性能。

装有复合装甲的以色列"梅卡瓦"主战坦克

三防装置

　　三防装置用以保护乘员和车内机件免受或减轻核、化学和生物武器的杀伤与破坏。这种装置出现于 20 世纪 50 年代后期，60 年代以来为大多数主战坦克所采用。

　　三防装置由密封装置 (密封组合件、自动关闭机构等)、滤毒通风装置和探测报警仪器等组成，通常分为个人式和超压式两种。个人式三防装置，乘员佩戴的防毒面具采用导管与滤毒通风装置相连，空气被净化以后，再供乘员呼吸。超压式三防装置，乘员不必佩戴面具，滤毒通风装置将污染的空气净化后送入密闭的乘员室，并形成超压，阻止污染的空气从缝隙进入车内。现代坦克一般采用超压式三防装置，还备有防毒面具等个人防护器材。

装有三防装置的英国"挑战者2"主战坦克

陆基中段反导拦截技术

弹道导弹的飞行是抛物线状的，一般分为三个阶段：第一个阶段就是导弹从发射架发射到导弹飞出大气层的过程，这个阶段是在大气层内的飞行，一般称为导弹的上升段；第二个阶段就是导弹飞出大气层外，在大气层外向目标区域飞行的过程，一般称为飞行中段；第三个阶段就是导弹到达目标区域上空附近，重返大气层，命中目标的过程，一般称为重返大气层阶段或再入段。

实际上，反导技术主要是针对这三个不同的飞行阶段进行拦截的技术：第一种是针对上升段的拦截技术就是上升段拦截技术，从导弹飞行的阶段来看，拦截得越早效果会越好，因此国际反导技术的发展趋势是尽可能地提前拦截，如果能在上升段拦截是最好的，但难度也是最大的。典型的上升段拦截技术有美国研发的装在波音747飞机上的ABL机载反导武器系统。

第二种是在弹道导弹的飞行中段，也就是在大气层外实施拦截的技术，这就是陆基中段反导拦截技术。这个阶段的拦截效果也较好。

第三种是针对导弹飞行的末段，也就是再入段进行拦截的技术，一般称为末段拦截技术。末段拦截实际上是在大气层内实施拦截的。目前世界上多数反导武器都是采用末段拦截技术的武器，例如美国"爱国者3"导弹、俄罗斯S-400导弹等。这些导弹都具备在大气层内针对导弹的末段进行拦截的能力，它们都属于末段反导技术的范畴。

世界上有能力制造导弹的国家有30多个，拥有导弹的国家超过100个，但能研发反导武器和技术的国家极少。就整个世界反导拦截技术发展水平来看，美国、俄罗斯、以色列等国都已具备开发末段拦截技术的能力，英国、印度由于购买了美国、俄罗斯的反导产品，也具备这样的能力。而中段导弹防御系统的系统组成庞杂、技术难度极高，此前世界上只有美国和日本进行过相关试验。

导弹防御系统决定国家的最终战略威慑力，意义十分重大。根据当前导弹技术水平，舰载防空导弹受到舰艇吨位以及导弹、雷达性能的限制，还无法拦截中段飞行的弹道导弹。只有大推力陆基导弹才有能力拦截中段飞行的弹道导弹。

陆基中段导弹防御系统由远程预警系统、拦截系统和指挥管理系统组成，主要用来对敌方中远程弹道导弹进行探测和跟踪，然后从陆地发射拦截器，在敌方弹道导弹飞行中段将其拦截，使其无法飞临我方本土。

陆基中段反导拦截技术的难点在于目标的预警、拦截弹对目标的跟踪、拦截弹头与助推器分离等方面。陆基中段反导拦截首先需要克服大气层外恶劣的条件，必须具备动能拦截器、精确探测跟踪与末段制导技术、空间作战平台总体技术与平台战时测控技术等一系列当今导弹和空间作战武器的前沿科技。

目前，美国已经成功研发陆基中段防御系统（Ground-Based Midcourse Defense，GMD）。波音综合国防系统集团是该计划主要承包商，负责监督和整合其他分包商。陆基中段防御系统的关键系统包括陆基拦截器（GBI）、战场管理指挥管制通信系统（BMC3）、陆基雷达（GBR）、改良式早期预警雷达（UEWR）、前沿配置X波段雷达（FBXB）。其中，陆基拦截器的弹头是外大气层动能杀伤拦截器（EKV）。

带外大气层动能杀伤拦截器（EKV）的陆基拦截弹

隐形技术

实现战场军事装备隐形化的技术措施多种多样，主要有外形隐形措施、电子隐形措施、红外隐形措施、视频隐形和声隐形措施等。针对探测技术方面的改进，目前正在酝酿一些新的隐形概念和新的隐形技术。

（1）等离子体隐形技术。实验证明，用等离子气体层包围军事装备表面，当雷达波碰到这层特殊气体时，由于等离子气体层对雷达波有特殊的吸收和折射特性，所以反射回雷达接收机的能量很少。例如，应用等离子体隐形技术可使一个13厘米长的微波反射器的雷达平均截面在4～14吉赫频率范围内平均减小20分贝，即雷达获取的回波能量减少到原来的1%。美国休斯实验室已进行了这方面的实验。

（2）应用仿生技术。试验证明，海鸥虽与北椋鸟的形体大小相近，但海鸥的雷达反射截面比北椋鸟的雷达反射面积大200倍。蜜蜂的体积小于麻雀，但它的雷达反射截面反而比麻雀的雷达反射截面大16倍。有关科学家们正在研究这些现象，试图采用仿生技术，寻求新的隐形技术。

（3）应用"微波传播指示"技术。这种技术是利用计算机预测雷达波在大气层中的传播情况。大气层的变化（如湿度、温度等的变化）能使雷达波的作用距离发生变化，使雷达覆盖范围产生"空隙"（盲区），同时雷达波在大气层里传播时要形成"传播波道"，其能量集中于"波道"内，"波道"之外几乎没有能量。如果突防兵器在雷达覆盖区的"空隙"内或"波道"外通过，就可避开敌方雷达的探测而顺利突防。

隐形材料是隐形技术发展的关键。目前，世界军事大国正在研发以下几种新型隐形材料。

（1）手性材料。手性是指一种物体与其镜像不存在几何对称性且不能通过任何操作使物体与镜像相重合的现象。研究表明，具有手性特性的材料，能够减少对入射电磁波的反射并能吸收电磁波。用于微波波段的手性材料都是人造的。采用手性材料的结构与微波相互作用的研究始于20世纪50年代，到20世纪80年代，有关手性材料对微波的吸收、反射特性的研究才受到了一些研究部门的重视。目前研究的雷达吸波型手性材料，是在基体材料中掺杂手性结构物质形成的手性复合材料。

（2）纳米材料。近几年来，对纳米材料的研究不断深入，证明纳米材料具有极好的吸波特性，因而引起研究人员的极大兴趣。目前，美、法、德、日、俄等国家把纳米材料作为新一代隐形材料进行探索和研究。

（3）导电高聚物材料。这种材料是近几年才发展起来的，由于其结构多样化、高度低和独特的物理、化学特性，因而引起了科学界的广泛重视。将导电高聚物与无机磁损耗物质或超微粒子复合，可望合成出一种新型的轻质宽频带微波吸收材料。

（4）多晶铁纤维吸收剂。欧洲伽玛公司研制出一种新型的雷达吸波涂层，系采用多晶铁纤维作为吸收剂。这是一种轻质的磁性雷达吸收剂，可在很宽的频带内实现高吸收效果，且重量减轻40%～60%，克服了大多数磁性吸收剂所存在的过重的缺点。

（5）智能型隐形材料。智能型隐形材料和结构是20世纪80年代逐渐发展起来的一项高新技术，它是一种具有感知功能、信息处理功能、自我指令并对信号作出最佳响应功能的材料和结构，为利用智能型材料实现隐形功能提供了可能性。

目前，隐形技术正向着综合运用、权衡隐形性能和其他性能、扩展频率范围和应用范围、降低成本等方向发展。

波兰研制的 PL-01 隐形坦克

反隐形技术

隐形技术的迅速发展对战略和战术防御系统提出了严峻挑战，迫使人们考虑如何摧毁隐形武器并研究反隐形技术。隐形技术与反隐形技术的发展，是相互制约、相互促进的，无论哪一方有新的突破，都将引起另一方的重大变化。反隐形技术的发展方向是：综合运用，系统综合（集成），开发新的反隐形技术。

由于目前隐形技术的研究主要是针对雷达探测系统的，所以，反隐形技术的发展重点也是针对雷达的。雷达实现反隐形的技术途径主要有以下三个方面：一是提高雷达本身的探测能力；二是利用隐形技术的局限性，削弱隐形武器的隐形效果；三是开发能摧毁隐形武器的武器。

目前，美国、俄罗斯、英国、法国、日本等国家都在积极发展反隐形技术，取得的进展主要表现在以下几个方面。

（1）高灵敏度雷达。高灵敏度雷达通常包括先进的单基地雷达（宽频带/超宽频带雷达、超视距雷达）、双/多基地雷达、毫米波雷达、超高距离分辨率雷达、合成孔径/逆合成孔径雷达、多功能相控阵雷达、激光雷达等。目前，美国的高灵敏度雷达已经成功研发，并运行，如研制稳定性更高的频率发生器、信号处理能力更强的系统以及动态范围更宽的接收机和模拟/数字转换器等方面，将会有新的突破。

（2）扩展雷达工作频率。由于隐形武器的设计通常是针对厘米波段雷达的，因此，将雷达的工作波段向米波段和毫米波段甚至红外波段和激光波段扩展，都将具有一定的反隐形能力。美军正在建造工作在米波段的 AN/FPS–118 超视距预警雷达。

冷战时期苏联建造的超视距雷达阵列

（3）提高雷达的探测性能。美国正在用先进技术将现有雷达加以改进。通过采用频率捷变技术、扩频技术、低旁瓣或旁瓣对消、窄波束、置零技术、多波束、极化变换、伪随机噪声、恒虚警电路等技术，来提高雷达的抗干扰能力，进而提高雷达的探测性能。通过采用功率合成技术和大时宽脉冲压缩技术，来增加雷达的发射功率。雷达接收机通过采用数字滤波、电荷耦合器件、声表面滤波和光学方法等先进技术来提高信号处理能力。在此基础上，再通过雷达联网来提高雷达的反隐形能力。

（4）空中及空间预警系统。将探测系统安装在空中或卫星上进行俯视，可提高探测雷达截面较小目标的概率。美国空军的E-3A预警机（载高脉冲重复频率的脉冲多普勒雷达）和海军正在研制的"钻石眼"预警机（载有源相控阵雷达）以及高空预警气球（载大型孔径雷达），都能有效地探测隐形目标。美国还正在研制预警飞艇、预警直升机、预警卫星等。此外，俄罗斯、英国、印度等国都很重视发展预警机的工作。

（5）高功率微波武器。隐形武器主要是通过采用吸波材料（结构吸波材料和吸波涂层）达到隐形的。但是，当它遇到高功率微波波束时，会受到损害甚至失去战斗能力。美国正在加紧研究高功率微波武器，一种可重复发射的高功率微波武器处于预研阶段，另一种高功率微波弹头处于演示阶段。俄罗斯已研制出方向性很强的高功率微波武器，可用手榴弹、迫击炮、火炮或导弹投掷。

智能弹药

智能弹药泛指采用精确制导系统，以弹体作为运载平台，通过高新技术的应用能够实现态势感知、电子对抗、战场侦察、精确打击、高效毁伤和毁伤评估等功能的灵巧化、制导化、智能化、微型化、多能化弹药，具有模块结构、远程作战、智能控制、精确打击等突出特点。

一般说来，末敏弹药、制导弹药、弹道修正弹药、巡飞侦察弹药等均属于智能弹药。就末敏弹而言，其光电探测装置能自主地获取目标和背景的有效信息，弹上计算机按某种规则、逻辑和算法并应用其目标背景特性数据库对信息进行处理、运算、分析、推理、判断并最终做出决策。这一过程在某种程度上类似于人在感官感知到某些信息后，根据其经验、知识进行分析、推理、判断并做出决定的过程。末敏弹多为子母式结构，即一发母弹装载若干枚末敏子弹。末敏子弹主要由稳定平台（如降落伞／翼）系统、弹上计算机、光电探测装置、战斗毁伤单元（如爆炸成形弹丸战斗部）、安全起爆装置等组成。作战时母弹在目标区上空抛出末敏子弹，在一定高度上末敏子弹达到稳态扫描状态，开始对区域内的目标进行搜索、探测、识别、瞄准直至起爆战斗部从顶部攻击目标。目前末敏弹主要用于攻击装甲目标，如坦克、装甲运兵车、步兵战车、火箭／导弹发射车、自行火炮、雷达车等，而且在对付集群装甲或具有一定规模的编队装甲方面效能尤为卓越，可以在数分钟内歼灭敌人全部来犯的装甲力量。从这个意义上讲，末敏弹是具有一定战略意义的武器，因为它在某种程度上可能改变陆战的形态，以往那种大规模装甲力量的对抗场面也许再也不会出现。

　　近年来，智能弹药得到了迅速发展，一方面是因为光电子技术、计算机技术、信息处理技术、原材料元器件技术、精密制造技术等的巨大进步给智能弹药的发展提供了强有力的支撑和推动。另一方面则是因为世界军事变革和战争形态的改变对智能弹药提出了强烈的需求。美国是研发智能弹药投入最大、发展最快的国家，也是实战使用最多的国家。智能弹药在战场上屡试不爽，表现出了卓越的效能。智能弹药的广泛应用不仅是现代战争形态变化的重要标志之一，而且也是决定战争最终胜负的关键因素之一。

　　2015 年，俄罗斯军队正式出动战机开始对叙利亚恐怖组织武装势力进行空袭，整个作战不惜成本，不但使用了大量的导弹和精确制导炸弹，还用上了昂贵的集束式末敏弹打击地面装甲部队。叙利亚恐怖组织武装势力有不少搜刮来的坦克和装甲车，使用集束末敏弹可以一次消灭大量目标。末敏弹在空中释放后开减速伞，同时搜索地面目标，找到车辆后会用自煅破片战斗部发射出高速弹头打击车辆防护薄弱的顶部。

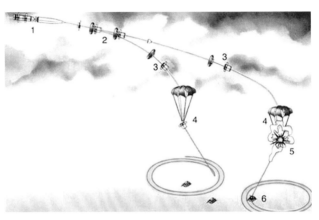

炮射末敏弹药作战过程示意

 # 智能可穿戴设备

21 世纪以来，随着智能可穿戴设备在民用市场领域的深入，一些国家开始探索其在军用领域的用途，并投入大量的人力、物力和财力去实施智能可穿戴设备系统的军用应用计划，如美国的"陆军勇士单兵系统"、俄罗斯的"狼士兵 2000 单兵作战系统"、法国和意大利的"未来步兵单兵作战系统"、英国的"重拳系统"、韩国的"未来部队勇士系统"、日本的"下一代近战信息共享系统"、印度的"未来步兵作战系统"以及德国的"IdZ 士兵系统"，并取得了一定的成果，形成了"智能衬衣"、可穿戴外骨骼系统、智能头盔和人体供电设备等系列化产品。

随着智能可穿戴设备在军用领域的应用范围越来越广，设备的

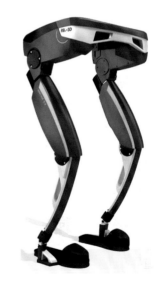

法国"大力神"可穿戴外骨骼

种类也变得越来越繁多，并呈现系列化和多样化的趋势。但从单兵作战系统角度，可以按照智能可穿戴设备的使用功能将其分为作战武器和监护管理两个类别。

随着计算机、微型传感器和智能制造技术的迅猛发展，智能可穿戴设备真正实现了贴身便捷携带的目标，也极大地扩展了士兵的生理功能，使得作战武器类智能可穿戴装备的类别也越来越多，大约可以分为智能头盔类、武器类、监测传输类、安全防护类以及智能外骨骼系统类。其中，智能外骨骼系统类主要指军用可穿戴外骨骼。例如英国采用碳纤维复合材料研制的"矫正负重辅助装置"、法国研制的"大力神"可穿戴外骨骼、荷兰研发的"外置伙伴"可穿戴外骨骼等，它们均可大幅度提高士兵的负载能力。归根结底，军用可穿戴外骨骼可以认为是一种可穿戴式的机械装置或机器人，它们不仅可以扩充或增强人体的生理机能，而且能够提高士兵的负重运动能力、减轻负重对士兵的损伤，从而提高士兵负重情况下的持久作战能力；同时还可以作为武器设备的搭载平台，提高单兵作战能力。

除作战武器领域之外，智能可穿戴设备在监护管理方面也有较为广泛的应用。这类设备可以分为安防管理装备、生理检测与医疗辅助装备和智能化装备检修设备，其中比较典型的是穿戴式生理监测与医疗辅助装备，在各国军事训练及战场救护方面几乎都有所应用。

随着智能人机交互技术、智能传感技术、柔性电子技术及数据信息处理技术的不断突破以及各国综合国力竞争愈演愈烈，未来战争逐渐呈现信息化、多样化、科技化。可穿戴设备是支撑单兵作战的重要装备，也决定了单兵作战的能力，但军事领域对可穿戴设备有着特殊化要求，致使军用可穿戴智能装备必将变得越来越智能化、越来越便捷化、越来越美观化、越来越多样化，届时军用智能可穿戴设备的类别也将不再局限于作战武器类和监护管理类，将会是琳琅满目、应接不暇。

弹道导弹机动变轨技术

弹道导弹是一种在火箭发动机推力作用下先按预定程序飞行、关机后再沿自由抛物线轨迹飞行的导弹，是目前各大国重要的火力投射手段。随着弹道导弹威胁的不断增强，各国开始开发相应的反导技术，将天基、陆基、海基多平台传感器和拦截弹整合起来，打造战略防御盾牌。为了击破这些"盾牌"，保证弹道导弹攻击的有效性，各国对突防技术进行了大量研究。弹道导弹突防措施是指通过不同手段提高弹道导弹突防概率、防止敌方拦截的技术手段，可有效提高对敌威慑力，是弹道导弹中不可缺少的重要组成部分。典型的突防措施可分为电子对抗、诱饵装置、多弹头技术、机动变轨等。其中，机动变轨是各国重点发展的突防方式。

印度"烈火"Ⅴ型弹道导弹发射升空

机动变轨可使敌方的反导系统难以预测导弹轨迹，显著降低敌方预警系统对导弹的弹道预警和跟踪能力。典型的突防方式包括全弹道机动和弹道末段机动两种。

全弹道变轨主要采取低弹道、高弹道、机动滑翔弹道或部分轨道轰炸技术等。采用低弹道飞行可缩短反导系统的拦截时间；采用高弹道则是指弹头以近似垂直的角度再入大气层，弹头速度极高，敌方反导系统难以对垂直方向进行探测覆盖和拦截；采用滑翔弹道机动飞行时，弹头先进入高弹道，再做低空滑翔，向目标俯冲，这具备较低的弹道高度，难以拦截。在采用部分轨道轰炸技术时，弹头将以高弹道从反导系统的薄弱方向进入目标区，或压低弹道，提高速度，缩短敌方拦截时间，以达到突防效果。

弹道末段机动变轨是指当弹头再入大气层时，先按预定轨道飞行，使敌方反导系统误判，然后改变弹道，从另一轨道进入目标区，此时与目标距离很近，留给敌方的拦截时间很短，难以进行拦截。

此外，弹道导弹可以采用中段和末段的精确制导，包括激光陀螺、星光制导技术及末段制导技术、先进的惯性加星光修正和地形匹配末段制导技术等，以保证弹道导弹的机动性和命中精度，印度"烈火"Ⅴ型弹道导弹就广泛采用了地形匹配末段制导技术，提高自身命中精度。

液体防弹衣

冷兵器时代，人们利用盔甲来阻挡武器刺入人体。到了热兵器时代，由皮革、金属制成的盔甲也演变成了由复合材料制成的防弹衣。然而，尽管有了不少的改进，现代防弹衣仍然有一些与古代盔甲相同的缺点。无论盔甲是由金属板、皮革还是织物层制成的，通常都很笨重。而且，盔甲和防弹衣往往是刚性的，所以它们不适合用于手臂、腿和脖子的防护。因此，中世纪的板甲都留有缝隙和关节，可以让人活动，而现代使用的防弹衣通常只保护头部和躯干。不过，这种局面可能很快就要改变了。

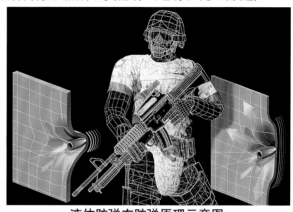

液体防弹衣防弹原理示意图

2011 年，英国宇航系统公司在伦敦防务产品展上推出了一种液体防弹衣。它有一个昵称又叫"防弹蛋奶糊"，这是因为用于制作它的特殊液体材料与英国人常喝的蛋奶糊具有某些相似点。当蛋奶糊被加热并搅拌时，它就会变稠变厚，而这种特殊液体材料在受到子弹撞击以后也会迅速变厚变硬。这种液体材料被称为"剪切增稠液体"（Shear Thickening Fluid，STF），英国宇航系统公司研发人员将其灌输至美国杜邦公司生产的多层凯夫拉纤维中间，然后用这种"复合材料"制作成新型防弹衣。

英国宇航系统公司研究人员利用 9 毫米手枪对 31 层凯夫拉尔纤维防弹衣和 10 层加入"剪切增稠液体"的新型防弹衣进行了测试，结果显示，子弹在击中新型防弹衣后攻击力会被分散，大大降低了士兵受伤和阵亡的概率。这种防弹衣对大威力枪械的防护效果也很好，包括塔利班使用的 AK–47 突击步枪。

除英国外，美国、波兰等国也在研发液体防弹衣。虽然现在液体防弹衣还没有完全为战斗做好准备，但实验室的研究表明，液体防弹衣绝对有潜力成为笨重的防弹背心的替代品。最终，士兵、警察和其他有需要的人，都可以用它来保护自己的躯干甚至是胳膊和腿。

陆战武器未来趋势

主战坦克迈入第四代

21 世纪以来，欧美国家一直在改进现役的第三代主战坦克，迟迟没有启动第四代主战坦克的研发计划。而这一情况在近年来得到了彻底改观：2020 年 4 月，德、法两国国防部长正式签署了共同研发第四代主战坦克 MGCS 的合作框架协议。根据协议，德、法两国将各承担 50% 的资金和相关风险，新一代主战坦克将于 2035 年左右开始服役，取代现役的"豹"2 系列和"勒克莱尔"主战坦克。而两国首先要完成的就是概念开发和初步设计，将分别出资 1.5 亿欧元，之后再各投资 2.5 亿欧元进行方案设计，预计在 2027 年之前生产出第一辆原型车。而准备配装在 MGCS 主战坦克上的新一代 130 毫米大威力高压滑膛炮，已经率先安装在德国莱茵金属防务公司与英国宇航系统公司合作的"挑战者"2 改进型主战坦克样车上进行测试。

继德、法两国之后，美国媒体也在 2020 年 11 月公开了美国陆军设想中的三种第四代主战坦克概念方案。这三种概念方案被统称为"可选载人坦克"（OMT），意味着也有可能发展成为无人坦克使用，这一理念与美国空军下一代战机采用有 / 无人驾驶方案是一致的。而且，三种概念方案在炮塔、主炮以及车体布局设计上差别较大，战斗全重也不同，但是都比美国陆军最新的 M1A2C 主战坦克更轻。

美国陆军 M1A2C 主战坦克

轻中型坦克受重视

除了主战坦克，世界各国在 30 吨级中型 / 轻型坦克的发展上也开始投入更多的人力、财力，部分型号已经批量装备部队。美国陆军机动防护火力项目取得了新进展，参与竞标的美国通用动力地面系统公司和英国宇航系统公司分别完成了各自的新一代轻型坦克样车。前者在"埃阿斯"履带式底盘上采用了大量 M1A2C 主战坦克的技术，配备 1 门 120 毫米滑膛炮，车组成员为 4 人；后者基于 M8 装甲炮系统设计，采用 1 门配备自动装弹机的 105 毫米线膛炮，车组成员为 3 人。

此外，以色列埃尔比特公司为了竞标菲律宾陆军采购项目，也推出了一款名为 Sabrah 的轻型坦克，其对手是韩国韩华系统公司的 K21–105 轻型坦克以及土耳其与印度尼西亚联合研制的"卡普兰"轻型坦克。而印度陆军为了高原山地地区应急作战的需要，也向俄罗斯紧急求购一批 2S25 "章鱼 –SD" 125 毫米履带式自行反坦克炮，作为轻型坦克使用。

可作为轻型坦克使用的 2S25 "章鱼 -SD" 自行反坦克炮

步兵战车重型化

自德国"美洲狮"步兵战车和俄罗斯 T-15 步兵战车之后，世界新一代步兵战车发展掀起了一阵重型化的风潮。以往，各国研发的履带式步兵战车大多在 25 吨以内，如果是轮式步兵战车则还会更轻一些。但是，随着各国陆军对于步兵战车防护性能提出了更高的要求，其战斗全重也随之水涨船高了。

韩国韩华公司研发的新一代 AS21"红背蜘蛛"步兵战车在 2020 年进入澳大利亚陆军"陆地 400"第三阶段项目，与德国莱茵金属公司的 KF41"山猫"步兵战车争夺最后的胜利。AS21"红背蜘蛛"步兵战车的战斗全重就高达 42 吨，几乎与德国"美洲狮"步兵战车相当。而该步兵战车的改进原型——K21 步兵战车的战斗全重只有 26 吨，改进型中增加的相当一部分重量都用于加强装甲防护了。此外，新加坡陆军装甲部队装备的"猎

俄罗斯 BMPT 坦克支援战车

人"步兵战车，战斗全重也达到了 30 吨。而以色列研制的"埃坦"8×8 轮式装甲战车，战斗全重达到了 35 吨，比其他国家的履带式步兵战车甚至轻型坦克都要重。

除了各国新研发的步兵战车，欧美各国也在继续改进现役型号。2020 年，美国国防部与英国宇航系统公司签订了一份改装升级 159 辆最新型 M2A4"布雷德利"步兵战车的合同。该型战车保留了原有的武器系统，新增加的设备包括：最新的数字化车载电子设备，用于最佳态势感知、网络连接和通信；新型灭火装置和简易爆炸物干扰系统；全新升级的发动机和

变速箱、任务命令套件，以及旨在提高驾驶员态势感知能力的热成像观察系统等，其战斗全重也达到了 36.3 吨。

此外，俄罗斯陆军在 2020 年 12 月也接收了首批 BMPT 坦克支援战车。这也标志着这款磨砺了数十年、早已经出口到其他国家的"全能战车"，终于在本国"修成了正果"。

常规火炮全能化

冷战以来的几场局部战争中，精确制导武器、隐形飞机等现代装备颇受关注，而曾是美国陆军主要火力支援的炮兵却表现平平。在伊拉克战争中，甚至出现由于先头部队进攻速度太快，导致炮兵无法跟进实施火力支援的现象。如今美军在作战中一旦遭遇难啃的"硬骨头"，普遍做法是呼叫空中支援。然而，伊拉克战场经验表明，在现代城市作战中，轻装部队需要强大且持续的地面火力支援，以攻击藏身在作战工事和建筑物中的敌军。尤其是在恶劣天气条件下空中支援效果大打折扣，炮兵火力尤显重要。因此，近年来美军开始重新重视传统火炮的作用，推动炮兵回归战场。

美国陆军在 155 毫米榴弹炮的发展上，长期坚持采用 39 倍口径身管。直到发现其射程已经大大落后于其他国家的同类火炮后，美国陆军才幡然醒悟，在 M109A7 型 155 毫米自行榴弹炮基础上研制了采用 58 倍口径超长身管的 XM1299 增程火炮。2020 年 3 月，由英国宇航系统公司改装的 XM1299 增程火炮样炮进行了发射 M982"亚瑟王神剑"制导炮弹和新一代 XM1113 型火箭增程炮弹的测试。在测试中，XM1299 增程火炮发射 M982"亚瑟王神剑"制导炮弹的射程达到了 65 千米。而使用 39 倍口径的 155 毫米榴弹炮发射该型炮弹，则最大射程也只能达到 40 千米，更长身管的增程效应由此可见一斑。

除了更远的射程，美国陆军也在想方设法拓展 155 毫米榴弹炮的全功能化和多用途性能。2020 年 9 月，美国陆军在新墨西哥州白沙导弹靶场，以 M109A6 型 155 毫米自行榴弹炮为平台发射超高速炮弹（HVP），将模拟巡航导弹目标的 BQM-167 靶机击落。将大口径榴弹炮用于反巡航导弹，也只是美军在拥有一定技术基础之后才能够付诸实施的创意之举，同时也给了其他国家一定的发展启示。

美国 M109A7 型 155 毫米自行榴弹炮

超级火炮成新宠

近年来，美军对战略级别远程精确火力打击能力愈加重视。美军认为，远程战略火炮兼具远程和精确打击能力，可对对手进行阻止介入，摧毁对方雷达等系统，降低己方空中压力。2018 年 9 月，美国陆军正式公布射程在 1600 千米以上的"战略远程加农炮"计划，时任美国陆军作战部长埃斯珀强调，如同五代机能突破对手防空圈进行"踹门"作战一样，"超级火炮"也将帮美军地面部队实施先行打击以解除威胁。

射程 1600 千米的火炮听起来如同天方夜谭，实际上并非不可能。2007 年美国一家公司曾利用一根 70 倍口径、155 毫米炮管将 45 千克的弹丸加速至 1500 米 / 秒。当时该炮主要用于与电磁炮竞标美国海军"朱姆沃尔特"级驱逐舰的配套舰炮，但由于美国海军对该级舰的预算大幅削减而未被采用。2018 年美国陆军提出"战略远程火炮"计划后，该项目再次受到重视。经过改进后，该炮射程达 400 千米以上。分析认为，结合火箭增程和滑翔手段后，该炮射程很可能突破 1000 千米。

美国在冷战时期研制的 M65 原子炮

 无人武器快速发展

　　近年来，无人化成为战车的突出标签，主要国家无人战车技术发展迅猛，已具有快速机动、远程侦察、情报处理、排雷破障和火力打击等支援与作战能力。这一新型作战力量发展潜力巨大，必将成为未来陆战场的主战装备。

　　根据美国国会研究署 2019 年 2 月 22 日的报告，美国陆军计划同步开发轻型、中型和重型机器人战车，作为未来战场上可选有人驾驶战车（OMFV）的补充力量。机器人战车不仅能为 OMFV 提供防护，还能提供额外的火力支援。为了成功开发机器人战车，需要解决自主地面导航方面的问题，且必须发展人工智能技术以使机器人战车能够按照预期行使其职能。2018年 4 月，时任美国陆军部长马克·埃斯珀批准加快 OMFV 的进度，计划在 2026 财年一季度完成首批战车的部署。人类与机器人的有机结合，称为有/无人编组（MUM-T），是美国陆军大力宣扬的未来作战样式。

以色列 "守护者" 无人车

第 2 章
坦　　克

坦克是一种具有强大的直射火力、高度越野机动性和很强的装甲防护力的履带式装甲战斗车辆，是各国陆军部队地面突击力量的骨干。

美国 M1 "艾布拉姆斯" 主战坦克

M1 "艾布拉姆斯" 是美国陆军和海军陆战队的现役主战坦克。

结构解析

M1 坦克的整体构型与 "巴顿" 系列坦克截然不同，车身低矮得多。不同于以往美式坦克圆而庞大的铸造炮塔，M1 坦克的炮塔本体为钢板焊接制造，构型低矮而庞大，装甲厚度从 12.5 毫米到 125 毫米不等，正面与侧面都有倾斜角度来增加防护能力，故避弹能力大为增加，而全车体除了三个铸造部件外，其余部位都采用钢板焊接而成。

基本参数	
长度	9.78 米
宽度	3.64 米
高度	2.43 米
重量	63 吨
最大速度	72 千米／时
最大行程	465 千米

作战性能

M1 主战坦克最初使用 105 毫米线膛炮，从 M1A1 开始改用德国莱茵金属公司的 120 毫米 M256 滑膛炮。该炮可发射多种弹药，包括 M829A2 尾翼稳定贫铀合金脱壳穿甲弹和 M830 破甲弹。M829A2 穿甲弹在 1000 米距离上可穿透 780 毫米装甲，3000 米距离上的穿甲厚度约为 750 毫米。M1 主战坦克的辅助武器为 1 挺 12.7 毫米机枪和 2 挺 7.62 毫米并列机枪，炮塔两侧还装有八联装 L8A1 烟幕榴弹发射器。

M1"艾布拉姆斯"主战坦克的主炮正在开火

美国 M60 "巴顿" 主战坦克

M60 是美国陆军第四代也是最后一代 "巴顿" 主战坦克，一直服役到 20 世纪 90 年代初才从美国退役，目前仍有大量 M60 坦克在其他国家服役。

结构解析

M60 坦克是传统的炮塔型主战坦克，分为车体和炮塔两部分。车体用铸造部件和锻造底板焊接而成，分为前部驾驶舱、中部战斗舱和后部动力舱，动力舱和战斗舱用防火隔板分开。驾驶员位于车体前中央，驾驶舱有单扇舱盖。

基本参数	
长度	6.94 米
宽度	3.6 米
高度	3.2 米
重量	46 吨
最大速度	48 千米／时
最大行程	480 千米

作战性能

M60 坦克采用 1 门 105 毫米线膛炮，该炮采用液压操纵，并配有炮管抽气装置，最大射速可达 6 ~ 8 发／分。可使用脱壳穿甲弹、榴弹、破甲弹、碎甲弹和发烟弹在内的多重弹药，全车载弹 63 发。其中脱壳穿甲弹的型号为 M392A2，炮口初速 1478 米／秒。M60 坦克的辅助武器为 1 挺 12.7 毫米防空机枪和 1 挺 7.62 毫米并列机枪，分别备弹 900 发和 5950 发。此外，在该坦克炮塔的两侧还各安装有一组六联装烟幕弹／榴弹发射器。

美国 M551 "谢里登" 轻型坦克

M551 "谢里登"轻型坦克是美军专为空降部队研发的一种空降坦克，曾参与过越战、海湾战争等。

结构解析

M551 坦克的车体用铝装甲焊接而成，驾驶舱在前，战斗舱居中，动力舱在后。炮塔用钢装甲板焊接而成，车长和炮手位于炮塔内右侧，装填手在左侧。行动部分有 5 对负重轮，主动轮后置，诱导轮前置，无托带轮。负重轮为中空结构，以增加浮力。

基本参数	
长度	6.3 米
宽度	2.8 米
高度	2.3 米
重量	15.2 吨
最大速度	70 千米／时
最大行程	560 千米

作战性能

M551 坦克的主要武器为 1 门 152 毫米 M81 火炮，能发射榴弹、黄磷发烟弹和曳光弹等多种弹药，还能发射 MGM–51A "橡树棍"反坦克导弹，辅助武器为 M73 同轴机枪和 M2 重机枪。M551 坦克的一个重要设计是可以用 C–130 "大力神"运输机空运和空投。

美国 M41 "华克猛犬" 轻型坦克

M41 "华克猛犬"是美国在二战后不久研制的轻型坦克，1953 年被列入美军装备。

结构解析

M41 坦克的车体由钢板焊接而成，前上甲板倾角 60°、厚 25.4 毫米，火炮防盾厚 38 毫米，炮塔正前面厚 25.4 毫米。车内无三防装置。该坦克的制式设备包括加温器、涉深水装置、电动排水泵。行动部分每侧 5 个负重轮，独立式扭杆悬挂，并在第一、第二、第五负重轮位置安装液压减振器。履带由可拆卸橡胶衬垫的钢质履带板组成。

基本参数	
长度	5.82 米
宽度	3.2 米
高度	2.71 米
重量	23.5 吨
最大速度	72 千米／时
最大行程	161 千米

作战性能

M41 坦克装有 76 毫米 M32 火炮，该炮采用立式滑动炮闩、液压同心式反后坐装置、惯性撞击射击机构，可发射榴弹、破甲弹、穿甲弹、榴霰弹、黄磷发烟弹等多种弹药，弹药基数 57 发。火炮左侧有 1 挺 7.62 毫米 M1919A4E1 并列机枪，炮塔顶的机枪架上还装有 1 挺 12.7 毫米 M2HB 高射机枪，其俯仰范围为 −10° 到 +65°。

美国 M26 "潘兴" 重型坦克

　　M26 "潘兴" 是美国专为对付德国 "虎" 式重型坦克而设计的重型坦克，于二战末期装备美国陆军。

结构解析

　　"潘兴" 坦克的车体为焊接结构，其侧面、顶部和底部都是轧制钢板，而前面、后面及炮塔则是铸造的。车体前上部装甲板厚 120 毫米，前下部装甲板厚 76 毫米。侧面装甲板前部厚 76 毫米，后部厚 51 毫米。后面上部装甲板厚 51 毫米，下部装甲板厚 19 毫米。炮塔前面装甲板厚 102 毫米，侧面和后部装甲板厚 76 毫米，防盾厚 114 毫米。

基本参数	
长度	8.65 米
宽度	3.51 米
高度	2.78 米
重量	41.9 吨
最大速度	40 千米／时
最大行程	161 千米

作战性能

　　"潘兴" 坦克装备的 1 门 90 毫米 M3 坦克炮其炮弹穿透力极强，能在 1000 米距离上穿透 147 毫米厚的装甲，虽然比起德国 "虎" 式坦克和苏军 IS 系列坦克等重型坦克仍有一定差距，但已足够击穿当时大多数坦克的装甲。该炮可使用曳光被帽穿甲弹、曳光高速穿甲弹、曳光穿甲弹和曳光榴弹，备弹 70 发。辅助武器为 1 挺 12.7 毫米高射机枪和 2 挺 7.62 毫米机枪，备弹分别为 550 发和 5000 发。

美国 M24 "霞飞" 轻型坦克

M24 "霞飞" 是美国在二战后期使用的一款轻型坦克，1943 年 10 月 15 日定型并命名。

结构解析

M24 坦克采用传统的美国坦克的整体设计，以及发动机后置、主动轮前置的单炮塔设计。全车共有 5 个舱门，正、副驾驶员各有 1 个大型舱门，而且舱门打开时不受炮塔位置的限制，炮长和装填手各有 1 个独立的舱门，车体底部有 1 个逃生舱口。炮塔没有吊篮，炮塔内成员的座椅被直接安装在座圈上。

基本参数	
长度	5.56 米
宽度	3 米
高度	2.77 米
重量	18.4 吨
最大速度	56 千米／时
最大行程	161 千米

作战性能

M24 坦克的主炮为 1 门 75 毫米 M6 火炮，具备击毁德国四号坦克的能力。此外，该坦克还配有 2 挺 7.62 毫米机枪和 1 挺 12.7 毫米机枪作为辅助武器。M24 作为轻型坦克，其装甲较为薄弱，车身装甲厚度为 13 ～ 25 毫米，炮塔装甲厚度为 13 ～ 38 毫米。德国坦克和反坦克武器可以较轻松地将其摧毁，甚至单兵反坦克武器也可以将其击穿。

美国 M4 "谢尔曼" 中型坦克

　　M4 "谢尔曼" 是美国在二战时期研制的一款中型坦克，1941 年 9 月定型并命名。

结构解析

　　虽然"谢尔曼"坦克在型号上统称为M4，但车身、发动机、炮塔、火炮、悬挂、履带等几乎每种型号就是一种新规格，可以说是一种多规格的坦克。各种改进型坦克上共装有4 种不同型号的发动机，变速箱为机械式，行动部分采用平衡式悬挂装置，每侧 6 个负重轮分成 3 组，主动轮在前，诱导轮在后。

基本参数	
长度	5.85 米
宽度	2.62 米
高度	2.74 米
重量	30.3 吨
最大速度	42 千米／时
最大行程	161 千米

作战性能

　　"谢尔曼"坦克装备了 1 门 M3 型 75 毫米 L/40 加农炮，能够在 1000 米距离上击穿 62 毫米钢板。改进型 M4A3 换装 1 门 75 毫米 53 倍身管火炮，1000 米距离上的穿甲能力增强到 89 毫米。该坦克的炮塔转动装置是二战时期最快的，转动一周的时间不到 10 秒。"谢尔曼"坦克还是二战时期唯一装备了垂直稳定器的坦克，能够在行进中瞄准目标开炮。即使如此，该坦克的火力也依然比不上德国的"虎"式和"豹"式坦克。

美国 M3 "格兰特 / 李" 中型坦克

　　M3 "格兰特 / 李" 是美国在二战时期研制的一款中型坦克，1941 年 8 月开始生产。

结构解析

　　M3 中型坦克的外形和结构有很多与众不同的地方，它的车体比较高，炮塔呈不对称布置，有两门主炮，车体的侧面开有舱门，三层武器配置，平衡式悬挂装置，主动轮前置，车体上有凸出的炮座。

基本参数	
长度	6.12 米
宽度	2.72 米
高度	3.12 米
重量	27.9 吨
最大速度	34 千米 / 时
最大行程	193 千米

作战性能

　　M3 中型坦克有两门主炮，一门是 75 毫米榴弹炮，装在车体右侧的凸出炮座内；另一门是 37 毫米加农炮，装在炮塔上。75 毫米火炮的射击范围有限，可全方位射击的 37 毫米火炮又威力不足。由于使用星型发动机及传动轴，M3 中型坦克的车身非常高大，因此车内空间也比较充足。但随之而来的问题是车体各侧面的投影面积较大，容易被发现并瞄准。

俄罗斯 T-14 主战坦克

T-14 是俄罗斯基于"阿玛塔重型履带通用平台"研发的新一代主战坦克，2021 年开始交付部队。

结构解析

T-14 主战坦克是首次在主战坦克上使用了无人遥控炮塔设计，3 名乘员全部集中在车体前部，其中右侧为车长，左侧前方为驾驶员，驾驶员身后是炮长，呈"品"字形布局。该坦克安装了"孔雀石"爆炸反应装甲，能够对付尾翼稳定脱壳穿甲弹和北约国家使用的反坦克炮弹。车体后部有栅栏装甲，能够抵御 50% ~ 60% 增程率的增程榴弹。T-14 主战坦克还配备了主动防御系统，炮塔和车体的连接部位至少有 5 个发射器，可以发射弹药拦截来袭的穿甲弹等。炮塔四周有主动毫米波雷达，可以探测对坦克进行攻击的各种目标。

基本参数	
长度	8.7 米
宽度	3.5 米
高度	3.3 米
重量	48 吨
最大速度	90 千米／时
最大行程	500 千米

作战性能

T-14 主战坦克装有 1 门 2A82 型 125 毫米滑膛炮，可以使用各种俄罗斯制式 125 毫米炮弹。炮管没有装置排烟筒，因为是无人炮塔设计，因此不需要排烟，使得炮管结构更坚固，承受更大的膛压，在不增加口径的情况下获得更大的威力。辅助武器为 1 挺 12.7 毫米 Kord 重机枪和 1 挺 7.62 毫米 PK 通用机枪，均可遥控操作。

俄罗斯 T-90 主战坦克

T-90 是俄罗斯于 20 世纪 90 年代研制的新型主战坦克，1995 年开始服役，目前已经装备包括俄罗斯在内的多国军队。

结构解析

T-90 主战坦克的装甲防护包括复合装甲、爆炸反应装甲和传统钢装甲三种。爆炸反应装甲安装于炮塔上，包括炮塔顶部，以抵御现在流行的攻顶导弹。炮塔前端还加装了两层复合装甲，这种复合装甲通常采用特种塑料和陶瓷制成。此外，T-90 坦克还装有三防系统和灭火装置等。

基本参数	
长度	9.53 米
宽度	3.78 米
高度	2.22 米
重量	46.5 吨
最大速度	65 千米／时
最大行程	550 千米

作战性能

T-90 主战坦克采用 1 门 125 毫米滑膛炮，型号为 2A46M，并配有自动装填机。该炮可以发射多种弹药，包括尾翼稳定脱壳穿甲弹、破甲弹和杀伤榴弹等。为了弥补火控系统与西方国家的差距，该坦克还可发射 AT-11 反坦克导弹，在 5000 米距离上的穿甲厚度可达到 850 毫米，而且还能攻击直升机等低空目标。T-90 坦克的辅助武器为 1 挺 7.62 毫米并列机枪和 1 挺 12.7 毫米高射机枪，其中 7.62 毫米并列机枪一次可装弹 250 发，备弹 7000 发，12.7 毫米高射机枪可备弹 300 发。

T-90 主战坦克在城区行驶

苏联 T-80 主战坦克

　　T-80 是苏联在 T-64 的基础改进而来的主战坦克，外号"飞行坦克"，是历史上第一款量产的全燃气涡轮动力主战坦克。

结构解析

　　T-80 坦克的车体正面采用复合装甲，车体前上装甲板由多层组成。其中外层为钢板、中间层为玻璃纤维和钢板、内衬层为非金属材料。车体前下装甲分三层，即总厚度为 80 毫米的两层钢板和一层内衬层。除此之外，在前下装甲板外面还装有 20 毫米厚的推土铲。前下装甲板

基本参数	
长度	9.72 米
宽度	3.56 米
高度	2.74 米
重量	46 吨
最大速度	65 千米／时
最大行程	580 千米

与水平面的夹角为 30°，包括推土铲在内的钢装甲厚度达到了 100 毫米。

作战性能

　　T-80 坦克的主要武器仍为 1 门与 T-72 坦克相同的 2A46 式 125 毫米滑膛坦克炮，既可以发射普通炮弹，也可以发射反坦克导弹，炮管上装有与 T-72 坦克 2A46 火炮相同的热护套和抽气装置。主炮右边装有 1 挺 7.62 毫米并列机枪，在车长指挥塔上装有 1 挺 HCBT 式 12.7 毫米高射机枪。该坦克的火控系统相较于 T-64 坦克有所改进，主要是装有激光测距仪和弹道计算机等先进的火控部件。

苏联 T-72 主战坦克

T-72 是苏联在 T-64 主战坦克的基础上改进而成的主战坦克，是一种产量极大、使用国家众多的主战坦克。

结构解析

T-72 主战坦克的重点部位采用了复合装甲，最厚处达 200 毫米，装甲板的中间为类似玻璃纤维的材料，外面为均质钢板。该坦克还使用反应装甲，不过早期的苏联反应装甲虽然能大幅提升坦克对成形弹头武器的防护能力，

基本参数	
长度	6.9 米
宽度	3.36 米
高度	2.9 米
重量	46.5 吨
最大速度	80 千米／时
最大行程	450 千米

但是反应装甲的外层却容易被小口径武器贯穿从而引爆。T-72 主战坦克的驾驶舱壁和战斗舱壁装有含铅的内衬，具有防辐射能力。

作战性能

T-72 主战坦克的主要武器为 1 门 2A46 式 125 毫米滑膛炮，可发射包括尾翼稳定脱壳穿甲弹、破甲弹以及反坦克导弹在内的多种弹药。其穿甲弹的炮口初速可达 1800 米/秒。T-72 坦克的辅助武器为 1 挺 7.62 毫米同轴机枪和 1 挺 12.7 毫米防空机枪，在坦克炮塔两边还装有多联装烟幕弹发射器。T-72 坦克的火控系统较差，远距离的命中精度不太理想。

苏联 T-64 主战坦克

T-64 是苏联在 20 世纪 60 年代研发的主战坦克，在苏联及解体后的多个独立联盟国家中服役。

结构解析

T-64 主战坦克车体前部采用了复合装甲结构，炮塔采用整体铸造加顶部焊接结构。车体前下部甲板装有推土铲，乘员舱内壁装有含铅防中子辐射的衬层，车体侧面装有张开式侧裙板。T-64 主战坦克与 T-72 主战坦克的三防装置相同，还装有类似于 T-80 主战坦克的激光报警装置。

基本参数	
长度	9.23 米
宽度	3.42 米
高度	2.17 米
重量	38 吨
最大速度	60.5 千米／时
最大行程	700 千米

作战性能

T-64 主战坦克最为突出的技术革新就是装备了 1 门使用分体炮弹和自动供弹的 125 毫米滑膛炮，让坦克不再需要专职供弹手，使乘员从 4 名减少到 3 名，有利于缩小坦克的体积和降低重量。2A26 式 125 毫米火炮通常发射 3 种不同类型的炮弹：一是尾翼稳定脱壳穿甲弹，穿甲厚度为 335 ~ 375 毫米；二是尾翼稳定榴弹，初速为 850 米／秒；三是空心装药破甲弹，初速为 900 米／秒。除发射普通炮弹外，该炮还可以发射 9M112 型炮射导弹。

苏联 T-62 主战坦克

T-62 是苏联于 20 世纪 50 年代末发展的主战坦克，其 115 毫米滑膛炮是世界上第一种实用的滑膛坦克炮。

结构解析

T-62 主战坦克的车体装甲厚度与 T-55 主战坦克基本相同，但为了减轻车重，车体顶后、底中和尾下等部位的装甲厚度有所减薄，同时采取特殊的冲压筋或加强筋等措施提高刚度。炮塔为整体铸造结构，流线型较好，防护力较 T-55 主战坦克略有增加。该坦克装有集体式防核装置，但未装集体式防化学装置。

基本参数	
长度	9.34 米
宽度	3.3 米
高度	2.4 米
重量	40 吨
最大速度	50 千米／时
最大行程	450 千米

作战性能

T-62 主战坦克的主要武器为 1 门 2A20 式 115 毫米滑膛坦克炮，炮弹基数为 40 发，正常配比为榴弹 17 发、脱壳穿甲弹 13 发、破甲弹 10 发。该坦克的辅助武器为 1 挺 TM-485 式 7.62 毫米并列机枪，供弹方式为 250 发弹箱，射速为 200 ~ 250 发 / 分。后期生产的 T-62 主战坦克装有 1 挺 12.7 毫米高射机枪，安装在装填手舱外，由装填手在车外操作。

苏联 T-54/55 主战坦克

T-54/55 系列坦克是有史以来产量最大的主战坦克，几乎参加了 20 世纪后半叶的所有武装冲突。

结构解析

T-54/55 系列坦克的机械结构简单可靠，与西方坦克相比更易操作，对成员操作水平的要求也较低。该坦克体型较小，牺牲了内部空间以及成员的舒适性。炮塔也比较矮，炮塔最大俯角仅为 5°（西方坦克多为 10°），对于山地作战常常无能为力。

基本参数	
长度	6.45 米
宽度	3.37 米
高度	2.4 米
重量	39.7 吨
最大速度	55 千米／时
最大行程	600 千米

作战性能

T-54/55 是一种相对较小的主战坦克，也就意味着在战场上提供给敌军的目标也更小。这种坦克重量较轻、履带宽大、低温条件下启动性能好，而且还可以潜渡，这使得 T-54/55 主战坦克的机动性较好。不过，由于 T-54/55 主战坦克的火炮稳定装置落后，因此它仅能在停车时进行稳定有效的射击。此外，车内的备用弹药缺乏防护，容易使坦克在被击中后引发二次爆炸。

俄罗斯 PT-76 两栖坦克

PT-76 是苏联研制的轻型两栖坦克，20 世纪 50 年代装备苏军，总产量约 7000 辆，目前仍有少量在俄罗斯军队服役。

结构解析

PT-76 两栖坦克采用钢铁焊接结构，车身呈船形而且较为宽大，其浮力储备系数为 28.1%。与同时期其他两栖车辆采用履带划水前进相比，PT-76 两栖坦克在推进方面较为先进，它由发动机带动喷水器，从车尾的喷水孔喷出。在水中行驶时，由驾驶员把发动机输

基本参数	
长度	7.93 米
宽度	3.15 米
高度	2.33 米
重量	14.6 吨
最大速度	44 千米／时
最大行程	510 千米

出动力全部转移到喷水器，而履带则完全没有动力，因此其水上速度较快。

作战性能

相比其他现代坦克，PT-76 两栖坦克的装甲比较薄弱，但对于两栖坦克来说，两栖作战能力的重要性要优于防护力。PT-76 两栖坦克参加了二战之后的多场局部战争，在实战中证明了自己的可靠性。该坦克的主要武器为 1 门 76 毫米火炮，可发射穿甲弹、破甲弹、榴弹和燃烧弹，弹药基数 40 发。辅助武器为 1 挺 7.62 毫米并列机枪，部分车上还有 1 挺 12.7 毫米高射机枪。

苏联 T-10 重型坦克

T-10 是苏联于冷战时期研制的一款重型坦克，被部署于隶属苏军的独立坦克团以及隶属于师级部队的独立坦克营。

结构解析

T-10 重型坦克的总体布局为传统式，从前到后依次为驾驶室、战斗室和动力室。车体侧面布置有工具箱和乘员物品箱，带有两条钢缆绳，没有侧裙板，车尾上装甲板使用铰链联结在下装甲板上，检修更换传动系统时可将其放下。

基本参数	
长度	9.87 米
宽度	3.56 米
高度	2.43 米
重量	52 吨
最大速度	42 千米／时
最大行程	250 千米

作战性能

T-10 重型坦克的主要作用是为 T-54/55 主战坦克提供远距火力支援和充当阵地突破战车。该坦克的主要武器为 1 门 122 毫米 D-25TA L/47 坦克炮，方向射界为 360°，高低射界为 -3° 到 +17°。T-10 重型坦克的火炮射击俯角比较小，这也是其他苏联坦克的通病。火炮俯角小的坦克在反斜面阵地上射击比较困难。

苏联 T-34 中型坦克

　　T-34 是苏联于 1940 年至 1958 年生产的中型坦克，是二战期间苏联的主战坦克之一。

结构解析

　　T-34 中型坦克的底盘悬挂系统是美国工程师克里斯蒂发明的新式悬挂系统，可以让坦克每个车轮独立地随地形起伏，产生极佳的越野能力和速度。该坦克的炮塔是铸造而成的六角形，正面装甲厚度为 60 毫米，侧面为 45 毫米，车身的斜角一直延伸到炮塔，因此 T-34 中型坦克从正面看几乎是一个直角三角形。

基本参数	
长度	6.75 米
宽度	3 米
高度	2.45 米
重量	30.9 吨
最大速度	55 千米／时
最大行程	468 千米

作战性能

　　T-34 中型坦克的主要武器最初为 1 门 76.2 毫米的 M1939 L-11 型坦克炮，1941 年时改为 76.2 毫米 F-34 长管型 41.5 倍径的高初速炮，具有更长的炮管以及更高的初速，备弹 77 发。T-34/85 又改为 85 毫米 ZiS-S-53 坦克炮，备弹 56 发。除了主炮，T-34 中型坦克还配有 2 挺 7.62 毫米的 DP/DT 机枪，一挺作为主炮旁的同轴机枪，另一挺则置于车身驾驶座的右方，初速为 662 米／秒。

苏联 BT-7 骑兵坦克

　　BT-7 是苏联 BT 系列骑兵坦克的最后一种型号，在 1935 年至 1940 年间大量生产，其设计经验还成功运用到了更新型的 T-34 中型坦克上。

结构解析

　　为了克服装甲薄弱的缺点，BT-7 骑兵坦克的车体装甲使用焊接装甲，并加大了装甲板倾斜角度，以增强防护力。该坦克采用新设计的炮塔，安装 1 门 45 毫米火炮和 2 挺 7.62 毫米机枪。为了使主炮和机枪能在夜间射击，坦克上增加了两盏车头射灯并在火炮上安装了一个遮罩。后来生产的 BT-7-2 型坦克还有两个牛角形的潜望镜。

基本参数	
长度	5.68 米
宽度	2.43 米
高度	2.29 米
重量	13.8 吨
最大速度	72 千米／时
最大行程	499 千米

作战性能

　　BT-7 骑兵坦克供远程作战的独立装甲和机械化部队使用，但因其装甲防护薄弱，不适于与敌方坦克作战，所以在 1941 年的莫斯科会战后便让其属于出色的 T-34 中型坦克之一。

苏联 KV-1 重型坦克

KV-1 是苏联 KV 系列重型坦克的第一种型号，以装甲厚重而闻名，是苏联红军在二战初期的重要装备。

结构解析

KV-1 重型坦克的早期型号装备了 1 门 76 毫米 L-11 火炮，装甲厚度达 75 毫米。车身前面原本没有架设机枪，仅有手枪口，但在后期型号上加装了 3 挺 DT 重机枪。后期型号的主炮改为 76 毫米 F-32 坦克炮，装甲厚度提升至 90 毫米，炮塔更换为新型炮塔，炮塔前部还设计了使敌军跳弹的外形。

基本参数	
长度	6.75 米
宽度	3.32 米
高度	2.71 米
重量	45 吨
最大速度	35 千米／时
最大行程	335 千米

作战性能

KV-1 重型坦克使用 1 台 12 汽缸 V-2 柴油发动机，最大速度可达 35 千米／时。由于装甲的强化，重量成为 KV-1 坦克的主要缺点，虽然不断更换离合器、新型的炮塔、较长的炮管，并将部分焊接装甲改成铸造式，可它的可靠性还是不如 T-34 中型坦克。

苏联 IS-2 重型坦克

IS-2 是苏联 IS 系列重型坦克中最著名的型号，它和 T-34/85 重型坦克构成了二战后期苏联坦克的中坚力量。

结构解析

IS-2 重型坦克的行动装置采用扭杆悬挂装置和单销式履带，每侧的 6 个负重轮是全金属的，没有橡胶轮缘。该坦克的车体和炮塔的装甲板厚度分别为：车体前上装甲板倾角 70°、厚 120 毫米，侧面装甲板厚 89 ~ 90 毫米，后部装甲板厚 22 ~ 64 毫米，底部装甲板厚 19 毫米，顶部装甲板厚 25 毫米，炮塔装甲板厚 30 ~ 102 毫米。

基本参数	
长度	9.6 米
宽度	3.12 米
高度	2.71 米
重量	45.8 吨
最大速度	37 千米／时
最大行程	241 千米

作战性能

IS-2 重型坦克的 1 门 122 毫米主炮身管长为 43 倍口径，火炮方向射界为 360°，高低射界为 -3° 到 +20°。该炮可发射曳光穿甲弹，弹丸重约 25 千克，初速为 781 米／秒，根据战后美国人的测试，在 100 米距离上穿甲厚度为 201 毫米，在 500 米距离上可以击穿 183 毫米厚的装甲。杀伤爆破榴弹的弹丸重 24.94 千克，最大射程达 14 600 米。该坦克的辅助武器为 4 挺机枪。

苏联 T-26 轻型坦克

T-26 是苏联红军坦克部队早期的主力轻型坦克，广泛使用于 20 世纪 30 年代的多次冲突及二战中。

结构解析

T-26 轻型坦克和德国一号坦克都是以英国"维克斯"坦克为基础设计的，两者底盘外形相似，但 T-26 坦克的火力大大高于德国的一号坦克和二号坦克，甚至超过了早期的三号坦克的水平。

基本参数	
长度	4.88 米
宽度	3.41 米
高度	2.41 米
重量	10.5 吨
最大速度	36 千米／时
最大行程	225 千米

作战性能

早期 T-26 轻型坦克的主炮为 37 毫米口径，后期加大为 45 毫米口径。不过 T-26 坦克的装甲防护差，没有足够的能力抵抗步兵的火力，以致苏联巴甫洛夫大将得出"坦克不能单独行动，只能进行支援步兵作战"的错误结论。

苏联 T-28 中型坦克

T-28 是苏联于 20 世纪 30 年代初开始生产的中型坦克，1933 年正式装备苏军。

结构解析

T-28 中型坦克在许多方面的设计都类似于英国 A1E1 "独立者" 多炮塔坦克。该坦克有 3 个炮塔（含机枪塔），中央炮塔为主炮塔，配 1 门 KT-28 型短身管 76.2 毫米火炮，主炮塔的右侧有 1 挺 7.62 毫米机枪，主炮塔的后部装有 1 挺 7.62 毫米机枪，这两挺机枪能独立操纵射击。主炮塔的前下方有 2 个圆柱形的小机枪塔，各装有 1 挺 7.62 毫米机枪。

基本参数	
长度	7.44 米
宽度	2.87 米
高度	2.82 米
重量	28 吨
最大速度	37 千米／时
最大行程	220 千米

作战性能

T-28 中型坦克的设计主旨是用来支援步兵以突破敌人的防线，也被设计为用来配合 T-35 重型坦克进行作战，两车有许多零件可以通用。T-28 中型坦克的车体和炮塔为钢装甲，最初为全焊接结构，后来为焊接和铆接混合式结构。主要部位的装甲厚度为 15 ～ 30 毫米。装甲较薄是 T-28 中型坦克的一个突出弱点。

苏联 T-35 重型坦克

T-35 是苏联在二战期间设计的一款重型坦克，是世界上唯一有量产的5炮塔重型坦克，也是当时世界上最大的坦克。

结构解析

T-35 重型坦克有 5 个独立的炮塔 (含机枪塔)，分两层排列。主炮塔是中央炮塔，在最顶层，装 1 门 76 毫米榴弹炮，另有 1 挺 7.62 毫米机枪。下面一层有 4 个炮塔和机枪塔，其中两个小炮塔位于主炮塔的右前方和左后方，两个机枪塔位于左前方和右后方。

基本参数	
长度	9.72 米
宽度	3.2 米
高度	3.43 米
重量	45 吨
最大速度	30 千米 / 时
最大行程	150 千米

作战性能

T-35 重型坦克的机动力低下和不可靠在实战中被充分体现了出来。所有 T-35 坦克都在德国入侵苏联的巴巴罗萨行动初期被击毁或者被俘，然而大部分损失的 T-35 坦克并非被德国击毁，而是因为机械故障。虽然从外观上看，T-35 坦克的体形巨大，但内部却极为狭窄且多隔间。

英国"挑战者 1"主战坦克

"挑战者 1"是英国皇家兵工厂研制的主战坦克，于 1983 年开始装备部队。

结构解析

"挑战者 1"主战坦克的车体和炮塔的 60°范围采用结构新颖的"乔巴姆"装甲，由两层钢板之间夹数层陶瓷材料组成，对破甲弹的防护力为均质装甲的 3 倍。所有发射弹药都储存在车体底部的防火箱中，加上其他的各种防护措施，使坦克具有相当高的战场生存能力。

基本参数	
长度	11.56 米
宽度	3.52 米
高度	2.5 米
重量	62 吨
最大速度	56 千米／时
最大行程	400 千米

作战性能

"挑战者 1"主战坦克的主炮沿用"酋长"坦克的 L11A5 式 120 毫米线膛炮，弹种和备弹量 (64 发) 也相同。该炮可以发射 L15A4 脱壳穿甲弹、L20A1 脱壳弹、L31 碎甲弹、L32A5 碎甲弹、L34 白磷发烟弹和新研制的 L23A1 尾翼稳定脱壳穿甲弹。辅助武器为 1 挺与主要器并列安装的 7.62 毫米 L8A2 式机枪和 1 挺安装在车长指挥塔上的 7.62 毫米 L37A2 式高射机枪。在炮塔正面两侧各安装 1 组由 5 具发射器组成的电击发烟幕弹发射装置。

英国"挑战者2"主战坦克

"挑战者2"是英国阿尔维斯·威克斯研制的主战坦克,曾创下世界坦克击毁最远目标纪录。目前,"挑战者2"是英国陆军和阿曼陆军的现役主战坦克。

结构解析

"挑战者2"主战坦克的炮塔采用了第二代"乔巴姆"复合装甲,并安装有三防系统。在炮塔两侧各有一组五联装L8烟幕弹发射器,而且该坦克的发动机也可以制造烟幕。"挑战者2"坦克使用的发动机为帕金斯CV-12柴油发动机,变速装置为戴维布朗TN54变速器。

基本参数	
长度	8.3米
宽度	3.5米
高度	3.5米
重量	62.5吨
最大速度	59千米／时
最大行程	450千米

作战性能

"挑战者2"主战坦克的主炮采用1门BAE系统公司皇家军械分部制造的L30A1型120毫米线膛炮,该炮也曾在"挑战者1"和"酋长"坦克上使用。它采用电炉渣精钢制成,可发射尾翼稳定脱壳穿甲弹和高爆破甲弹等多种弹药,坦克车内备弹50发。该坦克的辅助武器为1挺7.62毫米并列机枪和1挺7.62毫米防空机枪。

"挑战者 2" 主战坦克左左侧视角

英国"百夫长"主战坦克

"百夫长"是英国在二战末期研制的主战坦克，但未能参与实战，二战结束以后，"百夫长"坦克持续生产并且在英国陆军服役。

结构解析

"百夫长"主战坦克装有1台劳斯莱斯"流星"12缸汽油机，发动机功率经离合器输入梅利特–布朗公司的传动装置。该传动装置为机械式，包括变速机构、差速转向装置和汇流行星排。变速机构可提供5个前进挡和2个后退挡。

"百夫长"车体每侧有6个负重轮，每2个负重轮为1组，每组有1套同心螺旋弹簧，前后两组悬挂装置带液压减振器。

基本参数	
长度	9.8米
宽度	3.38米
高度	3.01米
重量	52吨
最大速度	35千米/时
最大行程	450千米

作战性能

"百夫长"MK1型和MK2型装有1门77毫米火炮，MK3型和MK4型改为1门带抽气装置的83.4毫米火炮，携弹量为65发，可发射初速为914米/秒的榴霰弹、初速为1432米/秒的曳光脱壳穿甲弹和初速为601米/秒的榴弹。从MK5型开始换装了105毫米L–7线膛坦克炮。

英国"酋长"主战坦克

　　"酋长"是英国于 20 世纪 50 年代末研制的主战坦克，曾被英国、伊朗、伊拉克和约旦等国使用，目前仍有一部分正在服役。

结构解析

　　"酋长"主战坦克的车体装甲厚度为 80 ～ 90 毫米，炮塔正面装甲厚度则为 150 毫米。炮塔正面有大角度的倾斜造型，避弹能力颇佳。此外整体车高也比较低矮，生存性优于美制 M60 "巴顿"主战坦克。此外，车体两侧装有侧裙，以保护悬吊系统，降低成形装药弹头的破坏。

基本参数	
长度	7.5 米
宽度	3.5 米
高度	2.9 米
重量	55 吨
最大速度	48 千米／时
最大行程	500 千米

作战性能

　　"酋长"主战坦克的主要武器为 1 门 L11A5 式 120 毫米线膛坦克炮，这也是英国主战坦克的特色（其他国家通常都采用法国地面武器系统公司或德国莱茵金属公司的滑膛炮）。该炮采用垂直滑动炮闩，炮管上装有抽气装置和热护套，炮口上装有校正装置。火炮借助炮耳轴弹性地装在炮塔耳轴孔内，这种安装方式可减少由于射击撞击而使坦克损坏的可能性。该炮射速较高，第一分钟可发射 8 ～ 10 发炮弹，之后射速为 6 发 / 分。

英国"蝎"式轻型坦克

"蝎"式坦克是英国于 20 世纪 60 年代研制的轻型坦克，被多个国家的军队采用。

结构解析

"蝎"式轻型坦克的车体为铝合金全焊接结构，驾驶员位于车体前部左侧，动力舱在前部右侧，战斗舱在后部。驾驶员有 1 个单扇舱盖，装有 1 个广角潜望镜，夜间可换为"皮尔金顿"被动式潜望镜。车长位于铝合金全焊接结构的炮塔左侧，炮长在右侧，各有 1 个单扇舱盖。

基本参数	
长度	4.79 米
宽度	2.35 米
高度	2.1 米
重量	8.1 吨
最大速度	79 千米／时
最大行程	644 千米

作战性能

"蝎"式轻型坦克装备 1 门 L23 式 76 毫米火炮，主炮左侧有 1 挺 7.62 毫米并列机枪，炮塔两侧各有 1 台电控 4 管烟幕弹发射器。该坦克在无任何装备的情况下可涉水深达 1.07 米。顶部四周安装有浮渡围帐，可以在 5 分钟内架好。在水上靠履带推进和转向，水上速度达 6.5 千米／时，如果安装推进器速度可达到 9.5 千米／时。

英国"维克斯"主战坦克

"维克斯"是英国维克斯公司于 20 世纪 50 年代末专为出口而设计的主战坦克，有 MK 1、MK 3、MK 4、MK 7 等多种型号。

结构解析

"维克斯"主战坦克基本上由"百夫长"坦克的底盘和"酋长"坦克的动力传动装置组合而成。由于利用了现成部件和成熟技术，所以"维克斯"坦克的研制周期短、费用和造价都相对低廉。"维克斯"坦克采用"乔巴姆"复合装甲，对尾翼稳定脱壳穿甲弹和破甲弹均有较好的防护效果。悬挂装置为扭杆式，车体每侧有 6 个负重轮、3 个托带轮、1 个前置诱导轮和 1 个后置主动轮。

基本参数	
长度	7.72 米
宽度	3.42 米
高度	2.54 米
重量	40 吨
最大速度	72 千米／时
涉水深度	1.7 米

作战性能

不同于英国传统的"防护第一"的指导思想，"维克斯"坦克的基本设计思想是重视火力与机动性。与其他英制现代坦克相比，"维克斯"主战坦克装甲薄、重量轻、速度快、储备行程大，还能借助尼龙帷帐浮渡江河。MK 1 型的主要武器为 1 门英国 L-7A1 型线膛炮，辅助武器为 2 挺 7.62 毫米机枪，1 挺并列机枪，1 挺车长专用的高平两用机枪，另有 1 挺 12.7 毫米测距机枪与火炮并列安装。

英国维克斯 MK.E 轻型坦克

维克斯 MK.E 是英国维克斯公司于 20 世纪 20 年代研制的轻型坦克，虽然没有被英国陆军大量采用，却被其他国家大量采用或授权生产。

结构解析

MK.E 轻型坦克的车身采用当时技术成熟的铆焊制法，为了保持一定程度的机动性，装甲略显薄弱。动力来源为维克斯公司研制的直立式四缸汽油引擎，可让坦克在铺装路面上以35 千米／时的速度前进。该坦克的车身悬吊系统上采用了台车式悬吊系统。双轨构造，左右共四对。这种悬吊系统被认为是一种相当好的系统，可以承受长距离行驶。

基本参数	
长度	4.88 米
宽度	2.41 米
高度	2.16 米
重量	7.3 吨
最大速度	35 千米／时
最大行程	160 千米

作战性能

MK.E 轻型坦克在设计时即提供两种款式的武装供军队选择：A 构型为双炮塔，每个炮塔搭载 1 挺维克斯机枪。B 构型为单炮塔，炮塔为双人式，搭载 1 挺机枪及 1 门短管 47 毫米榴弹炮。B 构型在当时属于新设计，以往炮塔设计都是单人炮塔，车长除了观测敌情以外，还要兼任武器装填手及射手，对于战况的掌控有诸多限制。

英国"玛蒂尔达Ⅱ"步兵坦克

　　"玛蒂尔达Ⅱ"是英国于二战期间所生产的步兵坦克，与"玛蒂尔达Ⅰ"坦克外形相似，但它们是两种完全不同的设计，并且没有共用组件。

结构解析

　　"玛蒂尔达Ⅱ"步兵坦克在炮塔上装了40毫米火炮，行动部分有侧护板和排泥槽，各部分的装甲厚度也得到增强。"玛蒂尔达Ⅱ"坦克主要部位的装甲厚度达 75 ~ 78 毫米，次要部位的装甲厚度为 25 ~ 55 毫米，而且一些部位采用框架式结构，增加了刚度。

基本参数	
长度	5.61 米
宽度	2.59 米
高度	2.52 米
重量	26.9 吨
最大速度	24 千米／时
最大行程	258 千米

作战性能

　　"玛蒂尔达Ⅱ"步兵坦克装有两台发动机，其优缺点显而易见。缺点是增大了动力装置的体积，占用了车内的宝贵空间，双机工作时还有同步协调的问题。唯一的优点是，当一台发动机损毁或出现故障时，靠另一台发动机可以低速行驶，保持一定的战斗力。

英国"玛蒂尔达Ⅰ"步兵坦克

"玛蒂尔达Ⅰ"是英国于二战期间所使用的一款步兵坦克，目前有3辆被保存在波文顿坦克博物馆。

结构解析

无论从尺寸和战斗全重来看，还是从乘员人数来看，"玛蒂尔达Ⅰ"步兵坦克都只能算入轻型坦克一列。由于设计思想的限制，其主要武器仅为1挺7.7毫米机枪。后来虽然换装了12.7毫米机枪，但由于原来的炮塔太小，乘员操纵射击非常不便。

基本参数	
长度	4.85米
宽度	2.28米
高度	1.86米
重量	11.17吨
最大速度	13千米／时
最大行程	130千米

作战性能

"玛蒂尔达Ⅰ"步兵坦克的车身和炮塔对于当时的反坦克武器有很好的防御作用，但是它的履带和行走部分完全是裸露的，而且这些部分很容易受到攻击，另外，它的火炮没有任何的反坦克能力，这更加限制了它在战场上的作用。炮塔内部没有安放无线电台的空间，车长必须进入车体内部使用无线电台，此外，车长还要操作机枪、给驾驶员引路。

英国"丘吉尔"步兵坦克

"丘吉尔"是英国最后一种步兵坦克，也是二战中英国生产数量最多的一种坦克。

结构解析

"丘吉尔"步兵坦克的装甲防护能力非常强，Ⅰ～Ⅵ型的最大装甲厚度（炮塔正面）达到了102毫米，Ⅶ型和Ⅷ型的最大装甲厚度更增加到了152毫米。

作战性能

基本参数	
长度	7.4米
宽度	3.3米
高度	2.5米
重量	38.5吨
最大速度	24千米／时
最大行程	90千米

与所有的英国步兵坦克一样，"丘吉尔"步兵坦克最大的弱点就是火力不足，依旧无法和德国"虎"式、"豹"式坦克正面对抗。Ⅰ型的主要武器为1门40毫米火炮，此外在车体前部还装有1门76.2毫米的短身管榴弹炮。自Ⅱ型开始，均取消了车体前部的短身管榴弹炮，而代之以7.92毫米机枪。Ⅲ型采用了焊接炮塔，其主炮换为57毫米加农炮，大大提高了坦克火力。Ⅳ型仍采用57毫米火炮，但又改为铸造炮塔。Ⅵ型和Ⅶ型都采用了75毫米火炮，均于1943年提供给英国陆军使用。Ⅴ型和Ⅷ型则采用了短身管的95毫米榴弹炮，专门用于提供对步兵的火力支援。

英国"十字军"巡航坦克

"十字军"是英国在二战时期最主要的巡航坦克，由于可靠性不足和装甲薄弱，在入侵意大利时被美国坦克取代。

结构解析

"十字军"I型是最初生产的型号，最大特点是除了有1个主炮塔外，在车体前部左侧还有1个小的机枪塔，可以做有限的转动。II型是I型的改进型，也称为I型的装甲强化型。其特点是所有的装甲厚度都加厚了6~10毫米，车体正面

基本参数	
长度	5.97米
宽度	2.77米
高度	2.24米
重量	19.7吨
最大速度	43千米／时
最大行程	322千米

和炮塔正面焊接有14毫米厚的附加装甲板。III型的生产数量最多，最大变化是换装了57毫米火炮。

作战性能

"十字军"I型的主要武器为1门40毫米火炮，辅助武器为2挺7.92毫米机枪。此外，车内还有1挺对空射击用的"布伦"轻机枪，但不是固定武器。III型的辅助武器是1挺比塞7.92毫米并列机枪，备弹5000发。

"十字军"坦克的最大速度在二战前期的坦克中名列前茅，不过"十字军"坦克的车体和炮塔以铆接式结构为主，三种型号的装甲都比较薄弱。

英国"克伦威尔"巡航坦克

"克伦威尔"是英国在二战中研制的巡航坦克，是英国在二战中使用的性能最好的巡航坦克系列之一。

结构解析

"克伦威尔"坦克的车体和炮塔多为焊接结构，有的为铆接结构，装甲厚度为8～76毫米。Ⅰ、Ⅱ、Ⅲ型装备57毫米火炮，采用克里斯蒂悬挂装置。Ⅳ、Ⅴ、Ⅶ型坦克换装了75毫米火炮，增装了炮口制退器。Ⅳ型采用铆接车体，Ⅴ型采用焊接车体，Ⅶ型加装附加装甲。Ⅵ、Ⅷ型坦克换装了95毫米榴弹炮。Ⅵ型的车体为铆接结构，Ⅷ型的车体为焊接结构，有附加装甲。

基本参数	
长度	6.35米
宽度	2.91米
高度	2.83米
重量	28吨
最大速度	64千米／时
最大行程	270千米

作战性能

虽然"克伦威尔"系列坦克的名气不如"马蒂尔达"坦克、"丘吉尔"坦克那般响亮，但其优异且均衡的性能在地中海、法国战场获得了相当高的评价，曾是英国最重要的巡航坦克。由于装备部队的时间较晚，加上火炮威力相对较弱，所以"克伦威尔"坦克在二战中发挥的作用虽然有限，但在诺曼底战役及随后的进军中也为战争的胜利做出过贡献。

英国"彗星"巡航坦克

"彗星"是英国研制的最后一种巡航坦克,其性能优秀,但未能在二战中一显身手。

结构解析

"彗星"巡航坦克的车身和炮塔都是焊接的,其车身正面装甲和"克伦威尔"坦克一样是垂直的,这不利于装甲防护,但由于更改为倾斜装甲的话就要更改模具,这在战时生产是不可能的,唯有增加其厚度,因此"彗星"坦克的车重增加了很多,不得不更换更宽的履带。

基本参数	
长度	6.55 米
宽度	3.04 米
高度	2.67 米
重量	33.2 吨
最大速度	51 千米／时
最大行程	250 千米

作战性能

"彗星"巡航坦克的战斗力和德国"豹"式坦克差不多,主要武器为1 门 77 毫米火炮,备弹 61 发;次要武器为 2 挺 7.92 毫米贝莎机枪,备弹5175 发。该坦克的动力装置为劳斯莱斯"流星"Mk3 V12 水冷式汽油引擎,功率为 441 千瓦,悬挂系统为梅里特 – 布朗 Z5 型。最厚达 102 毫米的装甲使它能抵挡德国大部分反坦克武器的攻击。

英国"谢尔曼萤火虫"中型坦克

"谢尔曼萤火虫"是英国在美国M4"谢尔曼"坦克的基础上改进而来的中型坦克。

结构解析

"谢尔曼萤火虫"中型坦克的外观构造由于美国提供的不同类型的车体及外部装备，存在少许外观差异。"谢尔曼萤火虫"坦克在装甲以及机动力上并没有优于一般的"谢尔曼"坦克，只是防盾加厚了13毫米。

基本参数	
长度	5.89 米
宽度	2.4 米
高度	2.7 米
重量	34.75 吨
最大速度	40 千米／时
最大行程	193 千米

作战性能

"谢尔曼萤火虫"中型坦克是二战时唯一可以在正常作战距离内击毁德国"豹"式坦克和"虎"式坦克的英军坦克。它的主要武器为1门76.2毫米反坦克炮，这是英国在二战期间火力最强的坦克炮，也是所有国家中最有威力的坦克炮之一。当使用标准的钝头被帽穿甲弹，入射角度为30°时，可以在500米远的距离击穿140毫米厚的装甲。

法国 AMX-13 轻型坦克

AMX-13 是法国于 20 世纪 50 年代研制的一款轻型坦克，总产量约7700 辆，主要用户为法国陆军、以色列陆军、阿根廷陆军、智利陆军、新加坡陆军等。

结构解析

AMX-13 轻型坦克的车体为钢板焊接结构，前上装甲板有两个舱口，左面是驾驶员舱口，右面是动力传动装置检查舱口。驾驶员舱盖上安装 3 具潜望镜，中间一具可换成红外或微光驾驶仪。车长位于炮塔内左侧，并使用 8 具潜望镜观察。炮手在其右侧，使用 2 具潜望镜观察。AMX-13 轻型坦克采用雷诺公司 8Gxb 水冷式汽油发动机，最大功率为 184 千瓦。

基本参数	
长度	4.88 米
宽度	2.51 米
高度	2.35 米
重量	13.7 吨
最大速度	60 千米／时
最大行程	400 千米

作战性能

AMX-13 轻型坦克安装了 1 门 75 毫米火炮，有炮口制退器并采用自动装弹机构。火炮配有穿甲弹和榴弹，弹药基数 37 发，而后期生产的坦克增加到了 44 发。辅助武器为 1 挺 7.5 毫米或 7.62 毫米同轴机枪，备弹3600 发。炮塔两侧各装有 2 具烟幕弹发射器。20 世纪 60 年代初，AMX-13 轻型坦克换装了 90 毫米火炮，备弹 34 发。此外，一些外销版本的 AMX-13 轻型坦克安装了 105 毫米火炮。

法国 AMX-30 主战坦克

　　AMX-30 是法国于 20 世纪 60 年代研制的主战坦克，除了法国陆军自己装备了 1200 余辆以外，还外销给了近十个国家。

结构解析

　　AMX-30 主战坦克的车身和炮塔是铸造的，以斜面和曲面组成。二战后的法国坦克设计以机动性优先，但 AMX-30 坦克的装甲却比德国"豹"1 坦克还重。AMX-30 坦克采用扭力杆式悬挂系统，第一对和第五对车轮有油压减震设备。

作战性能

基本参数	
长度	9.48 米
宽度	3.1 米
高度	2.28 米
重量	36 吨
最大速度	65 千米／时
最大行程	600 千米

　　AMX-30 主战坦克的主要武器为 1 门 CN-105-F1 式 105 毫米火炮，身管长是口径的 56 倍，既无炮口制退器，也无抽气装置，但装有镁合金隔热护套，能防止炮管因外界温度变化引起的弯曲。该炮可发射法国弹药，也可以发射北约制式 105 毫米弹药，最大射速为 8 发／分。该坦克的辅助武器包括 1 门装在火炮左侧的 F2 式 20 毫米并列机关炮（备弹 1050 发）和 1 挺装在车长指挥塔右边的 F1C1 型 7.62 毫米高射机枪（备弹 2050 发）。

法国 AMX-40 主战坦克

AMX-40 是由法国地面武器工业集团设计并生产的一款主战坦克，1983 年首次展出。

结构解析

AMX-40 主战坦克是法国最早采用复合装甲的坦克，通过外形和装甲倾角的合理设计，使总重量 43 吨坦克的防护性能达到最佳。驾驶舱在车体前左部，前右部为炮弹储存舱，战斗舱在车体中段，上面有一个常规炮塔，车体后部是动力舱。车体底部呈船形结构，对地雷有较好的防护性。

基本参数	
长度	6.8 米
宽度	3.36 米
高度	2.38 米
重量	43 吨
最大速度	70 千米／时
最大行程	600 千米

作战性能

AMX-40 主战坦克的主要武器为 1 门 120 毫米滑膛炮，炮管上未装抽气装置，但装有热护套。该炮配用尾翼稳定脱壳曳光穿甲弹、多用途破甲弹和尾翼稳定脱壳穿甲曳光训练弹。为了减轻装填手装弹的负担，车上装有 1 台辅助装弹装置。滑膛炮的左侧装有 1 门 F2 式 20 毫米并列机关炮，能击穿 1000 米距离上的轻型装甲目标。车长指挥塔右边装有 1 挺 7.62 毫米机枪，车长在车内操作，用于对付地面有生力量，也可用于防空。

法国 AMX-56 主战坦克

　　AMX-56 是由法国地面武器工业集团研制的主战坦克，用以取代 AMX-30 主战坦克，主要服役于法国和阿拉伯联合酋长国。

结构解析

　　AMX-56 主战坦克的炮塔和外壳采用焊接钢板外挂复合装甲式设计，可以轻松升级或更换装甲。该坦克的驾驶舱在车体左前部，车体右前部储存炮弹，车体中部是战斗舱，动力传动舱在车体后部。

基本参数	
长度	9.9 米
宽度	3.6 米
高度	2.53 米
重量	56.5 吨
最大速度	72 千米／时
最大行程	550 千米

作战性能

　　AMX-56 主战坦克使用法国地面武器工业集团制造的 1 门 CN120-26 式 120 毫米滑膛炮，并且能够与美国 M1"艾布拉姆斯"主战坦克和德国"豹"2 主战坦克通用弹药。该坦克炮配有自动装弹机（装弹速度约为 12 发 / 分），因此减少了一名坦克乘员。AMX-56 坦克的火控系统比较先进，使其具备在 50 千米 / 时的行驶速度下命中 4000 米以外目标的能力。该坦克的辅助武器为 1 挺 7.62 毫米防空机枪和 1 挺 12.7 毫米并列机枪。

法国雷诺 FT-17 轻型坦克

雷诺 FT-17 是法国在 20 世纪初期研制的轻型坦克,被著名历史学家史蒂芬·扎洛加称为"世界第一部现代坦克"。

结构解析

为方便批量生产,雷诺 FT-17 轻型坦克的车身装甲板大部分采用直角设计,便于快速接合。FT-17 坦克首次采用发动机、战斗室、驾驶舱各以独立舱间安装的设计,这样的设计让发动机产生的废气与噪声被钢板隔开,改善了士兵的作战环境。为了改善作战人员的视野与缩小火力死角,设计了可 360° 转动的炮塔。

基本参数	
长度	5 米
宽度	1.74 米
高度	2.14 米
重量	6.5 吨
最大速度	7 千米／时
最大行程	65 千米

作战性能

FT-17 轻型坦克有四种基本车型:第一种装备 8 毫米机枪 1 挺,配子弹 4800 发;第二种装备 37 毫米短管火炮,配弹 237 发;第三种为通信指挥车,将炮塔取消,装有固定装甲舱,并装备无线电台一部;第四种装备 75 毫米加农炮,其并没有装备部队。

法国 B1 重型坦克

B1 是法国在二战前开发的重型坦克，主要用于支援步兵作战和攻坚突破。

结构解析

B1 重型坦克设计新颖，主炮塔关闭之后仍有相当良好的视野，车底设有紧急逃生门，传动系统也有装甲保护，堪称二战初期火力及防护力最强的坦克之一。

作战性能

最终型号的 B1 重型坦克配备 47 毫米及

基本参数	
长度	6.37 米
宽度	2.46 米
高度	2.79 米
重量	30 吨
最大速度	28 千米／时
最大行程	200 千米

75 毫米火炮各 1 门，正面装甲厚度达 40 ~ 60 毫米，战斗重量为 30 吨。B1 坦克的重量使它在机动时显得十分笨重迟缓，而且主炮塔的设计只能容纳车长一人，必须同时兼顾搜索、装填以及射击等任务，令车长负担过重。不过，B1 坦克有两位负责无线电的乘员，其中一名可以帮助装填炮弹，加快发射炮弹的速度，增加战场的主动性。

法国索玛 S-35 中型坦克

索玛 S-35 是法国在二战中使用的一种中型坦克，1936 年开始服役。

结构解析

S-35 中型坦克的炮塔和车体由钢铁铸造而成，具有优美的弧度，无线电对讲机是标准设备，这些独特设计影响了后来的美国"谢尔曼"坦克和苏联 T-34 坦克。S-35 坦克战斗全重将近 20 吨，乘员 3 人，炮塔正面装甲厚度为 55 毫米，车身装甲厚度为 40 毫米，最薄弱的后部也有 20 毫米，防护效果相当不错。该型坦克还有自动灭火系统，关键位置设有洒出溴甲烷的装置。

基本参数	
长度	5.38 米
宽度	2.12 米
高度	2.62 米
重量	19.5 吨
最大速度	40 千米／时
最大行程	230 千米

作战性能

S-35 中型坦克装备 1 门 47 毫米 L/40 加农炮，堪称西线战场威力最大的坦克炮之一。动力系统为 1 台 8 缸汽油发动机，功率为 190 马力，公路最高时速为 40 千米/时。与德国三号坦克相比，S-35 坦克的火力和防护力都毫不逊色，只是机动性能略差。

德国"豹"1主战坦克

"豹"1是由联邦德国于20世纪60年代研制的主战坦克，也是其在二战后研制的首款坦克。

结构解析

"豹"1主战坦克的车体用装甲钢板焊接而成，前部是乘员舱，后部为动力舱。乘员舱右前部位是驾驶员位置，左前位置有炮弹储存架、通风装置和三防装置，加温装置在乘员舱右侧。炮塔为铸造结构，呈半球形，防盾外形狭长，位于车体中部之上。

基本参数	
长度	7.69米
宽度	3.7米
高度	2.79米
重量	62吨
最大速度	70千米／时
最大行程	470千米

作战性能

"豹"1主战坦克的主炮为1门英国105毫米L7线膛炮，车顶有1挺由上弹兵操作的MG3防空机枪，其同轴机枪也是MG-3机枪。"豹"1坦克的射击控制由炮手全权负责，车长则专心搜索目标。找到目标后只需进行简单操作，炮塔就会自动转到目标方位，方便炮手瞄准开火。总体来说，"豹"1坦克在机动力、火力和防护力三方面都有均衡而良好的表现。

德国"豹"2主战坦克

"豹"2是德国联邦国防军的主战坦克，被公认为当今性能最好的主战坦克之一。

结构解析

"豹"2主战坦克装有集体式三防通风装置，其空气过滤器可从外部更换，并配有乘员舱灭火抑爆装置。该坦克的车体和炮塔采用的是间隙复合装甲，车体前端为尖角形，并对侧裙板进行了加强。炮塔外轮廓低矮，具有较强的防弹性，主

基本参数	
长度	7.69米
宽度	3.7米
高度	2.79米
重量	62吨
最大速度	70千米／时
最大行程	470千米

炮弹药存储于炮塔尾舱，并用气密隔板将其和战斗舱隔离，在坦克中弹后不容易造成弹药殉爆。

作战性能

"豹"2主战坦克使用1门莱茵金属公司的120毫米滑膛炮，炮管内膛表面进行了镀铬硬化处理，具有较强的抗疲劳性和抗磨损性，发射标准动能弹的寿命为650发。该炮主要使用尾翼稳定脱壳穿甲弹和多用途破甲弹。尾翼稳定脱壳穿甲弹型号为DM13，初速为1650米／秒，最大有效射程约为3500米；多用途破甲弹型号为DM12，初速为1143米／秒。该坦克的辅助武器为1挺7.62毫米并列机枪和1挺7.62毫米高射机枪，两挺机枪共备弹4754发。在"豹"2坦克的炮塔侧后部还安装有八联装烟幕发射器，两侧各一组。

"豹"2主战坦克右侧视角

德国/法国 MGCS 主战坦克

  MGCS 是德国和法国联合研制的新一代主战坦克，该项目始于 2012 年，但直到 2020 年 4 月才正式展开研制工作，计划 2023 年完成。

结构解析

  MGCS 主战坦克将采用德国"豹"2A7 主战坦克和法国"勒克莱尔"主战坦克两者优势技术相结合的方式进行研制。底盘使用"豹"2A7 主战坦克现有装备，包括车身、发动机和悬挂系统等，并在其基础上进行完善。炮塔则使用"勒克莱尔"主战坦克的双人炮塔，而在后续的发展中很可能采用无人炮塔。发动机型号未定，但其位置位于车身前端，冷却系统位于车身尾部。

基本参数	
长度	未知
宽度	未知
高度	未知
重量	68 吨（计划）
最大速度	未知
最大行程	未知

作战性能

  MGCS 主战坦克将采用莱茵金属公司研制的 1 门 RH-130L/51 型 130 毫米坦克炮，配备新一代尾翼稳定脱壳穿甲弹。相较于装备在"豹"2A7 主战坦克上的 120 毫米坦克炮，RH-130L/51 型 130 毫米坦克炮的动能将会提高近 50%，贯穿能力更强。MGCS 主战坦克将摒弃现在常规主战坦克三人一组的方式，而采用两人操作坦克的新搭配。防护能力上，MGCS 主战坦克将装备主动和被动装甲，用以防护穿甲弹、反坦克导弹以及简易爆炸装置的袭击，并配有主动防御系统。同时配备光学保护装置，保证车内乘员免受敌方车载激光的攻击。

德国"豹"式中型坦克

"豹"式中型坦克是二战期间德国最出色的坦克之一，又称为五号坦克。

结构解析

　　"豹"式中型坦克的倾斜装甲采用同质钢板，经过焊接及锁扣后非常坚固。整个装甲只留有两个开孔，分别提供给机枪手和驾驶员使用。最初生产的"豹"式坦克只有一块60毫米厚的斜甲，但不久就加厚至80毫米，D型以后的型号更把炮塔装甲加强至120毫米。"豹"式坦克的炮塔也采用倾斜装甲，内部空间狭小，但为车长设计了一个良好的顶塔。

基本参数	
长度	8.66米
宽度	3.42米
高度	3米
重量	44.8吨
最大速度	55千米／时
最大行程	250千米

作战性能

　　"豹"式中型坦克的主要武器为1门莱茵金属公司的75毫米半自动KwK42 L70火炮，通常备弹79发（G型为82发）。该坦克的瞄准器敏感度较高，更容易击中敌人。因此，尽管"豹"式坦克的火炮口径并不大，但却是二战中最具威力的火炮之一，其贯穿能力甚至比88毫米 KwK36 L56火炮还高。"豹"式坦克还有2挺 MG34机枪，用于扫除步兵及防空。

德国"虎"式重型坦克

　　"虎"式是德国在二战期间研制的重型坦克，又被称为六号坦克或"虎"I坦克。

结构解析

　　"虎"式重型坦克的炮塔四边接近垂直，炮盾和炮塔的厚度相差无几。该坦克的装甲采用焊接，外形设计极为精简，履带上方装有长盒形的侧裙。车体前方装甲厚度为100毫米，炮塔正前方装甲则厚达120毫米，两侧和车尾也有80毫米厚的装甲。"虎"式坦克的薄弱地带在车顶，装甲仅有25毫米。

基本参数	
长度	6.3米
宽度	3.7米
高度	3米
重量	57吨
最大速度	38千米／时
最大行程	125千米

作战性能

　　"虎"式重型坦克的主要武器为1门88毫米KwK 36 L/56火炮，准确度较高，是二战时期杀伤效率最高的几款坦克炮之一。该炮可装载三种型号弹药：PzGr.39弹道穿甲爆破弹、PzGr.40亚口径钨芯穿甲弹和Hl. Gr.39型高爆弹。"虎"式坦克所发射的炮弹能在1000米的距离上轻易贯穿130毫米厚的装甲。除了主炮，"虎"式坦克还装有2挺7.92毫米MG34机枪。

德国"虎王"重型坦克

"虎王"是德国在二战后期研制的重型坦克，又被称为"虎"Ⅱ坦克。

结构解析

"虎王"重型坦克的车体和炮塔为钢装甲焊接结构，正面装甲的厚度比"虎"式坦克加强了很多，且防弹外形较好。其车身前部装甲厚度为 100 ~ 150 毫米，侧面装甲和后部装甲厚度为 80 毫米，底部和顶部装甲厚度为 28 毫米。炮塔的前部装甲厚度为 180 毫米，侧面装甲和后部装甲厚度为 80 毫米，顶部装甲厚度为 42 毫米。

基本参数	
长度	7.62 米
宽度	3.76 米
高度	3.09 米
重量	69.8 吨
最大速度	41.5 千米／时
最大行程	170 千米

作战性能

"虎王"重型坦克采用了两种新型炮塔，首批 50 辆安装保时捷公司设计的炮塔，之后的安装亨舍尔公司设计的炮塔。其中，保时捷炮塔装备 1 门单节 88 毫米火炮（备弹 80 发），亨舍尔炮塔则装备双节式 88 毫米火炮（备弹 86 发）。这种火炮是二战期间德国装备的坦克炮中威力最大的一种，可发射穿甲弹、破甲弹和榴弹，具备在 2000 米的距离上直接击穿美国 M4 "谢尔曼"中型坦克主装甲的能力。

德国一号轻型坦克

　　一号坦克是德国于 20 世纪 30 年代研制的轻型坦克，在二战初期被德国广泛使用。

结构解析

　　一号轻型坦克 A 型为轻型双人座坦克，共有 5 个前进挡和 1 个倒车挡。两名乘员共用同一间战斗舱，驾驶员从车旁的舱门进入，而车长则由炮塔上方进入。炮塔是借由手来转动，由车长负责操控炮塔上的两挺机枪，共携有 1525 发弹药。

基本参数	
长度	4.02 米
宽度	2.06 米
高度	1.72 米
重量	5.4 吨
最大速度	40 千米／时
最大行程	170 千米

B 型的车体加长，发动机盖改为纵置式，每侧有 5 个负重轮和 4 个托带轮。C 型与 A、B 型在外形上完全不同，它的短粗车体上装有平衡式交错重叠负重轮并使用现代化的扭杆式悬挂。

作战性能

　　一号轻型坦克的车身装甲极为薄弱，且有许多明显的开口、缝隙以及缝合处，且发动机的马力也相当小。在舱盖完全闭合的情况下，车内成员的视野极差，因此车长大多数时候都要冒出炮塔以寻求更佳的视野。C 型搭载改进的早期二号坦克炮塔，装有 1 门 20 毫米 EW141 型反坦克速射炮和 1 挺 MG34 机枪。

德国二号轻型坦克

二号坦克是德国于 20 世纪 30 年代研制的轻型坦克，在二战中的波兰战役与法国战役中扮演了很重要的角色。

结构解析

二号轻型坦克的车体和炮台由经过热处理的钢板焊接而成，前部装甲平均厚约 30 毫米，而后侧方装甲则为 16 毫米。发动机室位于车体后，动力经由战斗舱传至前方 ZF 撞击式的齿轮箱，总计有前进 6 挡、后退 1 挡，由离合器以及刹车进行控制。驾驶座位于车身左前方，战斗舱上方为炮台，位置略往左偏。

基本参数	
长度	4.8 米
宽度	2.2 米
高度	2 米
重量	7.2 吨
最大速度	40 千米／时
最大行程	200 千米

作战性能

二号轻型坦克的主要武器为 1 门 20 毫米机炮，只能射击装甲弹，全车带有 180 发 20 毫米子弹和 1425 发 7.92 毫米机枪子弹。该坦克的装甲非常薄弱，当遭受到威力超过子弹或者火炮弹片的打击时，完全无法给乘员提供保护。

德国三号中型坦克

三号坦克是德国于 20 世纪 30 年代研制的一款中型坦克，并被广泛地投入二战。

结构解析

三号坦克 A 型 ~ C 型均装上了以滚轧均质钢制成的 15 毫米轻型装甲，而顶部和底部分别装有 10 毫米及 5 毫米厚的同类装甲。后来生产的 D 型、E 型、F 型及 G 型换装新的厚 30 毫米装甲，H 型、J 型、L 型及 M 型又在坦克正后方的表面覆上另一层厚 30 ~ 50 毫米的装甲，导致三号坦克无法有效率地作战。

基本参数	
长度	5.52 米
宽度	2.9 米
高度	2.5 米
重量	22 吨
最大速度	40 千米／时
最大行程	155 千米

作战性能

早期生产的三号坦克 (A 型 ~ E 型，以及少量 F 型) 安装由 PAK36 反坦克炮修改而成的 1 门 37 毫米坦克炮，后来生产的 F 型 ~ M 型都改装 50 毫米 KwK38 L/42 及 KwK39 L/60 型火炮，备弹 99 发。1942 年生产的 N 型换装 75 毫米 KwK37 L/24 低速炮，备弹 64 发。辅助武器方面，A 型 ~ H 型都使用两支 7.92 毫米机枪，以及一支在车身上的机枪。而从 G 型开始则使用 1 支同轴 MG34 机枪和 1 支在车身上的机枪。

德国四号中型坦克

四号坦克是德国在二战时期研制的一种中型坦克，也是德国在二战时期产量最大的一种坦克。

结构解析

四号坦克设计之初为方便组装，生产工作即将车体分为四个部分制造，分别为底盘、车头结构、车尾结构及炮塔，组装时只需用螺丝把四大部分拴在一起即可。四号坦克的炮塔与车体之间由隔层分开。

基本参数	
长度	5.89 米
宽度	2.88 米
高度	2.68 米
重量	23 吨
最大速度	40 千米／时
最大行程	300 千米

作战性能

四号坦克采用 1 门 75 毫米火炮，最初型号为 KwK 37 L/24，主要配备高爆弹用于攻击敌方步兵。后来为了对付苏联 T-34 坦克，便为 F2 型和 G 型安装了 75 毫米 KwK 40 L/42 反坦克炮，更晚的型号则使用了威力更强的 75 毫米 KwK 40 L/48 反坦克炮，该炮的威力仅次于德国"虎"式坦克的 88 毫米 KwK 36 L/56 坦克炮，可在 1000 米距离上击穿 110 毫米厚度的装甲。辅助武器方面，四号坦克装有 2 挺 7.92 毫米 MG 34 机枪。

德国"鼠"式超重型坦克

"鼠"式超重型坦克是德国在二战期间所设计的最重型坦克之一，共有两辆原型车问世。

结构解析

"鼠"式坦克的一号原型车装有炮塔，内有1门128毫米火炮和1门并列75毫米火炮，动力装置为MB509汽油机，车体表面涂有三色迷彩。二号原型车没有安装炮塔，动力装置为MB517柴油机，车体表面涂有两色迷彩。

基本参数	
长度	10米
宽度	3.7米
高度	3.63米
重量	188吨
最大速度	13千米／时
最大行程	160千米

作战性能

"鼠"式坦克火力强大，防护坚固，但是它极差的机动能力几乎使它只能在原地作为固定的火力点，而且生产得比较晚，数量也很少，根本无法挽救德国灭亡的命运。"鼠"式坦克的两辆原型车在德国投降前并没有参加最后的战斗，在苏军最后攻克柏林前，德国把这两辆原型车都炸毁了。苏军在战后将各处缴获的车体部件拼凑成了一辆完整的"鼠"式坦克。

西班牙"豹"2E 主战坦克

　　"豹"2E 坦克是德国"豹"2 主战坦克的一种衍生型坦克，"E"代表西班牙语中的西班牙。

结构解析

　　"豹"2E 主战坦克是以德国"豹"2A6 坦克为基础改进而来的，并采用了德国"豹"2A5 炮塔上附加的楔形装甲，使得炮塔抵挡尾翼稳脱壳穿甲弹的能力得到提升。

作战性能

基本参数	
长度	7.7 米
宽度	3.7 米
高度	3 米
重量	63 吨
最大速度	72 千米／时
最大行程	500 千米

　　"豹"2E 主战坦克是现役的"豹"2 系列坦克中防护力最强的一种。"豹"2E 坦克的主要武器为 1 门莱茵金属公司的 120 毫米 L/55 坦克炮，还能换用 140 毫米主炮。辅助武器方面，"豹"2E 坦克装有 2 挺 7.62 毫米 MG3 通用机枪。该坦克使用是 1 台 MTU MB 873 Ka-501 12 汽缸柴油发动机，功率为 1103 千瓦。

意大利 OF-40 主战坦克

OF-40 是意大利在二战之后研制的第一种主战坦克，由奥托·梅莱拉公司和菲亚特公司联合研制，主要用户为阿联酋陆军，从 1981 年服役至今。

结构解析

OF-40 主战坦克的车体采用焊接方法制成，分为 3 个舱，驾驶舱在车体前右部，战斗舱在车体中部，动力舱位于车体后部。驾驶员有 1 个单扇舱盖舱口，舱盖升起后可向左转动，以便出入驾驶舱和开舱驾驶，驾驶员前面有 3 具潜望镜，中间 1 具在夜间驾驶时可换成微光

基本参数	
长度	9.22 米
宽度	3.51 米
高度	2.45 米
重量	45.5 吨
最大速度	60 千米／时
最大行程	600 千米

潜望镜，座椅后的底甲板上开有安全门，驾驶舱左边的车体前部空间装有三防装置。

作战性能

OF-40 主战坦克的主要武器为 1 门 105 毫米线膛坦克炮，炮管上装有抽气装置和热护套，炮管长为口径的 52 倍，可发射北约组织的所有制式 105 毫米弹药，包括脱壳穿甲弹、榴霰弹、破甲弹、碎甲弹、烟幕弹和尾翼稳定脱壳穿甲弹，训练有素的乘员可达到 9 发／分的射速。该坦克的辅助武器为 2 挺 7.62 毫米机枪，包括安装在主炮左边的同轴机枪和安装在炮塔上的防空机枪。

意大利 C1 "公羊" 主战坦克

　　C1 "公羊" 是意大利陆军的第三代主战坦克，由意大利国内自行研制与生产，自 1995 年开始服役至今。

结构解析

　　C1 "公羊" 主战坦克的车体和炮塔均采用焊接结构，车体前方和炮塔正面采用复合装甲，其他部位则为均钢质装甲。该坦克的第一、第二负重轮位置处的装甲裙板也采用了复合装甲，可以有效防御来自侧面的攻击，保护坦克的驾驶员。

基本参数	
长度	9.67 米
宽度	3.42 米
高度	2.5 米
重量	54 吨
最大速度	65 千米／时
最大行程	550 千米

作战性能

　　C1 "公羊" 主战坦克的主要武器为 1 门奥托·梅莱拉公司生产的 120 毫米滑膛炮，为德国 RH120 坦克炮的仿制品，弹药也可与 RH120 通用。"公羊" 坦克可携带 42 发炮弹，其中 15 发储存于炮塔尾舱，27 发储存于车体内。该坦克主要使用钨合金穿甲弹，还可以携带多用途弹。"公羊" 坦克的辅助武器包括 1 挺与主要武器并列安装的 7.62 毫米机枪和 1 挺安装在车长指挥塔盖上的 7.62 毫米高射机枪，高射机枪可由车长在车内遥控射击。

以色列"梅卡瓦"主战坦克

"梅卡瓦"是以色列研制的一款主要侧重于防御的主战坦克，该坦克于1978年开始服役，并发展出了第四代坦克。

结构解析

"梅卡瓦"主战坦克防护部分的重量占整车重量的75%，相比其他坦克的50%要高出不少。该坦克的炮塔扁平，四周采用了复合装甲，这种炮塔外形可有效减少正面和侧面的暴露面积，降低被敌命中的概率。"梅卡瓦"坦克的车体四周也挂有模块化复合装甲，并在驾驶舱内壁敷设了一

基本参数	
长度	9.04米
宽度	3.72米
高度	2.66米
重量	65吨
最大速度	64千米／时
最大行程	500千米

层轻型装甲，以加强保护驾驶员的安全。为了抵抗地雷袭击，该坦克还对底部装甲进行了强化。此外，为了增强坦克正面的防护力，"梅卡瓦"坦克还采用了一项比较特别的设计，即将发动装置前置。

作战性能

"梅卡瓦"主战坦克已经发展了四代，第一代"梅卡瓦"使用的主炮为105毫米线膛炮，但从第三代开始换装了火力更强的120毫米滑膛炮。该坦克炮可发射专门研制的新型穿甲弹以及炮射导弹。"梅卡瓦"坦克的辅助武器相比其他主流主战坦克多了1门60毫米迫击炮，该迫击炮可收进车体，且能够遥控发射，主要用于攻击隐藏在建筑物后面的敌方人员。此外，该坦克还有2挺7.62毫米机枪和1挺12.7毫米机枪。

瑞典 IKV-91 轻型坦克

IKV-91 是瑞典于 20 世纪 60 年代研制的轻型坦克，1975 年开始服役。

结构解析

IKV-91 轻型坦克的车体和炮塔均用钢板焊接，车体前部能防 20 毫米穿甲弹。车体两侧为双层装甲板结构，中空部分用来存放附件和部分燃料。该结构对破甲弹和榴弹有较好的防护性能。IKV-91 轻型坦克的炮塔低矮，从地面至指挥塔的高度只有 2.32 米。炮塔前部有较好的流线型，后部不凸出，这点与苏联坦克很相似。车体分成三部分，驾驶舱在前、战斗舱居中、传动舱在后。

基本参数	
长度	8.85 米
宽度	3 米
高度	2.32 米
重量	16.3 吨
最大速度	65 千米／时
最大行程	500 千米

作战性能

IKV-91 轻型坦克安装 1 门 90 毫米 54 倍口径长的 KV90S73 坦克炮，配有尾翼稳定破甲弹和尾翼稳定榴弹。前者弹重 10.7 千克，采用压电引信，初速为 825 米/秒；后者弹重为 12.3 千克，采用机械时间引信，初速为 600 米/秒。炮弹基数 59 发，其中 16 发在炮塔内，18 发在车体右前方的驾驶员一侧，其余 25 发存放在炮塔后面、车体的左侧。另外，该坦克还配备 2 挺 7.62 毫米机枪。

瑞典 Strv 74 中型坦克

Strv 74 是一款瑞典以二战时期的 Strv M/42 中型坦克为基础改进而来的主战坦克，20 世纪 60 年代初是瑞典陆军的主要坦克，后来逐渐被从英国进口的"百夫长"主战坦克取代，最终于 1984 年完全退役。

结构解析

Strv 74 主战坦克的动力装置为 2 台斯堪尼亚·巴比斯公司的 L607 汽油发动机，单台功率为 127 千瓦。另有 1 台辅助发动机，用于发电。Strv 74 主战坦克的侧面减速器也作了改进，履带也被换为加宽的新型履带。

基本参数	
长度	7.93 米
宽度	2.43 米
高度	3.3 米
重量	26 吨
最大速度	45 千米／时
最大行程	200 千米

作战性能

Strv 74 主战坦克的主要武器为 1 门长身管的 75 毫米火炮，带炮膛抽气装置，其威力与法国 AMX–13 轻型坦克的 75 毫米火炮相当。Strv 74 主战坦克的辅助武器为 2 挺 8 毫米 M/39 机枪，一挺是同轴机枪，另一挺是防空机枪。

瑞典 S 型主战坦克

S 型主战坦克是瑞典研制的一款主战坦克，全称 103 型坦克，20 世纪 60 年代开始进入瑞典陆军服役并持续到 20 世纪 90 年代。

结构解析

S 型坦克总体布置独特，火炮固定在车体前部中心线上，车内发动机和传动装置前置，可对乘员起防护作用，中部是战斗舱，车后部放置弹药和自动装填装置。车长在战斗舱的右侧，居坦克最高点，驾驶员兼炮长在左侧，其后是机电员，两人背靠背就座。战斗舱内底板上开有安全门，车内没有通话装置。

基本参数	
长度	9 米
宽度	3.8 米
高度	2.14 米
重量	42 吨
最大速度	50 千米／时
最大行程	390 千米

作战性能

S 型坦克的主要武器为 1 门博福斯 105 毫米 L74 式加农炮，火炮与坦克车体刚性固定，炮管不会发生颤动。L74 式加农炮可以发射穿甲弹、榴弹和烟幕弹，根据需要也可发射碎甲弹。脱壳穿甲弹初速为 1463 米／秒，有效射程为 2000 米；榴弹初速为 730 米／秒，有效射程为 5000 米。由于采用了液压操纵自动装弹机，省去了 1 名装填手，且可以增加火炮射速。

瑞士 Pz58 中型坦克

Pz58 是瑞士研制的一款中型坦克，在 1958—1964 年服役，该坦克共制造了 12 辆，后来被全数改装为 Pz61 主战坦克。

结构解析

Pz58 中型坦克的驾驶部件采用模组化设计，可以很方便地安装到车内。它包含了 1 台主要引擎、1 台辅助引擎、1 组驾驶操纵杆、动力传输装置，以及冷却器。辅助引擎是 1 台 4 汽缸的柴油发动机，主要用来驱动发电机及车内电力供应。当主引擎失效时，车辆依然可以借由辅助传动系统操纵辅助引擎，继续行驶一小段距离。该车的传动系统包含了 6 个前进挡、2 个万倒车挡。刹车踏板及手刹车拉杆则分别位于传动箱的左右两侧。

基本参数	
长度	8.49 米
宽度	3.06 米
高度	2.85 米
重量	35.1 吨
最大速度	55 千米／时
最大行程	350 千米

作战性能

Pz58 中型坦克的炮塔位于车体中央，主要武器最初是 1 门瑞士国产的 90 毫米坦克炮，后来相继换装成英国制造的 QF 20 磅炮和 L7 型 105 毫米线膛炮。Pz58 中型坦克共有 4 名乘员，其中包含 1 名车长、1 名驾驶、1 名装填手以及 1 名炮手。

瑞士 Pz61/Pz68 主战坦克

　　Pz61 主战坦克是瑞士自行研制的第一代坦克，Pz68 是其重大改进型，装备瑞士机械化师。

结构解析

　　Pz61/Pz68 主战坦克采用传统的炮塔，车体和炮塔均为整体铸件，车体分为 3 个舱，前部是驾驶舱，中央是战斗舱，后部是动力舱。该坦克炮塔没有尾舱，半球形炮塔内车长和炮长位于火炮右侧，装填手在左侧。车内有乘员通话器，备有饮水箱。

基本参数	
长度	9.43 米
宽度	3.08 米
高度	2.72 米
重量	38 吨
最大速度	55 千米／时
最大行程	350 千米

作战性能

　　Pz61/Pz68 主战坦克的动力为 1 台德国的 mb837 型 V8 水冷柴油机，还有 1 台 CM636 柴油机为辅助动力。发动机通过瑞士自己生产的带液力变矩器的全自动变速箱传达动力。该坦克采用方向盘控制，非常轻便。此外采用少见的碟盘弹簧独立悬挂方式也是 Pz61/Pz68 主战坦克的特点之一，这种悬挂系统虽然不占用车内空间、便于维护，但行程比较短。

奥地利 SK-105 轻型坦克

SK-105 是奥地利研制的轻型坦克，1971 年开始服役。1985 年，SK-105 轻型坦克被出口到非洲和南美洲各国。时至今日，巴西军队仍装备着少量 SK-105 轻型坦克。

结构解析

SK-105 轻型坦克的车体为焊接钢板结构，驾驶舱在前、战斗舱居中、动力舱在后。驾驶员位于车前左侧，其右侧存放 20 发弹药、4 个蓄电池和其他设备。车体中间安装 JT-1 型双人摇摆炮塔，系由法国 AMX-13 轻型坦克上的 FL-12 型炮塔改进而成。炮塔用钢板焊接，有较好的防护力，其上安装 1 门 105 毫米 CN-105-57 坦克炮。

基本参数	
长度	7.76 米
宽度	2.5 米
高度	2.88 米
重量	17.7 吨
最大速度	70 千米 / 时
最大行程	500 千米

作战性能

SK-105 轻型坦克的主炮可以发射尾翼稳定的榴弹、破甲弹和烟幕弹等定装药弹。炮塔后部设有两个鼓形弹仓，每个装 6 发炮弹。弹药自动装填，有开关选择弹种。火炮射击后，空弹壳从炮塔左侧后窗口抛出，窗盖由火炮的反后坐装置带动。当炮塔旋转和俯仰时，都能进行这些动作，因而射速可保持在 6 ~ 8 发 / 分。SK-105 轻型坦克的辅助武器为 1 挺 7.62 毫米同轴机枪，炮塔每侧有 3 个烟幕弹发射器。

波兰 PT-91 主战坦克

PT-91 主战坦克是波兰利用西方技术，在苏联 T-72 主战坦克的基础上改进而来的。

结构解析

为了提高坦克的生存能力，PT-91 主战坦克安装了波兰自行研制的 ERAWA-1 附加反应装甲，增强了坦克对破甲弹和穿甲弹的防御能力。该坦克还加装了 4 台激光警告接收器，当敌人激光测距仪或者激光照射器照射坦克时，

基本参数	
长度	6.95 米
宽度	3.59 米
高度	2.19 米
重量	45.9 吨
最大速度	60 千米／时
最大行程	650 千米

能够及时向乘员报警。坦克外表面有吸波涂层，能够有效降低坦克被雷达发现的概率。此外，PT-91 主战坦克还加装了新型的自动灭火抑爆系统，以及波兰自行研制的 Drawa-T 数字化火控系统。

作战性能

PT-91 主战坦克安装有 1 门 125 毫米 2A46 滑膛坦克炮，并配备了自动装弹机，这使得其射速可以达到每分钟 8 ～ 10 发。此外，该坦克还装备了 7.62 毫米 PKT 同轴通用机枪和 12.7 毫米 NSVT 高射机枪。PT-91 主战坦克还有一套可以由燃料发出烟幕的发烟设备，以及榴弹发射器（可发射烟幕弹或破片榴弹）。

土耳其"阿勒泰"主战坦克

"阿勒泰"是土耳其的第三代主战坦克，2021 年开始服役。

结构解析

"阿勒泰"主战坦克采用 7 个负重轮，舱内共有 4 名乘员，其中炮长和车长的座位均装有昼夜两用热成像仪。该坦克配备 55 倍径 120 毫米滑膛炮，并有对应生物、化学与辐射性攻击的防护系统。

基本参数	
长度	7.5 米
宽度	3.6 米
高度	2.4 米
重量	65 吨
最大速度	70 千米／时
最大行程	430 千米

作战性能

"阿勒泰"主战坦克的主要武器包括 1 门 120 毫米滑膛炮和 1 挺 12.7 毫米机枪。归功于其 1324 千瓦的发动机，"阿勒泰"坦克的最大速度达到 70 千米／时，并可以在 4.1 米深的水下遂行作战任务。

土耳其"萨布拉"主战坦克

　　"萨布拉"是以色列军事工业公司对美制 M60"巴顿"主战坦克大幅改装升级而成的主战坦克，被土耳其陆军采用并命名为 M60T，2007 年开始服役。

结构解析

　　早在 20 世纪 60 年代，以色列就对美制 M60"巴顿"主战坦克进行了第一次现代化改进，将其改装成"马戈其"主战坦克，其中"马戈其"7C 型因为炮塔楔形装甲和各部位的附加装甲，外形已与 M60"巴顿"主战坦克大不相

基本参数	
长度	6.95 米
宽度	3.63 米
高度	3.27 米
重量	59 吨
最大速度	55 千米／时
最大行程	450 千米

同。"萨布拉"主战坦克最初作为"马戈其"7C 型的进一步发展版本，改良了模组化装甲，并替换原本的 105 毫米 M68 主炮，改装为以色列军事工业公司研制的 120 毫米 MG253 主炮。

作战性能

　　与 M60"巴顿"主战坦克相比，"萨布拉"主战坦克不仅火力和防护力更强，行驶能力和越野机动性也有改善。"萨布拉"Mk 1 型装有艾尔比特系统公司的"骑士"火控系统和自动灭火抑爆系统、烟幕弹发射器。Mk 2 型加装了车长独立热成像观察仪，并配有爆炸反应装甲。Mk 3 型采用"梅卡瓦"主战坦克的履带、新式装甲和红外线、雷达预警接收器系统。

土耳其 / 印度尼西亚 "卡普兰" 轻型坦克

"卡普兰"是土耳其和印度尼西亚联合研制的轻型坦克，2015 年展开研发工作，2017 年开始制造原型车，截至 2021 年仍未正式服役。

结构解析

"卡普兰"轻型坦克采用的是土耳其"卡普兰"步兵战车底盘，而非专门研发的坦克底盘。动力装置是 1 台卡特彼勒 C13 柴油发动机，搭配艾里逊 X300 变速箱。行走装置方面，主动轮后置，拥有 6 对扭杆悬挂负重轮，这些负重轮并不是等距分布，而是分成前后两组，每组三对。

基本参数	
长度	6.95 米
宽度	3.36 米
高度	2.46 米
重量	35 吨
最大速度	70 千米／时
最大行程	450 千米

针对游击战和城市战环境，"卡普兰"轻型坦克还特别增强了防地雷能力：车底采用"V"形设计，可抵御最大 10 千克装药反坦克地雷的爆炸冲击。

作战性能

"卡普兰"轻型坦克的主炮为 1 门比利时生产的科克里尔 105 毫米高压膛线炮，发射的炮射导弹能击穿 550 毫米厚的均质钢装甲。此外，它还能使用高爆弹、破甲弹、烟幕弹等弹种。辅助武器为一挺 7.62 毫米同轴机枪。火炮配有自动装弹机、稳定系统，炮塔旋转采用电动，也保留了机械手动操作模式，火炮俯仰角度在 -6° 至 42°。在装甲防护方面，"卡普兰"轻型坦克采用了模块化设计，受损的装甲板可以快速更换，不过这些装甲板的防护等级并不高。

克罗地亚 M-95 "堕落者" 主战坦克

  M-95 "堕落者" 是克罗地亚正在研制的主战坦克，由该国位于斯拉沃尼亚布罗德的杜洛·达克维奇特殊车辆制造厂负责制造。

结构解析

  M-95 坦克采用爆炸反应装甲，车体前方与侧面可以抵挡高爆反坦克弹。该坦克的弹药采取了分离式储存，这样坦克遭到后方敌军攻击时，炮塔后部又多一道安全措施保护乘员。此外，该坦克还有栅栏装甲，以此保护容易被火箭筒攻击的后部。

基本参数	
长度	10.1 米
宽度	3.6 米
高度	2.2 米
重量	48.5 吨
最大速度	70 千米／时
最大行程	700 千米

作战性能

  M-95 坦克的开发得到以色列埃尔比特公司的帮助，其提供自行开发的爆炸反应装甲，令该坦克的防护力有所提升。另外，以色列拉斐尔公司也提供了结合 12.7 毫米的重机枪和 40 毫米榴弹发射器的遥控武器枪塔，可由车长使用热成像仪单独操作。M-95 坦克的自动装弹机速度较快，一分钟可装载 9 发。

罗马尼亚 TR-85 主战坦克

TR-85 是罗马尼亚生产装备的主战坦克，以苏联 T-55 主战坦克改装升级而成，1986 年开始服役。

结构解析

TR-85 主战坦克是罗马尼亚在苏联 T-54/55 主战坦克的基础上换装新式炮塔及升级内部零件而成，主炮的口径仍为 100 毫米，炮塔侧面前部设有附加装甲，炮塔后部两侧则备有多个防空机枪用的弹箱。火炮加装了激光测距仪，

基本参数	
长度	9.96 米
宽度	3.44 米
高度	3.1 米
重量	50 吨
最大速度	60 千米／时
最大行程	400 千米

并且改善了火控系统。此外，TR-85 主战坦克还装备了热能及激光探测系统，当被敌方坦克激光瞄准时会向车内人员发出警告。

作战性能

TR-85 主战坦克的动力装置为 1 台德国生产的 V8 柴油发动机，最大功率为 441 千瓦。悬挂系统是重新设计的，两侧各有 6 个小负重轮，第一、第二负重轮间间距较小。TR-85 主战坦克的主炮发射尾翼稳定脱壳穿甲弹时，可在 1000 米距离外穿透厚 450 毫米轧制均质装甲。该坦克的辅助武器为 1 挺 7.62 毫米同轴机枪和 1 挺 12.7 毫米防空机枪。

阿根廷 TAM 主战坦克

TAM 是德国蒂森·亨舍尔公司（今莱茵金属地面系统公司）受阿根廷政府委托，为阿根廷陆军研制的一款主战坦克，1979 年开始服役，用以替换阿根廷陆军原来装备的美制"谢尔曼"坦克。

结构解析

TAM 主战坦克的车体与德制"黄鼠狼"步兵战车相似，前上部装甲明显倾斜。驾驶员在车体前部左侧。车顶水平，炮塔偏车体后部。炮塔侧面为斜面，微向内上方倾斜。炮塔尾舱向后延伸几乎与车尾齐平。

基本参数	
长度	6.75 米
宽度	3.25 米
高度	2.42 米
重量	30.5 吨
最大速度	75 千米／时
最大行程	800 千米

作战性能

TAM 主战坦克安装了 1 门"豹"1 主战坦克使用的 105 毫米 L7A3 火炮，火炮身管上装有热护套和抽烟装置，火炮仰角为 +18°，俯角为 −7°。105 毫米线膛炮可以发射北约所有 105 毫米标准弹，包括脱壳穿甲弹、破甲弹和杀伤榴弹。弹药基数为 50 发，其中 20 发存放在炮塔内。辅助武器方面，TAM 主战坦克配备了 2 挺 7.62 毫米机枪。

日本 97 式中型坦克

97 式中型坦克是日本在二战期间装备的最成功的一种坦克，1937 年设计定型，1938 年开始装备部队。

▶ 结构解析

97 式中型坦克的车长和炮手位于炮塔内，驾驶员位于车体前部的右侧，机枪手在驾驶员的左侧，炮塔位于车体纵向中心偏右的位置。车体和炮塔均为钢质装甲，采用铆接结构，最大厚度为 25 毫米。车体每侧有 6 个中等直径的

基本参数	
长度	5.52 米
宽度	2.33 米
高度	2.23 米
重量	15.3 吨
最大速度	38 千米／时
最大行程	210 千米

负重轮，第一和第六负重轮为独立的螺旋弹簧悬挂，第二至第五负重轮以两个为一组，采用平衡悬挂。

▶ 作战性能

97 式中型坦克的主要武器为 1 门 97 式 57 毫米短身管火炮，可发射榴弹和穿甲弹，携弹量 120 发（榴弹 80 发、穿甲弹 40 发），其穿甲弹可以在 1200 米距离上击穿 50 毫米厚的钢质装甲。辅助武器为 2 挺 97 式 7.7 毫米重机枪，携弹量 4035 发，其中一挺为前置机枪，另一挺装在炮塔后部偏右的位置。

日本90式主战坦克

　　90式主战坦克是日本研制的第三代坦克，1990年开始服役，目前仍是日本陆上自卫队重要的主战坦克。

结构解析

　　90式主战坦克的装甲防护主要采用复合装甲，炮塔正面为垂直装甲，并未采用欧美主流的45°倾斜装甲。在车体和炮塔前部使用复合装甲，而其他部位则采用间歇装甲。此外，该坦克还安装有三防装置，即便在全封闭的情况下也能够作战数小时。90式主战坦克采用液气和扭杆混合式悬挂装置，负重轮为每侧6个。

基本参数	
长度	9.755米
宽度	3.33米
高度	2.33米
重量	50.2吨
最大速度	70千米／时
最大行程	350千米

作战性能

　　90式主战坦克的主炮为1门德国莱茵金属公司授权生产的120毫米滑膛炮，装有炮口校正装置、抽气装置和热护套，射速为11发／分。此外，该坦克还配有日本自制的自动装弹机，省去了装填手。该坦克使用的弹药主要为尾翼稳定脱壳穿甲弹和多用途破甲弹两种，其中尾翼稳定脱壳穿甲弹的初速达到了1650米／秒，破甲弹初速为1200米／秒，备弹40发。

日本 10 式主战坦克

10 式主战坦克是日本三菱重工研制的，2012 年 1 月开始服役。

结构解析

10 式坦克的正面为内装式复合装甲，由于使用了碳素纤维和陶瓷等材料复合成的装甲，其装甲重量大大下降，基本重量为 40 吨，战斗全重为 44 吨，增加装甲后最大重量为 48 吨。炮塔两边的模块式装甲是用螺栓固定的，安装和拆卸都很容易。

基本参数	
长度	9.42 米
宽度	3.24 米
高度	2.3 米
重量	44 吨
最大速度	70 千米／时
最大行程	440 千米

作战性能

10 式坦克的主炮为 90 式坦克所装备的 120 毫米滑膛炮升级版，样车的主炮为日本制钢所制造的 44 倍径 120 毫米滑膛炮，同时更强穿甲力的新型穿甲弹也正在研发。后期 10 式坦克可能会换装威力更强大的 120 毫米 55 倍径主炮。该坦克炮塔尾舱内设有 1 台水平式自动装弹机。辅助武器为 1 挺勃朗宁 M2 重机枪（车顶）和 1 挺 74 式车载机枪（同轴）。10 式坦克的推重比虽然比不上 90 式坦克，但是由于无级变速技术的使用，使得发送机动力输出的损耗大大降低，动力输出也更加稳定。

韩国 K1 主战坦克

K1 主战坦克由美国通用公司和韩国现代公司联合研制，是目前韩国陆军的主要装备之一。

结构解析

K1 主战坦克采用复合装甲，具备一定的动能弹和化学能弹防护能力。其外形尺寸尽量紧凑，以降低中弹率。K1 坦克使用 1 台德国 MTU 公司的柴油发动机，输出功率为 883 千瓦。K1 坦克采用吊杆与气动混合式悬挂。

基本参数	
长度	9.67 米
宽度	3.6 米
高度	2.25 米
重量	51.1 吨
最大速度	65 千米／时
最大行程	500 千米

作战性能

K1 坦克使用 1 门 105 毫米主炮，外形酷似美军 M1 主战坦克。但 2001 年发布的改进型 K1A1 坦克则使用了德国莱茵金属公司的 120 毫米滑膛炮，且升级了火控系统。该坦克的辅助武器包括 2 挺 7.62 毫米同轴机枪和 1 挺 12.7 毫米防空机枪，并在炮塔前部的两侧各装有 1 组六联装烟幕弹发射器。

韩国 K2 主战坦克

K2 坦克是韩国新一代主战坦克，2014 年开始服役。

结构解析

K2 主战坦克延续了 K1 坦克的设计，驾驶舱位于车体的左前方，车体中部是战斗舱，车体后部是动力舱。K2 坦克的炮塔类似于法国 AMX−56 坦克的炮塔风格，炮塔正面和两侧装甲接近垂直，炮塔后面多了一个尾舱，里面安装有自动装弹机。

基本参数	
长度	10 米
宽度	3.1 米
高度	2.2 米
重量	55 吨
最大速度	70 千米／时
最大行程	450 千米

作战性能

K2 主战坦克配备的武器包括 1 门德国引进的 L55 身管 120 毫米滑膛炮，具有自动装填弹药和每分钟可以发射多达 15 发炮弹的能力。该炮可以在移动中发射，即使在地势崎岖的地方也不受影响。韩国同时从德国引进了一批 DM53 穿甲弹，使用 DM53 穿甲弹时在 2000 米距离可以轻易穿透 780 毫米厚度的北约标准钢板。由于德国对 DM53 穿甲弹输出韩国有数量限制，韩国还自己开发了一种钨合金穿甲弹，可在 2000 米距离击穿 600 毫米厚度的北约标准钢板。

印度"阿琼"主战坦克

"阿琼"是印度耗时30多年研制的一款第三代主战坦克，其名称来源于印度史诗摩诃婆罗多中人物阿周那。

结构解析

"阿琼"主战坦克主要着重于硬防护，采用了印度自制的"坎昌"式复合装甲，据称该装甲的性能与英国的"乔巴姆"复合装甲相近，并可以外挂反应装甲。此外，该坦克还安装有三防装置。据称，印度自制的"坎昌"式复合装甲在实际测试中的性能很差。

基本参数	
长度	10.19 米
宽度	3.85 米
高度	2.32 米
重量	58.5 吨
最大速度	72 千米／时
最大行程	400 千米

作战性能

"阿琼"主战坦克的主炮为1门120毫米线膛炮，可以发射印度自行研制的尾翼稳定脱壳穿甲弹、破甲弹、发烟弹和榴弹等弹种，改进型还可以发射以色列制的炮射导弹。"阿琼"坦克的辅助武器为1挺7.62毫米并列机枪和1挺12.7毫米高射机枪，另外炮塔两侧还各有1组烟幕弹发射装置。

"阿琼"主战坦克前方视角

伊朗"佐勒菲卡尔"主战坦克

"佐勒菲卡尔"是伊朗于20世纪90年代研制的一款主战坦克，1996年开始服役。

结构解析

"佐勒菲卡尔"主战坦克采用驾驶室在前部、战斗室居中、动力室在后部的常规坦克整体布置方案。该坦克有3名乘员，即驾驶员、车长和炮长。驾驶员位于车体前部左侧，其上方有1扇向右开启的舱门，前面有3具昼用潜望镜，中间1具可换为被动夜视潜望镜，用于夜间驾驶。车长位于炮塔右侧，炮长位于炮塔左侧，炮塔顶部右侧设有圆形通风装置。车内装有三防装置，包括增压风扇和换气滤毒罐等，发动机室内装有自动灭火抑爆装置。

基本参数	
长度	9.2米
宽度	3.6米
高度	2.5米
重量	52吨
最大速度	70千米／时
最大行程	450千米

作战性能

"佐勒菲卡尔"主战坦克的主要武器为1门125毫米滑膛炮，炮塔两侧前部各安装6具烟幕弹发射器，分为上下两排布置。125毫米滑膛炮配备了自动装弹机，最大射速可达15发/分，配用的弹种包括多用途杀伤爆破榴弹和破甲弹等，且可发射防空/反坦克两用导弹。该坦克还装有NSV型12.7毫米高射机枪，弹药基数4000发，可以在炮塔内遥控射击。

伊朗"克拉尔"主战坦克

"克拉尔"是伊朗研制的主战坦克，2017年开始批量生产，到2021年总产量超过600辆。

结构解析

"克拉尔"主战坦克的布局与俄罗斯T-90MS主战坦克有些相似，驾驶员在前，位于车身前部中间，双人炮塔居中，发动机和传动系统居后。炮塔和车身前部安装了爆炸反应装甲，炮塔和车身后部安装了格栅装甲。

基本参数	
长度	6.8米
宽度	3.5米
高度	2.3米
重量	51吨
最大速度	70千米／时
最大行程	550千米

作战性能

"克拉尔"主战坦克的主炮为1门125毫米滑膛炮，配有自动装填系统。遥控武器站安装在炮塔顶部，可安装1挺12.7毫米或14.5毫米机枪。炮塔两侧安装有电操纵烟幕弹发射器。

朝鲜"暴风虎"主战坦克

"暴风虎"是朝鲜研制的主战坦克，由俄罗斯T-72主战坦克改进而来，2020年开始服役。

结构解析

"暴风虎"主战坦克的车体和炮塔都为全焊接结构。车内由前至后分为驾驶舱、战斗舱和动力舱。车内有4名乘员，即驾驶员、车长、炮长和装填手。驾驶员位于车体前部左侧，其上方有一扇可向左开启的舱门，上面装有两具潜望镜，底甲板上有一个安全门。炮塔位于车体中部，车长和炮长都在炮塔左侧。车长在炮长后面，位置稍高。装填手在炮塔内右侧。行动装置方面，车体每侧有6个负重轮，没有托带轮。主动轮后置，诱导轮前置。在第一、第三、第五负重轮处装有液压减震器。履带为单销式全钢履带，每条履带由125块履带板组成。

作战性能

"暴风虎"主战坦克装有1门125毫米滑膛坦克炮，暂时没有配自动装弹机，但配有自动抛壳装置。火炮配用朝鲜自行研制的超速脱壳穿甲弹、空心装药破甲弹和榴弹，这三种弹药均有6片尾翼用以保证弹体飞行稳定。其中超速脱壳穿甲弹初速达到1870米/秒，直射距离为3千米，

基本参数	
长度	7.3米
宽度	3.5米
高度	2.68米
重量	51吨
最大速度	80千米／时
最大行程	550千米

在1.5千米距离上最大垂直破甲厚度为600毫米。坦克配备的弹药标准模式为13～17发穿甲弹、6～10发破甲弹、17～21发爆破榴弹。与火炮并列安装有1挺7.62毫米机枪，弹药基数为2500发。为了提高防空能力，在装填手舱口安装有1挺14.5毫米KPV重机枪。

埃及"拉姆塞斯 II"主战坦克

"拉姆塞斯 II"是埃及在苏联 T-54 主战坦克基础上研发的主战坦克，在 2004—2005 年生产，总共生产了 400 辆左右。

结构解析

由于"拉姆塞斯 II"主战坦克是苏联 T-54 主战坦克的改进型，所以两者的总体布局基本相同。不过，推进系统和武器系统有较大变化。"拉姆塞斯 II"主战坦克采用美国 M48"巴顿"中型坦克的负重轮，两侧各有 6 个双轮缘负重轮、2 个托带轮、1 个后置主动轮和 1 个前置诱导

基本参数	
长度	7.05 米
宽度	3.42 米
高度	2.4 米
重量	48 吨
最大速度	69 千米／时
最大行程	530 千米

轮。"拉姆塞斯 II"主战坦克可以使用美国的双销式履带，但为利用现有库存，仍使用 T-54 主战坦克履带，车体加长导致了履带板数量的增加。

作战性能

在研发的早期阶段，埃及对苏联 T-54 主战坦克的升级仅仅局限于对火力以及机动性能的提升。不过到了后期，防护力也有所改善。原有的 100 毫米 DT-10T 主炮被替换为已安装于埃及 M60A3 主战坦克上的 105 毫米 M68 主炮。这种主炮装有炮口校正装置、炮管热护套，可以发射北约国家的所有制式 105 毫米坦克炮弹，包括最新研制的尾翼稳定脱壳穿甲弹。"拉姆塞斯 II"主战坦克还安装了精密的射控系统。

乌克兰 T-84 主战坦克

T-84 主战坦克是苏联解体后乌克兰在 T-80UD 主战坦克（乌克兰研发的 T-80 主战坦克柴油发动机版本）基础上研发的改进型，1999 年开始服役。

结构解析

T-84 主战坦克外形上的最大特征是采用焊接炮塔取代 T-80UD 主战坦克的铸造炮塔。炮塔正面内藏有复合材料夹层，炮塔周围配置了爆炸反应装甲。车体前部下方安装了推土铲，可以根据土质类型在 15 ～ 40 分钟内挖出壕沟把自身隐蔽起来。T-84 主战坦克的履带有两种型号：一种是多用途型，装有可更换的橡胶衬垫和可拆装的金属防滑齿（后者在厚积雪条件下使用），另一种是在多石的地区使用的全金属型履带。

基本参数	
长度	7.09 米
宽度	3.78 米
高度	2.22 米
重量	46 吨
最大速度	70 千米／时
最大行程	540 千米

作战性能

T-84 主战坦克装有 1 门 125 毫米 48 倍径 KBA-3 滑膛坦克炮，能够发射尾翼稳定脱壳穿甲弹、破甲弹、破片弹与激光制导导弹。炮身装有热护套，火炮中间位置装有圆柱形抽气装置，炮口装有初速度测速装置，火炮膛内采用了一层铬镀层，因而提高了射击精度及炮管寿命。用自动装填机装弹时，火炮最大射速达到 9 发／分。辅助武器为 1 挺 7.62 毫米同轴机枪，另外有 1 挺 12.7 毫米防空机枪，可供车长在车内操纵。

巴基斯坦"阿兹拉"主战坦克

"阿兹拉"是巴基斯坦于 21 世纪初研制的主战坦克,由塔克西拉重工生产,2004 年开始服役。

结构解析

"阿兹拉"主战坦克的车体外部右侧装有空气滤室,在两侧翼子板上按车体形状改装成覆盖件,将工具箱、外组油箱覆盖其内。坦克车体的车首部位加焊了附加装甲,并装有反应式装甲。炮塔前部和两侧也加装了主动装甲。该坦克的驾

基本参数	
长度	9.5 米
宽度	3.3 米
高度	2.5 米
重量	44 吨
最大速度	65 千米／时
最大行程	450 千米

驶舱位于车体前部,驾驶员上方设有进出窗,在窗口的前方有两个潜望镜,其中左侧一个潜望镜可以换装成微光夜视仪。动力舱位于车体后部,发动机横置。

作战性能

"阿兹拉"主战坦克的炮塔中央装有 1 门 125 毫米滑膛炮。炮塔内主要装有复合双向稳定器、带热像仪的稳像式炮长瞄准镜及车长昼夜观察仪、半自动装弹机和 7.62 毫米并列机枪等。炮塔外部有 1 挺 12.7 毫米防空机枪。此外,"阿兹拉"主战坦克还装有现代化的热烟幕装置和烟幕弹发射筒,增强了坦克的隐蔽能力。

韩国 K21-105 轻型坦克

K21-105 是韩国斗山防务技术公司（后被韩华集团收购）研制的轻型坦克，由 K21 步兵战车底盘发展而来，原型车于 2014 年首次亮相。

结构解析

K21-105 轻型坦克的内部从前到后依次是驾驶舱、战斗舱和载员舱。驾驶员位于车体左前方，炮塔位于车体中部。炮塔内有 3 名乘员，炮塔右侧为装填手位置，左侧是炮长和车长位置，炮长在前，车长在后。炮塔为全电驱动，并有应急使用的手动控制系统。K21-105 轻型坦克保留了 K21 步兵战

基本参数	
长度	7 米
宽度	3.4 米
高度	3 米
重量	25 吨
最大速度	70 千米 / 时
最大行程	450 千米

车的载员舱，可搭载 9 名步兵，车体后部设有一扇类似于美国 M113 装甲车的电动控制跳板式装甲尾门，跳板式尾门中间装有 1 个向右开启的装甲门，以便在尾门难以放下时紧急出入。车体最前端有可折叠收放的防浪板。

作战性能

K21-105 轻型坦克装有 1 门 105 毫米反坦克炮，为了防止巨大的火炮后坐力将坦克掀翻，火炮采用了很多反后坐力设计，包括一个巨大的炮口制退器。该坦克的动力装置采用了斗山防务技术公司旗下的 D2840LXE 型涡轮废气增压柴油发动机，可实现 70 千米 / 时最大速度，水上横渡时可使用两侧的充气式浮筒，最大速度 9 千米 / 时。

第3章
装甲车

装甲车是具有装甲防护的各种履带或轮式军用车辆，具有高度的越野机动性能，有一定的防护力和攻击力。二战后，装甲车得到迅猛发展，许多国家把装备装甲车的数量看作衡量陆军机械化、装甲化的标志之一。

美国 AAV-7A1 两栖装甲车

AAV-7A1 是美军现役的两栖装甲车，AAV 意为 "Amphibious Assault Vehicle"（两栖突击载具）。该车目前有三种衍生型，即 AAVP-7A1（人员运输车）、AAVC-7C1（指挥车）和 AAVR-7R1（救济车）。

结构解析

AAVP-7A1 是最主要的车型，发动机在车体前部右侧，左侧是驾驶席，中间左侧是车长席，右侧是单人炮塔，后部是载员舱，乘员从后部尾门斜坡进出。该车采用 8V-53T8 水冷柴油机和 HS-400-3 自动变速箱，水上行驶时驱动两个喷水推进器工作。

基本参数	
长度	7.94 米
宽度	3.27 米
高度	3.26 米
重量	22.8 吨
最大速度	72 千米／时
最大行程	480 千米

作战性能

AAVP-7A1 拥有运载 25 名全副武装陆战队员的能力，其主要武器为 40 毫米 Mk 19 自动榴弹发射器，次要武器为 12.7 毫米 M2HB 重机枪，此外还能安装 Mk 154 地雷清除套件，可以发射 3 条内含炸药的导爆索，以清除沙滩上可能埋藏的地雷或其他障碍物。AAVC-7C1 没有炮塔，内部运兵空间改装通信设备，故无运兵功能。

美国 M2 "布雷德利" 步兵战车

M2 "布雷德利" 是美国于 20 世纪 80 年代制造的履带式步兵战车，可独立作战或协同坦克作战。

结构解析

"布雷德利" 步兵战车的车体为铝合金装甲焊接结构，其装甲可以抵御 14.5 毫米子弹和 155 毫米炮弹破片。其中，车首前上部装甲、顶部装甲和侧部倾斜装甲采用铝合金，车首前下部装甲、炮塔前上部和顶部为钢装甲，车体后部和两侧垂直装甲为间隙装甲。

基本参数	
长度	6.55 米
宽度	3.6 米
高度	2.98 米
重量	30.4 吨
最大速度	66 千米／时
最大行程	483 千米

作战性能

"布雷德利" 步兵战车装有 1 门 M242 "大毒蛇" 25 毫米链式机关炮，射速有单发、100 发／分、200 发／分、500 发／分四种，可由射手选择。弹种有曳光脱壳穿甲弹、曳光燃烧榴弹和曳光训练弹等，共有待发弹 300 发，备用弹 600 发。辅助武器为 1 挺 7.62 毫米 M240C 并列机枪和 1 具 BGM-71 "陶" 式反坦克导弹发射架。该车采用前视红外传感器，并配装激光测距仪和车载导航设备，提高了战车识别能力和命中率。

美国高机动性多用途轮式车辆

高机动性多用途轮式车辆(High Mobility Multipurpose Wheeled Vehicle，HMMWV) 是由美国汽车公司 (AMC) 于 20 世纪 80 年代研制的轮式装甲车，通常称为"悍马"装甲车。

结构解析

"悍马"装甲车使用 1 台通用电气 6.2 升 V8 自然吸气直喷柴油发动机，整个动力系统 (包括传动和驱动系统) 都是移植自雪佛兰皮卡。该车拥有 1 个可以乘坐 4 人的驾驶室和 1 个帆布包覆的后车厢。车内每个座位下面都有 1 个小型储物箱。在副驾驶座的下面，

基本参数	
长度	4.6 米
宽度	2.1 米
高度	1.8 米
重量	2.34 吨
最大速度	105 千米 / 时
最大行程	563 千米

则有 1 个 2×12 伏特的电池组和 1 个小储物箱，同时副驾驶座椅的前方还有 1 个北约制式电源插座。

作战性能

"悍马"装甲车装有 1 台大功率柴油发动机，四轮驱动，越野能力尤为突出。四个座椅被放置在车舱中部隆起的传动系统的两边，这样的重力分配，可以保证其在崎岖或光滑的路面上提供良好的抓地力和稳定性。"悍马"装甲车可以满足现代战场的全地形要求，为指挥和控制部队提供机动支持。

美国 AIFV 步兵战车

AIFV 是由美国食品机械化学公司军械分部于 20 世纪 70 年代制造的履带式步兵战车，目前仍在荷兰和比利时等国服役。

结构解析

AIFV 步兵战车的车体采用铝合金焊接结构，为了避免意外事故，车内单兵武器在射击时都有支架。舱内还有废弹壳收集袋，以防止射击后抛出的弹壳伤害邻近的步兵。驾驶员在车体前部左侧，在其前方和左侧有 4 个 M27 昼间潜望镜，中间 1 个可换成被动式夜间驾驶仪。车长在驾驶员后方，该车安装有 5 个潜望镜。

基本参数	
长度	5.285 米
宽度	2.819 米
高度	2.794 米
重量	11.4 吨
最大速度	61 千米／时
最大行程	490 千米

作战性能

AIFV 步兵战车的主要武器为 1 门 25 毫米 KBA–B02 厄利空机炮，其左侧有 1 挺 7.62 毫米 FN 并列机枪。此外，车体前部还有 6 具烟幕弹发射器。AIFV 步兵战车的车体及炮塔都披挂有间隙钢装甲，采用螺栓与主装甲连接。这种间隙装甲中充填了有网状的聚氨酯泡沫塑料，重量较轻，并有利于提高车辆水上行驶时的浮力。

美国 LVTP-5 两栖装甲车

LVTP-5 是美国海军陆战队在 20 世纪 50 年代至 70 年代使用的两栖履带装甲车，其有多种型号，包括装甲运兵车、地雷清扫车、指挥车、救援拖吊车和火力支援车等。

结构解析

LVTP-5 两栖装甲车车体是驳船形全焊接结构，甲板内侧由骨架支撑，为刚性防水密封壳体。为了提高水上机动性，车体前甲板和底甲板做成倒 "V" 形。车前的液压驱动跳板铰接在车体上，由内外两层钢板组成，中间用等间隔的板条隔开，

基本参数	
长度	9.04 米
宽度	3.57 米
高度	2.92 米
重量	37.4 吨
最大速度	48 千米／时
最大行程	306 千米

车体开口四周粘有实心橡胶密封圈，以保证跳板关闭时的密封性。

作战性能

虽然 LVTP-5 两栖装甲车相对之前的同类装甲车来说，其装甲有所加固，但敌方火力也在加强，所以它在面对敌方诸如火箭筒之类的武器时，仍然不能有效防御。油箱的设计位置在兵员舱的下方，在地雷威力波及下汽油容易因此诱爆，以实战观点而言这个设计并不成功。另外，该型车的固定武器只有 1 挺机枪，火力相对不足。因此美军通常会利用 LVTP-5 的大容量货舱进行应急改装，如堆放沙包增强防御力。

美国 V-100 装甲车

V–100 是美国凯迪拉克·盖奇汽车公司于 20 世纪 60 年代研制的一款两栖四轮驱动轻型装甲车，可充当装甲运兵车、救护车、反坦克车和迫击炮载体等角色。

结构解析

V–100 装甲车的装甲采用高硬度合金钢，可以抵挡 7.62 毫米子弹。由于装甲太重，该车后轮轴极易损坏。不过，因为合金钢装甲提供了单体结构框架，V–100 装甲车轻于加上装甲的普通车辆，另外装甲的倾斜角度也有助于防止枪弹和地雷爆炸而穿透装甲。

基本参数	
长度	5.69 米
宽度	2.26 米
高度	2.54 米
重量	9.8 吨
最大速度	88 千米／时
最大行程	643 千米

作战性能

V–100 装甲车的主要武器为 1 门 90 毫米 Mk3 火炮，1 挺 20 毫米榴弹枪和 1 挺 7.62 毫米机枪。该装甲车使用无气战斗实心胎，可以在水中以 4.8 千米／时的速度前进。

美国 LAV-25 装甲车

LAV-25 是加拿大通用汽车公司柴油机分部为美军研制的一款轮式装甲车，1983 年开始服役。

结构解析

LAV-25 装甲车有多种型号，其中包括 LAV A1/A2（步兵型）、LAV-AT（反战车型）、LAV-M（迫击炮型）等。不同的型号，其设计也有所不同，比如 LAV A1/A2（步兵型），没有炮塔，但所配备的装甲较其他车型而言略为厚实，可保护步兵免受普通弹药的伤害。

基本参数	
长度	6.39 米
宽度	2.5 米
高度	2.69 米
重量	12.8 吨
最大速度	100 千米／时
最大行程	660 千米

作战性能

为便于快速部署，LAV-25 装甲车能用美军现有的运输机或直升机空运或空投。采用运输机时，C-5A 能运 8 辆，C-141 能运 2 辆，C-130 能运 1 辆，海军陆战队的 CH-53E 运输直升机也能运 1 辆。着陆后，LAV-25 装甲车完成战斗准备的时间为 12.5 分钟。

美国 M113 装甲运兵车

M113 是美国食品机械化学公司于 20 世纪 50 年代研制的装甲运兵车，因便宜好用、改装方便而被许多国家采用。

结构解析

M113 装甲运兵车使用航空铝材制造，可以在更轻重量中拥有钢铁同级的防护力和更紧密的结构，并可使用较轻的小功率发动机。驾驶员位于车体左前方，动力舱位于驾驶员右侧。车上没有射孔，乘员不能在车上作战。该车采用扭杆悬挂，每侧有 5 个负重轮，主动轮在前，诱导轮在后。

基本参数	
长度	4.86 米
宽度	2.69 米
高度	2.5 米
重量	12.3 吨
最大速度	67.6 千米／时
最大行程	480 千米

作战性能

M113 装甲运兵车的主要武器为 1 挺 12.7 毫米勃朗宁 M2 重机枪，由车长操作。除此之外，该车还可以加装 40 毫米 Mk 19 自动榴弹发射器、反坦克无后坐力炮甚至反坦克导弹。该车有部分两栖能力，也有越野能力，在公路上可以高速行驶。全车只需两名车组成员（驾驶员和车长），后方可以运送 11 名步兵。

美国重型增程机动战术卡车

重型增程机动战术卡车 (Heavy Expanded Mobility Tactical Truck,
HEMTT) 是美国陆军使用的八轮越野卡车系列，昵称为"龙卡车"。

结构解析

HEMTT 的车架采用合金钢制造，双门两
座驾驶室采用极其耐用的钢焊接结构，并采用
耐腐蚀蒙皮。驾驶室后装有备胎架。基型车
M977 货车的尾部有 1 个轻型随车吊臂，带有
货箱。HEMTT 的其他车型还包括 M978 油罐车、
M983 拖车、M984 救援车、M985 货车等，其
中 M985 货车可以作为"爱国者"导弹的发射平台。

基本参数	
长度	10.39 米
宽度	2.44 米
高度	3.02 米
重量	19.3 吨
最大速度	100 千米／时
最大行程	483 千米

作战性能

HEMTT 充分利用经过验证的民用车部件，如驾驶室、发动机和变速箱
等，车辆易于保养，各车型之间的主要零部件可以互换。HEMTT 全系列可
以使用 C-130 以上载运能力的运输机空运，大大增强了机动能力。在执行
越野任务时，HEMTT 的最大载重可达 11 吨。

美国陆战队人员输送车

陆战队人员输送车 (Marine Personnel Carrier，MPC) 是美国洛克希德·马丁公司与芬兰帕特里亚公司合作研发的轮式装甲车，截至 2021 年仍处于实验阶段。

结构解析

MPC 装甲车装有 1 挺 12.7 毫米勃朗宁 M2 重机枪，采用"V"形底盘，可对驾乘人员提供免受爆炸、碎片伤害的防护，使动能威胁、间接火力、简易爆炸装置以及地雷的攻击失去效果。

基本参数	
长度	6.39 米
宽度	2.5 米
高度	2.69 米
重量	12.8 吨
最大速度	100 千米／时
最大行程	660 千米

作战性能

根据美国海军陆战队的要求，MPC 装甲车必须能够容纳 9 名海军陆战队员和 2 名操作人员，并且具有强有力的战术航行能力 (岸到岸，计划不装在两栖舰艇上)，能够在复杂的海面上以 6 节的速度航行。在执行海军陆战队的各种任务中，MPC 装甲车必须能够在地面上随机械化特遣部队的 M1A1 主战坦克行动。

美国"斯特赖克"装甲车

"斯特赖克"装甲车是由美国通用动力子公司通用陆地系统设计和生产，设计理念源于瑞士的"食人鱼"装甲车。

结构解析

"斯特赖克"装甲车为了适应空运，只装有轻装甲的 IBD 防弹钢板，不过到了战场上可以因战况加挂复合反应装甲，300 米内防御 14.5 毫米以下子弹直击和制式 155 毫米以下炮弹的碎片。车内有杜邦公司专利制造的人工纤维覆层，防止装甲外壳受击后内侧因震波剥落四射杀伤车内人员。此外，车体底盘设有防地雷装甲。

基本参数	
长度	6.95 米
宽度	2.72 米
高度	2.64 米
重量	16.47 吨
最大速度	100 千米／时
最大行程	500 千米

作战性能

"斯特赖克"装甲车的最大特点在于几乎所有的衍生车型都可以使用即时套件升级方式从基础型改装，改装可以在前线战场上完成，因此提供了极大的运用弹性。M1126 装甲运兵车是"斯特瑞克"装甲车族的基本型号，其他"斯特瑞克"装甲车族成员都是在它的基础上改进而来。M1126 装甲运兵车有 1 位驾驶员和 1 位车长，能搭载一个全副武装加强步兵班。M1126 装甲运兵车装备的武器有 1 挺 12.7 毫米 M2 重机枪、1 挺 40 毫米 Mk 19 自动榴弹发射器、1 挺 7.62 毫米 M240 通用机枪等。

"斯特赖克"装甲车在山区作战

美国防地雷反伏击车

防地雷反伏击车(Mine-Resistant Ambush Protected，MRAP)是美国研制的防地雷反伏击车型，主要在伊拉克和阿富汗战场上使用。

结构解析

MRAP 根据搭载人数的不同和功能分为Ⅰ型、Ⅱ型和Ⅲ型。Ⅰ型是最小和最轻的型号，又叫地雷防护功能车，采用"V"形车身和高底盘设计，载员 6 人左右。Ⅱ型又名爆炸物军械处理快速反应车，载员 10 人左右。Ⅲ型是针对地雷和 IED 清除任务的专用战车，主要就是"水牛"扫雷车。

基本参数	
长度	7.41 米
宽度	2.51 米
高度	3.05 米
重量	7.3 吨
最大速度	100 千米／时
最大行程	900 千米

作战性能

Ⅰ型主要用于城市地带和其他受限制地形条件下作战，主要作为火力小组的运送车。Ⅱ型主要用来完成车队领队、运兵以及救护等任务。步兵班和机枪班作为快速反应部队执行任务时，一般使用Ⅱ型。同时，Ⅱ型还是一种特殊的装甲救护车，可协助完成地面医疗救援撤运任务。

美国 M1117 装甲车

M1117 装甲车是美国达信海上和地面系统公司于 20 世纪 90 年代研制的一款四轮装甲车，1999 年开始服役。

结构解析

M1117 装甲车使用独立式螺旋弹簧悬架和四轮独立驱动系统，易于操作、驾驶稳定，特别适用于城市狭窄街道。该车的防护性能介于"悍马"与"斯特赖克"之间，其装甲可承受 12.7 毫米机枪子弹、12 磅地雷破片或 155 毫米炮弹空爆破片的杀伤。

基本参数	
长度	6 米
宽度	2.6 米
高度	2.6 米
重量	13.47 吨
最大速度	63 千米／时
最大行程	500 千米

作战性能

M1117 装甲车设计有 1 座小型单人炮塔，集成有 12.7 毫米 M48 型重机枪和 40 毫米 Mk 19 型榴弹发射器各 1 具，射手可以在车内遥控操作。1999 年美军购入 M1117 装甲车作为宪兵用车，之后加强了装甲投入阿富汗和伊拉克战场，在火力密集区取代部分"悍马"的功能。该车可由 C-130 运输机空运，具备快速部署能力。

美国联合轻型战术车辆

联合轻型战术车辆（Joint Light Tactical Vehicle，JLTV）是美国洛克希德·马丁公司研制的一款轮式装甲车，2018年开始服役，逐渐取代"悍马"装甲车。

结构解析

与"悍马"装甲车相比，JLTV装甲车可装配先进炮塔操作系统、远程武器操作系统和炮弹发射系统，攻击能力大幅提升。该车拥有反无线电电子战系统和简易爆炸物检测装置，可提高防雷性能。此外，还配备了乘员防爆炸座椅。

基本参数	
长度	4.6米
宽度	2.3米
高度	1.9米
重量	3吨
最大速度	100千米／时
最大行程	560千米

作战性能

JLTV装甲车有A、B、C三种型号，A型载重1600千克，作为4人步兵巡逻车。B型载重2000千克，作为6人步兵巡逻车、指挥车、多机枪车。C型载重2300千克，作为救护车、工程车、载货车。JLTV装甲车可装配大尺寸轮胎，使其在越野时拥有更快的速度。

JLTV 装甲车在非铺装路面行驶

美国 M3 装甲侦察车

M3 是美国怀特汽车公司在二战时期研制的装甲侦察车，主要用于巡逻、侦察、指挥、救护和火炮牵引等用途。

结构解析

M3 装甲侦察车采用开放式车壳，可以搭载 8 人（1 名驾驶员和 7 名乘员），装有 1 门 12.7 毫米勃朗宁 M2 重机枪及 2 门 7.62 毫米 M1919 机枪。M3 装甲侦察车的设计影响了二战后问世的苏联 BTR-40 装甲车及后来的美国 M2 半履带装甲车。

基本参数	
长度	5.63 米
宽度	2.1 米
高度	2 米
重量	5.67 吨
最大速度	81 千米／时
最大行程	403 千米

作战性能

M3 装甲侦察车首次亮相于菲律宾战场，并装备了位于北非战场及西西里岛的美国陆军骑兵部队。由于采用开放式车壳，M3 装甲侦察车的防护能力较低，四轮设计对山地及非平地的适应能力不足，美国陆军在 1943 年开始以 M8 轻型装甲车和 M20 通用装甲车将之取代，只有少量的 M3 装甲侦察车服役于诺曼底及太平洋战场的美国海军陆战队二线部队。

美国 M2 半履带装甲车

M2 是美军在二战时期研发的半履带装甲车，有多种不同用途的型号，其中包括侦察型、自行火炮型和防空型等。

结构解析

M2 半履带装甲车是以 M3 装甲侦察车的车体加上雪铁龙汽车公司生产的半履带车部件组装而成。

作战性能

基本参数	
长度	5.96 米
宽度	2.2 米
高度	2.26 米
重量	9 吨
最大速度	72 千米／时
最大行程	350 千米

第一架正式版本的 M2 半履带装甲车在 1941 年投入战场，主要装备在菲律宾、北非和欧洲作战的美国陆军以及太平洋沿岸战场的美国海军陆战队。M2 半履带装甲车因为通用性高，在二战及战后被不断升级和改良以延长服役寿命，阿根廷陆军一直沿用升级版的 M9 半履带车至 2006 年，并把这批 M9 捐赠给了玻利维亚。

美国 M3 半履带装甲车

M3 是美国在二战及冷战时期使用的半履带装甲车辆，有着极高的机动性、载重量和防护装甲。

结构解析

M3 半履带装甲车是以 M3 装甲侦察车和 M2 半履带装甲车为基础改进而来，有着比 M2 半履带装甲车更长的车体，在车尾有 1 个进出口，并设有可承载 13 人步枪班的座位。在座位底下设有架子，用来放弹药及配给。座位后方还有额外的架子，用以放置步枪及其他物品。在车壳外履带上方设有小架子，用以存放地雷。

基本参数	
长度	6.18 米
宽度	2.22 米
高度	2.26 米
重量	9.3 吨
最大速度	72 千米／时
最大行程	282 千米

作战性能

早期型的 M3 半履带装甲车在前座后方有个枢轴，装有 M2 重机枪。之后 M3 进一步升级为 M3A1，为机枪设置了有装甲保护的射击平台，而乘员座旁架设了 2 挺 7.62 毫米机枪。

美国 T17 装甲车

T17 是美国福特汽车公司在二战时期研制的装甲车，1942 年 10 月开始生产。

结构解析

T17 装甲车在转动炮塔上装有 37 毫米主炮、同轴机枪及车头的机枪，部分 T17 还加装了防空机枪。电动炮塔转向系统使 37 毫米主炮更加稳定。该车装有两台 6 缸发动机，可协调两个驱动轴的自动变速器，两台发动机可独立关闭。

基本参数	
长度	5.49 米
宽度	2.69 米
高度	2.36 米
重量	14 吨
最大速度	89 千米／时
最大行程	724 千米

作战性能

由于美军选择了更轻的 M8 "灰狗"装甲车，T17 只生产了 250 台便停产了，全部解除武装并交给宪兵使用。不过，雪佛兰汽车公司制造的改进型 T17E1 却被英联邦国家广泛采用，并被命名为 "猎鹿犬"。

美国 M8 轻型装甲车

M8 是美国福特汽车公司在二战时期生产的一款轻型装甲车，主要装备欧洲和远东地区的美军及英军，后者将其命名为"灰狗"。

结构解析

M8 轻型装甲车可承载 4 名车组乘员，包括车长、炮手兼装填手、无线电通信员（有时兼作驾驶员）及驾驶员，驾驶员和无线电通信员的座位位于车体前部，可打开装甲板直接观察路面环境，车长座位位于炮塔右方，炮手座位则位于炮塔正中间。

基本参数	
长度	5 米
宽度	2.54 米
高度	2.25 米
重量	7.8 吨
最大速度	90 千米／时
最大行程	563 千米

作战性能

M8 轻型装甲车的武器为 1 门 37 毫米 M6 火炮（配 M70D 望远式瞄准镜）、1 挺 7.62 毫米勃朗宁 M1919 同轴机枪和 1 挺安装开放式炮塔上的 12.7 毫米勃朗宁 M2 机枪。

美国 M20 通用装甲车

M20 是美国福特汽车公司设计生产的一款通用装甲车，又名 M20 装甲侦察车，是 1943—1944 年美军的主要装甲车之一。

结构解析

M20 通用装甲车是以 M8 轻型装甲车为基础改进而来的，拆除后者的炮塔，改用开放式 12.7 毫米勃朗宁 M2 防空机枪塔，车体高度大幅降低。

作战性能

与 M8 轻型装甲车相比，M20 通用装甲车的机动性和速度更高，能有效对抗小口径武器及炮弹碎片，车内备有"巴祖卡"火箭筒以提高车组乘员的反装甲能力。

基本参数	
长度	6 米
宽度	2.54 米
高度	1.87 米
重量	4.8 吨
最大速度	110 千米／时
最大行程	420 千米

俄罗斯 BTR-40 装甲车

BTR-40 是苏联于 20 世纪 40 年代后期研制的一款轮式装甲车，1950 年装备部队。

结构解析

BTR-40 的车体由钢板焊接，动力舱在前，驾驶舱居中，载员舱在后。驾驶员座位位于左侧，车长在右侧，两人前面都有挡风玻璃。载员舱为敞开式结构，8 名坐在车后的步兵可通过车后双开门上下车。早期的车体不开射孔，后期生产的车辆每侧有 3 个射孔，每个后门各 1 个射孔。

基本参数	
长度	5 米
宽度	1.9 米
高度	1.83 米
重量	5.3 吨
最大速度	80 千米／时
最大行程	285 千米

作战性能

BTR-40 装甲车主要用于人员输送，也可作为指挥车和侦察车使用。该车驾驶舱和车顶每侧各有 1 个机枪架，可装 2 挺 7.62 毫米 SGMB 机枪，备弹 1250 发，可左右旋转 45°。BTR-40 装甲车没有三防装置和夜视设备，并且不能水上行驶。

俄罗斯 BTR-152 装甲车

BTR-152 是苏联于 20 世纪 50 年代研制的一款轮式装甲车,主要用于人员输送。

结构解析

BTR-152 装甲车采用 6×6 底盘,中间车轮和后车轮距离较近,载员舱两侧和尾部与地面垂直,边角处向内倾斜。发动机在车前部,后部的载员舱顶部敞开,两侧有射击孔,并各有 1 个车门,车尾有两个后车门,上面挂有备用车轮和轮胎。

基本参数	
长度	6.55 米
宽度	2.32 米
高度	2.04 米
重量	9.91 吨
最大速度	70 千米／时
最大行程	650 千米

BTR-152 前端安装有装甲通气孔,用于发动机散热。动力舱完全封闭,位于车前部,车长和驾驶员座位位于动力舱之后,车顶敞开的载员舱在车后部。

作战性能

BTR-152 装甲车的自卫武器为 1 挺 7.62 毫米机枪,动力装置为 1 台 81 千瓦的 ZIL-123V 发动机,车组成员为 2 人,载员舱一次可运输 17 名全副武装的士兵。

俄罗斯 BTR-60 装甲车

BTR-60 是苏联在 20 世纪 60 年代研制的轮式装甲车，主要用于人员的输送，并逐步取代了 BTR-152 装甲车。

结构解析

早期的 BTR-60 装甲车动力为两台 GAZ-49B 六缸汽油发动机，单台功率为 88 千瓦。这个设计非常独特，每个发动机带动两个轴，这样有一台发动机出故障另一台还能使车辆行进。在水上行驶时，BTR-60 依靠安装在车体后部的 1 台喷水推进器行进。

基本参数	
长度	7.56 米
宽度	2.83 米
高度	2.31 米
重量	10.3 吨
最大速度	80 千米／时
最大行程	500 千米

作战性能

早期的 BTR-60 装甲车设有单人手动炮塔，武器为 1 挺 14.5 毫米 KPVT 机枪和 1 挺 7.62 毫米 PKT 机枪。之后，该车换装了新型炮塔，仰角有所增加，从而使车载武器能够对付低速飞行的空中目标或者在城市作战中用来打击高层建筑上的目标。

俄罗斯 BTR-70 装甲输送车

BTR-70 是苏联于 20 世纪 70 年代研制的轮式装甲输送车，1976 年开始服役。截至 2021 年 6 月，仍有少量 BTR-70 装甲输送车在俄罗斯军队服役。

结构解析

BTR-70 装甲输送车的车体由钢板焊接，同 BTR-60 系列相比，该车车头较宽，改善了车前装甲以及车体前部和前轮之间的附加装甲。车长和驾驶员并排坐在车前部，驾驶员在左，车长在右，车前有两个观察窗，战斗时窗口都由顶部铰接的装甲盖板防护。在批量生产过程中，BTR-70 装甲输送车的构造和外形没有大变，不同年代生产的车辆在细节上稍有差别。

基本参数	
长度	7.54 米
宽度	2.8 米
高度	2.32 米
重量	11.5 吨
最大速度	80 千米／时
最大行程	600 千米

作战性能

在使用过程中，俄军发现 BTR-70 装甲输送车装备的 2 台发动机和复杂传动装置造成了使用维护和维修工作量巨大的问题。二级喷水推进器在使用中问题也很多，浮渡时经常被水草、泥浆堵塞。

俄罗斯 BTR-82 装甲输送车

　　BTR-82 是俄罗斯研制的一款轮式装甲输送车，2011 年开始服役。2015 年，俄军装备的 BTR-82 装甲输送车参加了叙利亚的战争。

结构解析

　　BTR-82 装甲输送车是 BTR-80 轮式装甲输送车（8×8）的最新衍生版本，仍然延续了 BTR-80 装甲输送车一些设计上的限制，如后置式发动机。这种布局使得车内人员必须通过侧门离开车辆，而直接暴露在敌人的炮火下。

作战性能

基本参数	
长度	7.7 米
宽度	2.9 米
高度	2.41 米
重量	13.6 吨
最大速度	90 千米／时
最大行程	600 千米

　　BTR-80 装甲输送车可全方位抵御 7.62 毫米子弹的攻击，正面防护装甲能抵御 12.7 毫米子弹的攻击。BTR-82 装甲输送车的防护性能更好，但是不能使用附加装甲。BTR-82 基本型装有 1 挺 14.5 毫米机枪，而 BTR-82A 则装备了 30 毫米机关炮。

俄罗斯 BTR-80 装甲车

BTR-80 是苏联于 20 世纪 80 年代研制的一款轮式装甲车，主要用于人员输送，1984 年开始装备部队。

结构解析

BTR-80 装甲车的驾驶舱位于前部，驾驶员在左、车长在右，并装有供昼夜观察和驾驶的仪器、面板、操纵装置、电台及车内通话器等。车长位置的前甲板上有 1 个球形射孔。车长和驾驶员的后面各有 1 个步兵座位。车长的右前倾斜甲板上还有 1 个供步兵用的射孔。炮塔位于第二轴上方的车体中央位置。载员舱在炮塔之后，6 名步兵背靠背坐在当中的长椅上。

基本参数	
长度	7.7 米
宽度	2.9 米
高度	2.41 米
重量	13.6 吨
最大速度	80 千米／时
最大行程	600 千米

作战性能

BTR-80 装甲车的炮塔顶部可 360°旋转，其上装有 1 挺 14.5 毫米 KPVT 大口径机枪，辅助武器为 1 挺 7.62 毫米 PKT 并列机枪。车内可携带 2 枚 9K34 或 9K38 "针"式单兵防空导弹和 1 具 RPG-7 式反坦克火箭筒。该车可水陆两用，在水上靠车后单个喷水推进器推进，水上速度为 9 千米／时。通过浪高超过 0.5 米的水障碍时，可竖起通气管不让水流进入发动机内。

俄罗斯 BRDM-2 两栖装甲侦察车

BRDM-2 是苏联于 20 世纪 60 年代研制的一款两栖装甲侦察车，衍生型号较多，目前仍在俄罗斯军队中服役。

结构解析

BRDM-2 的车体采用全焊接钢装甲结构，可抵挡轻武器射击和炮弹破片，战斗室两侧各有 1 个射击孔，为扩大乘员观察范围，在射击孔上装有一套凸出车体的观察装置。驾驶员在车体前部左侧，车长位于右侧，二者前面都配

基本参数	
长度	5.75 米
宽度	2.35 米
高度	2.31 米
重量	7 吨
最大速度	95 千米／时
最大行程	750 千米

有装防弹玻璃的观察窗口。车体尾部没有开后门，乘员只能通过位于车长和驾驶员身后、车体上部开设的两个圆形舱口出入。

作战性能

BRDM-2 装甲车可跨越 1.25 米宽的壕沟，最大爬坡度达 31°。乘员有 4 人，除车长和驾驶员外，战斗室内还有 2 名乘员。BRDM-2 的主要武器为 1 挺 14.5 毫米 KPVT 重机枪，携弹 500 发。1 挺 PKT 式 7.62 毫米并列机枪，携弹 2000 发。车内还有两支冲锋枪和 9 枚手雷。此外，该车内安装有超压核、生、化防护系统和红外夜视仪。

俄罗斯"回旋镖"装甲输送车

"回旋镖"是俄罗斯最新研制的一款两栖轮式装甲输送车，2015 年在莫斯科胜利日阅兵的预演中首次公开亮相。

结构解析

"回旋镖"装甲输送车采用模块化设计，可以改装成装甲运兵车、装甲输送车、装甲指挥车、自行火炮、通信车等变形车，形成一个轮式装甲车族和履带式装甲车族，便于统一后勤维护。该车的车尾有 2 具喷水推进装置，使其拥有克服水流波动并快速前进的能力。与早

基本参数	
长度	8 米
宽度	3 米
高度	3 米
重量	25 吨
最大速度	100 千米／时
最大行程	800 千米

前 BTR 系列装甲输送车不同，"回旋镖"装甲输送车的发动机被安装于车前而不是车尾。该车设有后门及车顶舱门，以供部队进出。

作战性能

"回旋镖"装甲输送车的设计风格更偏重防护，车体高大，强化了防护能力。该车的主要武器为 1 门 30 毫米机炮、1 挺 7.62 毫米机枪和 4 枚反坦克导弹。"回旋镖"装甲输送车的操作人员为 3 人，并可载运 9 名士兵。该车可独立穿越水障，并可摧毁敌方有生力量、反坦克兵器以及轻型装甲装备。

俄罗斯 BMPT 坦克支援战车

BMPT 坦克支援战车是俄罗斯研发的履带式装甲车，2008 年开始交付俄军。该车主要用于支援坦克及步兵作战行动，尤其是应对城市作战。

结构解析

BMPT 坦克支援战车是在 T-72 主战坦克的基础上改进而成，其车体、底架、发动机、传输装置、履带等与 T-72 主战坦克完全相同，主要区别是新型坦克支援战车的研制，充分考虑到了 20 世纪末、21 世纪初几场局部战争的特点，按照未来战争需求，体现了最新科技成果，具有较强的防护性能，武器装备配置比较合理。

基本参数	
长度	7.2 米
宽度	3.8 米
高度	3.44 米
重量	48 吨
最大速度	60 千米／时
最大行程	550 千米

作战性能

BMPT 坦克支援战车的炮塔装备了 2 门希普诺夫 2A42 式 30 毫米自动炮，这种双向供弹自动炮能使用高爆曳光弹、脱壳穿甲弹、杀伤爆破弹以及穿甲曳光弹，并有 200 ～ 300 发／分和 550 发／分两种射速可以调节。它能有效打击 1500 米内的轻装甲单位和 2500 米内的人员。自动炮的上方有 1 挺 7.62 毫米 PKTM 机枪，备有电子机械传动装置和 PHK 瞄准仪以及 2000 发子弹。炮塔两侧各装有 2 具 9M120 反坦克导弹发射器。此外，驾驶舱左右各有 1 具 30 毫米 AGS-17D 自动榴弹发射器。由于使用了 T-90 主战坦克的 W92S2 柴油发动机，因此 BMPT 坦克支援战车具有出色的越野性能，在无障越野路上时速可达 60 千米，可翻越高达 1.5 米的路障。

俄罗斯 T-15 步兵战车

T-15 是俄罗斯研制的重型履带式步兵战车，于 2015 年莫斯科胜利日阅兵的预演中首次公开亮相。2020 年，T-15 步兵战车开始少量装备部队，它将逐步取代俄罗斯陆军中服役已久的 BMP-2 步兵战车及 MT-LB 通用履带平台。

结构解析

T-15 步兵战车以 T-14 主战坦克底盘为基础，将动力系统放到车体前部。动力系统前置，车首基础装甲厚度不足，于是俄罗斯工程师在车首增加了两块大型整体附加装甲，形成了楔形车首，附加装甲与基甲之间空隙较大，可进

基本参数	
长度	11 米
宽度	3.7 米
高度	3.3 米
重量	48 吨
最大速度	70 千米／时
最大行程	550 千米

一步提高对破甲弹的防御效果。T-15 步兵战车装有反应式装甲，并搭载了与 T-14 主战坦克相同的主动防御系统。

作战性能

T-15 步兵战车主要搭载"回旋镖"BM 遥控炮塔，同时搭载 1 门 30 毫米 2A42 机炮和 1 挺 7.62 毫米 PKT 同轴机枪，车身两侧各搭载了 2 具 9M133"短号"反坦克导弹发射装置。另一个版本搭载 AU-220M 炮塔，配备 1 门 BM-57 型 57 毫米自动炮，1 挺外置的 7.62 毫米 PKT 遥控机枪及 9M1201 导弹发射装置。

俄罗斯 BMP-1 步兵战车

BMP-1 是苏联在二战后设计生产的第一款步兵战车，1966 年开始服役，曾参与过阿富汗战争、海湾战争等，目前仍有部分在俄罗斯和其他国家服役。

结构解析

BMP-1 步兵战车采用钢板焊接结构，车首装甲倾斜 80°，令它虽厚 7 毫米却等同于 37 毫米厚的防护力，车身前方右侧是动力舱，发动机和齿轮箱都被安装在此，车前左侧是驾驶员和其身后的车长，车中部是炮塔。

基本参数	
长度	6.74 米
宽度	2.94 米
高度	2.07 米
重量	13.2 吨
最大速度	65 千米／时
最大行程	500 千米

作战性能

BMP-1 步兵战车的主要武器为 1 门 73 毫米 2A28 低压滑膛炮，后坐力较小。在炮塔后下方有自动装弹机构，也可以人工装填。主炮右侧有 1 挺 7.62 毫米并列机枪，弹药基数为 2000 发。主炮上方有 AT-3 反坦克导弹单轨发射架，配有导弹 4 枚，在车体和炮塔内各存放 2 枚。导弹通过炮塔顶部前面的窗口装填，装填时间约为 50 秒，射程 500 ~ 3000 米，只能昼间发射，操纵装置位于炮手座位下面。

俄罗斯 BMP-2 步兵战车

BMP-2 是 BMP-1 步兵战车的改良型，属 BMP 系列的第二款。该型车于 1980 年开始服役，目前仍有数十个国家的军队在使用。

结构解析

BMP-2 步兵战车采用了大型的双人炮塔，将 BMP-1 步兵战车位于驾驶员后方的车长座椅挪到了炮塔内右方，使其视野和指挥能力得以增强，驾驶员后方的座位用于步兵乘坐。

作战性能

基本参数	
长度	6.74 米
宽度	2.94 米
高度	2.07 米
重量	14.3 吨
最大速度	65 千米／时
最大行程	500 千米

BMP-2 步兵战车的武器为 1 门 30 毫米 2A42 机炮，以 AT-5 反坦克导弹发射器取代了 AT-3 反坦克导弹发射器，这两种反坦克导弹的最大区别是瞄准装置。AT-5 采用瞄准线指令制导方式，炮长只需持续将目标保持在瞄准线上即可，不用再像 AT-3 那样还要操控导弹飞行。不过，在发射 AT-5 反坦克导弹时，炮长仍需探出车外，其最大射程为 4000 米。

俄罗斯 BMP-3 步兵战车

BMP-3 是苏联于 1986 年推出的 BMP 系列第三款步兵战车，1989 年正式投产并装备军队。

结构解析

BMP-3 步兵战车车身和炮塔是铝合金焊接结构，一些重要部分添加了其他钢材以加强强度和刚性。BMP-3 步兵战车的动力组件由 BMP-1、BMP-2 的车头改为在车尾，为了方便乘员进出，在车尾加了两道有脚踏的车门。

基本参数	
长度	7.14 米
宽度	3.2 米
高度	2.4 米
重量	18.7 吨
最大速度	72 千米／时
最大行程	600 千米

作战性能

BMP-3 步兵战车的火力极为强大，炮塔上装有 1 门 100 毫米 2A70 型线膛炮，此炮能发射破片榴弹和 AT-10 炮射反坦克导弹，在 2A70 线膛炮右侧为 30 毫米 2A72 机炮，左侧为 7.62 毫米 PKT 机枪。如同 BMP-2 步兵战车一样，BMP-3 步兵战车也可以在水上行驶，它在水上行驶时改为由发动机带动 1 个喷水器向后方喷水。

俄罗斯 BMD-1 伞兵战车

　　BMD-1 是苏联于 20 世纪 60 年代研制的一款伞兵战车，1969 年正式装备空降部队。该车是 BMD 系列伞兵战车的第一款，至今仍在俄罗斯军队服役。

结构解析

　　BMD-1 车体前部为驾驶舱,中部为战斗舱,炮塔位于车体中部靠前（单人炮塔），后部为载员舱，再后是动力舱。动力装置为 6 缸水冷柴油机，最大功率为 177 千瓦。手动式机械变速箱有 5 个前进挡和 1 个后退挡。悬挂装置为独立式液气弹簧悬挂装置，车底距地面在 100 ～ 450 毫米范围内可调。

基本参数	
长度	5.34 米
宽度	2.65 米
高度	2.04 米
重量	7.5 吨
最大速度	70 千米／时
最大行程	320 千米

作战性能

　　BMD-1 伞兵战车可以机降也可以伞投，其主炮为 1 门 73 毫米 2A28 滑膛炮，弹药基数为 40 发，以自动装弹机装弹。配用的弹种为定装式尾翼稳定破甲弹，初速为 400 米 / 秒。主炮右侧有 1 挺 7.62 毫米并列机枪，弹药基数为 2000 发。炮塔上方有"赛格"反坦克导弹的单轨发射架，除待发弹外，炮塔内还有 2 枚。

俄罗斯 BMD-2 伞兵战车

BMD-2 是 BMD 系列伞兵战车的第二款，1988 年正式装备空降部队。

结构解析

BMD-2 和 BMD-1 的整体框架一致，只是武器有所不同。BMD-2 的防护能力较好，其铝合金焊接装甲可防轻武器射击，有集体式超压三防装置和自动灭火抑爆系统。

作战性能

基本参数	
长度	5.34 米
宽度	2.65 米
高度	2.04 米
重量	8.23 吨
最大速度	60 千米／时
最大行程	500 千米

BMD-2 伞兵战车的主要武器为 1 门 2A42 型 30 毫米机炮，在其上方装有 1 具 AT-4(后期型号装备 AT-5) 反坦克火箭筒，射程为 500～4000 米。辅助武器为 1 挺 7.62 毫米并列机枪，备弹为 2980 发，1 挺 7.62 毫米航空机枪，备弹为 2980 发。载员舱侧面开有射击孔，乘员可在车内向外以轻武器射击。

俄罗斯 BMD-3 伞兵战车

　　BMD–3 是苏联于 20 世纪 80 年代研制的一款伞兵战车，1990 年正式装备空降部队和海军，是 BMD 系列伞兵战车的第三款。

结构解析

　　BMD–3 伞兵战车具有较强的防护力，全车用装甲钢板焊接而成，可防轻武器和弹片的杀伤。车内配有火警和灭火装置以及集体式核、生、化防护装置。为提高战场生存能力，该车炮塔两侧各装有 3 具 81 毫米烟幕弹发射器，装有喷气式伞降自动系统。该车有两种宽度的履带可供选用，以适应不同的地形要求。

基本参数	
长度	6.51 米
宽度	3.134 米
高度	2.17 米
重量	13.2 吨
最大速度	60 千米／时
最大行程	500 千米

作战性能

　　BMD–3 伞兵战车的火力强大，采用双人炮塔，配备 1 门 30 毫米机关炮，有 3 种射速：200 发／分、300 发／分、550 发／分，最大有效射程 4000 米，配有 860 发穿甲弹和高爆燃烧弹。炮塔顶部装有 1 具反坦克导弹发射架，可发射 AT–4 或 AT–5 导弹，导弹数量为 4 枚。辅助武器为装在火炮左侧的 1 挺 7.62 毫米并列机枪，车前部右侧还有 1 挺 5.45 毫米机枪，车前部左侧装有 1 具 AGS– 17 式 30 毫米自动榴弹发射器。

俄罗斯 BMD-4 伞兵战车

BMD-4 是苏联于 20 世纪 90 年代研制的一款伞兵战车，是 BMD 系列伞兵战车的第四款。该车目前仍装备在俄罗斯空降军，并有部分出口到其他国家。

结构解析

与 BMD-3 伞兵战车相同，BMD-4 伞兵战车的车体前部为驾驶室，驾驶员位于车体中央。中部为战斗室，炮塔位于车体中部靠前，为单人炮塔。后部为载员室，再后部是动力舱。

基本参数	
长度	6.51 米
宽度	3.13 米
高度	2.17 米
重量	14.6 吨
最大速度	60 千米／时
最大行程	500 千米

作战性能

BMD-4 伞兵战车的主要武器为 1 门 2A70 型 100 毫米线膛炮。该炮双向稳定配自动装弹机（可行进间开火），可发射杀伤爆破弹和炮射导弹(9M117 型)。发射 9M117 炮射导弹时射程 4000 米，可穿透 550 毫米均质钢板。因该车具备发射炮射导弹能力，故无外置反坦克导弹发射器。

俄罗斯乌拉尔 4320 卡车

乌拉尔 4320 卡车是苏联乌拉尔汽车工厂生产的一款军用卡车,1978年开始批量生产。

结构解析

乌拉尔 4320 卡车分为 6×6 和 4×4 两种类型。其中,6×6 军用系列有 5 种车型,均有标准的侧卸载货车体,以及 4 座驾驶室。所有车型配备 YaMZ-236 V-6 型或 YaMZ-238 V-8 型柴

基本参数	
长度	7.37 米
宽度	2.5 米
高度	3 米
重量	15.3 吨
最大速度	82 千米／时

油发动机,配装 5 速手动变速箱和双速分动器,有效载重为 6 吨至 12 吨。而 4×4 车型配备 YaMZ-236 V6 型柴油发动机,配装 5 速手动变速箱和双速分动器,有效载重为 5.5 吨。

作战性能

乌拉尔 4320 系列卡车的底盘有很好的越野能力,因此它可以在难以修筑道路的沙漠地区或多岩石的地区使用。该车有着极高的可靠性,便于修理和保养。乌拉尔 4320 系列卡车可以在各种道路和地形上运输货物、人员和拖挂拖车。另外,也可作为 BM-21 火箭炮的发射平台。经过不断的发展,乌拉尔 4320 系列卡车已有约 150 种变型车,其中许多车型为商业应用型。

俄罗斯"虎"式装甲车

　　"虎"式装甲车是俄罗斯嘎斯汽车公司于 21 世纪初研制的轮式轻装甲越野车，2006 年开始服役。

结构解析

　　"虎"式装甲车采用非承载式车身、前置动力、四轮驱动的设计，前发动机舱外壳采用一体化带装甲防护的车身结构。前格栅与侧梁采用焊接总成形式安装到前纵梁与侧围上。前格栅采用双层带防护内板结构，可对散热器进

基本参数	
长度	5.7 米
宽度	2.4 米
高度	2.4 米
重量	7.2 吨
最大速度	140 千米／时
最大行程	1000 千米

行二次保护。前格栅和侧梁焊接在一起，不仅可以提高防护能力，更重要的是便于动力总成从车身整体吊装。如果有必要，可将发动机（包括散热器冷凝器）以及变速器整体吊装进行更换或维修。

作战性能

　　"虎"式装甲车可以搭载多种武器，包括 7.62 毫米 PKP 通用机枪、12.7 毫米 Kord 重机枪、30 毫米 AGS−17 榴弹发射器、"短号"反坦克导弹发射器等。其中，"短号"反坦克导弹使"虎"式装甲车在反坦克作战时实现了"发射后不管"。与俄罗斯之前的越野车相比，"虎"式装甲车的装甲防护大幅增强，并配置了核、生、化三防系统。该车的车体可有效抵御轻武器和爆炸装置的攻击。车内可以搭载 10 名全副武装的步兵。

英国通用载具

　　通用载具是英国维克斯公司于1934—1960年生产的一款履带式装甲车，也被称为布伦机枪运输车。该车是历史上制造数量最多的装甲战斗车辆之一，总产量高达11.3万辆。

结构解析

　　通用载具的车箱由4面装甲板构成，顶部完全敞开，装甲厚4～10毫米，底部装甲厚3毫米，是全车最薄弱的地方，很难抵御地雷破片的攻击。驾驶舱和运载舱以隔板分开，驾驶员在右侧，机枪手在左侧。

基本参数	
长度	3.65米
宽度	2.06米
高度	1.57米
重量	3.75吨
最大速度	48千米／时
最大行程	250千米

作战性能

　　通用载具可以根据步兵作战环境的不同，随意搭载不同种类的中型或重型武器，包括"布伦"轻机枪、"博伊斯"反坦克步枪、"维克斯"重机枪、M2重机枪以及步兵用反坦克发射器等。通用载具的用途极度广泛，而且十分轻便。比起功能和大小相近的轮式车辆吉普车，使用履带的通用载具有较高的负载，以负荷薄装甲片和更多的物资。

英国"撒拉森"装甲车

　　"撒拉森"是英国阿尔维斯汽车公司于 20 世纪 50 年代研制的一款六轮装甲车，曾经是英国陆军的主要装备之一。

结构解析

　　"撒拉森"装甲车采用 6×6 轮式设计，装有 1 台劳斯莱斯 B80 Mk.6A 汽油发动机，装甲厚度为 16 毫米。车体上装有小型旋转炮塔，炮塔上有 1 挺 L3A4 同轴机枪（后期改为 FN MAG 同轴机枪），另有 1 挺用于平射及防空的布伦轻机枪。

基本参数	
长度	4.8 米
宽度	2.54 米
高度	2.46 米
重量	11 吨
最大速度	72 千米／时
最大行程	400 千米

作战性能

　　"撒拉森"装甲车在英国陆军中主要用作装甲运兵车、装甲指挥车及装甲救护车，改进型还包括加装通信或指挥器材和火炮引导等。作为装甲运兵车时，连同驾驶员和车长在内共可乘坐 11 人。

英国"卫士"越野车

"卫士"越野车是英国路虎汽车公司生产的 4×4 轮式轻型军用车辆。

结构解析

"卫士"越野车外观硬朗，坚固的箱式框架构成梯形底盘，上面安装了铝质车身。加长的螺旋弹簧替代了过去的钢板弹簧，提高了行驶和越野性能。"卫士"越野车有三种轴距供选择：90、110 和 130，分别称为："卫士"90、"卫士"110 和"卫士"130。该车同时有两款发动机，5 速的手动变速箱和 2 速的分动箱是标准配置。

基本参数	
长度	4.6 米
宽度	1.79 米
高度	2.13 米
重量	2 吨
最大速度	160 千米／时
最大行程	510 千米

作战性能

"卫士"越野车采用全时四轮驱动，并带有可锁定中央差速器，越野性能极为出色。由于"卫士"越野车的车身平台可满足多种用途，所以其车身风格也多种多样，既有帆布软顶，也有配备了空调系统、密封良好的金属硬顶，用户可根据需要灵活选择。

英国"狼"式越野车

"狼"式越野车是英国路虎汽车公司生产的一款 4×4 轮式轻型军用车辆，除装备英国各大军种外，还被其他国家的军队大量采用。

结构解析

"狼"式越野车是路虎汽车公司在"卫士"110 越野车的基础上改进而来，它增加了多根加强横梁，升级了差速器，后轴也有所变动。"狼"式越野车的铝质车身重量轻而且坚固，不易生锈。

基本参数	
长度	4.6 米
宽度	1.79 米
高度	2.13 米
重量	2.2 吨
最大速度	160 千米／时
最大行程	500 千米

作战性能

"狼"式越野车的排量并不是很大，可以保证不错的燃油经济性和续航里程，因为是基于"卫士"越野车的车型，所以在越野性能上毋庸置疑。该车可以爬越 45° 斜坡，其双速分动箱在极端恶劣的越野路面也能给予足够的动力输出。在泥泞、冰雪、沙石路面，"狼"式越野车都能灵活自如地行驶。

英国"豺狼"装甲车

"豺狼"是英国研制的一款4×4轮式装甲车，2008年开始服役。除装备英国陆军特种部队外，其他军种也有采用。

结构解析

与现代许多军用车辆设计概念不同，"豺狼"装甲车是一种开放式车辆，注重火力和视野，而不是防护。在没有安装防护组件的情况下，"豺狼"装甲车容易被地雷炸毁或遭到伏击，车辆主要依靠速度和机动来提高防护水平。

基本参数	
长度	5.39米
宽度	2米
高度	1.97米
重量	6.65吨
最大速度	130千米／时
最大行程	800千米

作战性能

"豺狼"装甲车主要用于满足战场侦察、快速攻击和火力支援，机动能力高、持久作战能力强和灵活性好是该车的重要特点。与路虎"卫士"越野车相比，"豺狼"装甲车能够搭载更多的设备，具有更强的防护能力，而且行驶里程更长。用作巡逻车时，"豺狼"装甲车有3名乘员，其中2人配备武器，指挥员可以操纵遥控武器站的7.62毫米机枪或12.7毫米机枪或自动榴弹发射器。"豺狼"装甲车能够经由C-130运输机和CH-47直升机运输。

英国"平茨高尔"高机动性全地形车

　　"平茨高尔"高机动性全地形车是英国车辆技术公司生产的一款轮式全地形车，有4×4和6×6两种版本，1971年开始批量生产。

结构解析

　　"平茨高尔"高机动性全地形车的外形棱角分明，车头前端有钢质护板。发动机安装在车厢内，动力由Z式驱动系统从管外走进管内，除了方便维修外，还可以最大限度增加车底净高，增强通行性。车桥与车轮间采用低一级齿轮设计，使离地间隙高达335毫米。

基本参数	
长度	5.31米
宽度	1.8米
高度	2.16米
重量	2.05吨
最大速度	110千米／时
最大行程	400千米

作战性能

　　"平茨高尔"高机动性全地形车采用中央脊梁独立悬挂全动驱动，以保证最高级别的悬挂驱动能力。这种结构的可靠性高，但成本较高，而且对机械加工的工艺要求极高。独特的底盘结构，使"平茨高尔"高机动性全地形车的越野能力堪称一流。

法国 AMX-VCI 步兵战车

　　AMX-VCI 是法国霍奇基斯公司于 20 世纪 50 年代初为满足法军要求而研制的一款步兵战车，在法军中装备数量很大。

结构解析

　　AMX-VCI 步兵战车的车体分为 3 个舱室，驾驶舱和动力舱在前，载员舱居后。车体前部左侧是驾驶舱，右侧是动力舱。炮手和车长均在载员舱内，分别位于舱内的左边与右边。载员舱可背靠背乘坐步兵 10 人，并可通过向外开启的两扇后门出入。每侧有两个舱口，舱盖由上下两部分组成，每个舱盖的下部分别有 2 个射孔。

基本参数	
长度	5.7 米
宽度	2.67 米
高度	2.41 米
重量	15 吨
最大速度	60 千米／时
最大行程	440 千米

作战性能

　　AMX-VCI 步兵战车的主要武器最早为 1 挺 7.5 毫米机枪，以后相继被 12.7 毫米机枪或者装有 7.5 毫米（或 7.62 毫米）机枪的克勒索 - 卢瓦尔 CAFL 38 炮塔所取代。

法国 AMX-10P 步兵战车

AMX-10P 是法国于 20 世纪 60 年代研制的一款步兵战车，用以取代 AMX-VCI 步兵战车。1968 年制造出了第一辆样车，1972 年开始量产，1973 年首批车辆交付法军使用。

结构解析

AMX-10P 车体用铝合金焊接而成，发动机前置。驾驶舱位于车体前部左侧，采用的"塔坎"Ⅱ双人炮塔位于车辆中央偏右，炮手在左，车长靠右。也可装用"塔坎"Ⅰ单人炮塔或其他类型的炮塔。载员舱在车体后部，人员通过车后跳板式大门出入。

基本参数	
长度	5.79 米
宽度	2.78 米
高度	2.57 米
重量	14.5 吨
最大速度	65 千米／时
最大行程	600 千米

作战性能

AMX-10P 步兵战车的主要武器为 1 门 20 毫米 M693 机关炮，弹药基数为 325 发，其中有燃烧榴弹 260 发、脱壳穿甲弹 65 发。该炮对地面目标的最大有效射程为 1500 米，使用脱壳穿甲弹时在 1000 米距离上的穿甲厚度为 20 毫米。辅助武器为 1 挺 7.62 毫米机枪，弹药基数为 900 发。如有需要，该车还可换装莱茵金属公司的 20 毫米 Mk 20 Rh202 机关炮，车顶两侧还可安装 2 个"米兰"反坦克导弹发射架。

法国 AMX-10RC 装甲车

AMX-10RC 装甲车是由法国地面武器工业集团制造的一款轻型轮式装甲侦察车，1981 年开始服役。

结构解析

AMX-10RC 装甲车与 AMX-10P 步兵战车除了使用共通的动力套件外，其他设计及在战场上的角色定位都大不相同。AMX-10RC 为两栖装甲车，拥有相当优秀的机动性能，通常被用于危险环境中执行侦察任务，或是提供直接火力支援。

基本参数	
长度	6.24 米
宽度	2.78 米
高度	2.56 米
重量	15 吨
最大速度	85 千米／时
最大行程	1000 千米

所有的 AMX-10RC 装甲车都安装了核、生、化防护系统，这使它能在被放射线污染的环境中执行侦察任务。

作战性能

AMX-10RC 装甲车的主要武器是铝质焊接炮塔上的 1 门 105 毫米线膛炮，配备了用以协助火炮瞄准的火控系统。炮塔内部可容纳 3 名乘员，而驾驶席则位于底盘前方。105 毫米线膛炮可发射 4 种炮弹，即尾翼稳定脱壳穿甲弹、高爆弹、反坦克高爆弹以及烟幕弹。其中，尾翼稳定脱壳穿甲弹可在 2000 米的距离外穿透北约装甲标靶中的第三层重甲。

法国 VBCI 步兵战车

VBCI 是法国新一代步兵战车，自 2008 年开始服役，具备与主战坦克接近的机动性，并可以由 A400M "空中客车" 运输机运输。

结构解析

VBCI 步兵战车采用模块化的装甲防护、焊接钢和铝的车体，以全方位防护小型武器的射击。此外，还可加装钛装甲板以提高防护性。VBCI 内部装有防剥落衬层，能让车辆在遭遇地雷爆炸、1 个车轮被毁的情况下继续前进。

基本参数	
长度	7.6 米
宽度	2.98 米
高度	3 米
重量	25.6 吨
最大速度	100 千米／时
最大行程	750 千米

作战性能

VBCI 步兵战车装备单人炮塔，其上装有 M811 25 毫米自动炮和 7.62 毫米并列机枪。该车有极强的机动性，能够在例如 60° 前进斜度、30° 侧斜度、2 米沟渠和 0.7 米梯状地带等地形恶劣地区行进。此外，如果 1 个车轮被地雷炸毁，车辆仍能使用剩余的 7 个车轮继续行驶。

法国 VBL 装甲车

VBL（意为：轻型装甲车）是法国于 20 世纪 90 年代研制的一款轮式装甲车，除法国外，还出口到了希腊、墨西哥、阿曼、葡萄牙和科威特等国。

结构解析

VBL 装甲车体型较小，重量较轻，车上装有核、生、化三防装置，车体装甲能抵挡 7.62 毫米子弹和炮弹破片的袭击。VBL 装甲车有很好的武器适应性，可根据部队需要装备多种不同类型的武器系统。除装甲侦察车、装甲输送车外，VBL 装甲车还有指挥车、国内安全车、防空车、通信车、雷达车、弹药输送车、反坦克车等变型车种。

基本参数	
长度	3.8 米
宽度	2.02 米
高度	1.7 米
重量	3.5 吨
最大速度	95 千米／时
最大行程	600 千米

作战性能

VBL 装甲车有轻装甲能力，在战场上担任的角色类似于美军"悍马"装甲车。车顶上装有可 360°回旋的枪架和枪盾，能安装多种轻机枪或重机枪（如 FN Minimi 轻机枪、勃朗宁 M2 重机枪等）。该车虽然有装甲，但是重量不到 4 吨，具有很强的战略机动性。此外，VBL 装甲车的体积也很小，便于使用 C–130、C–160 或 A400M 等运输机空运。

法国 VAB 装甲车

VAB 装甲车是法国军队的一款现役主力轮式装甲车，1976 年开始服役，有 4×4 和 6×6 两种底盘，衍生型号极多。

结构解析

VAB 装甲车的车体由钢板焊成，车体前方装有防浪板，在水上行驶时竖起，并靠在车后两侧的喷水推进器行进，动力是通过短轴和斜齿轮由后桥引出。喷水推进器都安装枢轴罩（导流板），可改变水流方向，能使车辆在水中转向。VAB 车内还装有导航仪和加热、通风等设备，挡风玻璃窗还装有防止结冰的加温电阻丝等。

基本参数	
长度	5.98 米
宽度	2.49 米
高度	2.06 米
重量	13.8 吨
最大速度	110 千米／时
最大行程	1200 千米

作战性能

VAB 装甲车的车体能够抵挡 100 米距离内的 7.62 毫米枪弹和弹片，在水上也有足够的浮渡能力。法军装备的车型都具有三防装置，车载武器是安装在车长座椅上方顶甲板的 CB52 枪塔，配备 1 挺 7.62 毫米机枪。机枪俯仰范围为 −15° 至 +45°，对空时俯仰范围可为 −20° 至 +80°。另外，还可安装 TLi52A 枪塔，配备 1 挺 12.7 毫米 M2HB 机枪。VAB 装甲车有 2 名车组乘员，能装载 10 名士兵。

德国 UR-416 装甲运兵车

UR-416 是德国研制的一款轮式装甲运兵车，被世界多个国家和地区采用。

结构解析

UR-416 装甲运兵车的车体为全焊接钢板结构，可防小口径武器的攻击。在轮胎的外缘包有金属板，即便轮胎被击中损坏仍依然可依靠金属板行驶。车的顶部有一个圆形的舱口，有 1 挺带有护板的 7.62 毫米机枪。动力装置前置，采用奔驰公司的 OM352 型 6 缸水冷柴油机。

基本参数	
长度	5.21 米
宽度	2.30 米
高度	2.52 米
重量	7.6 吨
最大速度	85 千米／时
最大行程	700 千米

作战性能

UR-416 装甲运兵车的 7.62 毫米机枪可以 360° 旋转，俯仰射界为 -10° 至 75°。该车可有效防御小口径子弹的攻击，对地雷和炮弹破片也具备一定的防护力。UR-416 装甲运兵车的悬挂装置为带有附加弹簧的螺旋悬挂，在车轮上安装有筒式液压减振器。

德国"拳师犬"装甲运兵车

　　"拳师犬"是德国克劳斯－玛菲·威格曼公司研制的轮式装甲运兵车，2008 年开始服役。

结构解析

　　"拳师犬"装甲运兵车的主要特点是不变的车体与模块化设计相结合。车体用高硬度装甲焊接，模块化设计包括驾驶模组和任务模组两大部分。它保持车体不变，后车厢则被分成一组一组的模块。通过调整模块，可将原来的装甲运兵车变成装甲救护车、后勤补给车或装甲指挥车等，而更换后车厢模块仅用 1 小时就能完成。车内的有效容积达 14 立方米，提供了宽敞、舒适的车内生活和战斗环境。每个乘员座椅都配有安全带。液压控制的跳板式后部车门，使乘员能迅速上下车。

基本参数	
长度	7.88 米
宽度	2.99 米
高度	2.37 米
重量	25.2 吨
最大速度	103 千米／时
最大行程	1100 千米

作战性能

　　"拳师犬"装甲运兵车有 3 名车组人员，最多可运载 8 名士兵，其车体设计非常强调乘坐舒适性，使乘员能在艰苦的作战环境下长时间坚持作战。得益于模块化设计，"拳师犬"装甲运兵车可以安装多种不同类型的武器，包括 12.7 毫米机枪、7.62 毫米机枪、20 毫米机关炮、25 毫米机关炮、30 毫米机关炮、105 毫米突击炮、120 毫米迫击炮等。该车的外表光滑，结构平整，有助于降低雷达信号强度，车上还有减少红外特征的措施。

德国"黄鼠狼"步兵战车

"黄鼠狼"是德国在二战后研制的一款步兵战车,1970 年开始服役。

结构解析

"黄鼠狼"步兵战车的车身由焊接钢板组成,能抵挡步枪子弹和炮弹碎片,车前的装甲能抵挡 20 毫米机炮弹的攻击,车身前方左侧为驾驶舱,驾驶员配备 3 个潜望镜。驾驶舱右侧为动力室,安装有 1 部 MB833 水冷式柴油发动机,搭配一个前进 4 挡、后退 2 挡的变速箱,其动力系统所

基本参数	
长度	6.79 米
宽度	3.24 米
高度	2.98 米
重量	33.5 吨
最大速度	75 千米／时
最大行程	520 千米

需要的冷却器在车身尾门左右两侧,其承载系统为扭力杆式,其中除了第三、第五对车轮外皆配有油压减震器。

作战性能

"黄鼠狼"步兵战车的车身中央为一个双人炮塔,右侧为车长、左侧为炮手,其武器为 1 门 20 毫米 Rh202 机炮和 1 挺 MG3 同轴机枪,必要时可加装"米兰"反坦克导弹发射器和 5 发"米兰"反坦克导弹。

德国“美洲狮”步兵战车

　　“美洲狮”是德国研制的一款新型步兵战车，用以取代老式的“黄鼠狼”步兵战车。

结构解析

　　“美洲狮”步兵战车布局遵循常规设计，前方左侧为驾驶舱，前方右侧为动力装置，中间是并排而坐的车长（右）和炮长（左）。车体中部安装遥控炮塔，配备30毫米机炮和5.56毫米同轴机枪。

作战性能

　　“美洲狮”步兵战车的主要武器为1门30毫米 MK30-2/ABM 机炮，由莱茵金属公司毛瑟分公司专为该车研制，具有极高的安全性和命中概率，即使在高速越野的情况下仍然具有很高的射击精度。该炮采用双路供弹，可发射的弹药主要有尾翼稳定曳光脱壳穿甲弹和空爆弹，通常备弹200发。空爆弹的打击范围很广，包括步兵战车及其伴随步兵、反坦克导弹隐蔽发射点、直升机和主战坦克上的光学系统等。

基本参数	
长度	7.33米
宽度	3.43米
高度	3.05米
重量	31吨
最大速度	70千米／时
最大行程	650千米

德国"野犬"全方位防护运输车

"野犬"全方位防护运输车是德国国防军现役的一款军用装甲车，同时还被奥地利、比利时和捷克等国采用。

结构解析

"野犬"全方位防护运输车由德国克劳斯 – 玛菲·威格曼公司设计生产，使用乌尼莫克 U5000 底盘。改进型"野犬"2 主要提高了防护能力，可以加挂模块式附加装甲。

基本参数	
长度	5.45 米
宽度	2.3 米
高度	2.5 米
重量	11.9 吨
最大速度	90 千米／时
最大行程	1000 千米

作战性能

"野犬"全方位防护运输车具有良好的防卫性能，能够承受恶劣的路况、机枪扫射和小型反坦克武器的攻击。该车装有 1 挺 7.62 毫米遥控机枪，该武器也可以用 12.7 毫米机枪或 HK GMG 自动榴弹发射器取代。"野犬"2 能容纳 8 名乘员，还配备了后视摄像机，有利于在城市环境下驾驶车辆。此外，"野犬"2 还降低了红外信号特征，具有一定的隐身能力。

意大利菲亚特 6614 装甲车

菲亚特 6614 是菲亚特汽车公司和奥托梅莱拉公司共同研发生产的一款装甲车，主要用于人员输送，目前仍在数十个国家军队中服役。

结构解析

菲亚特 6614 装甲车的车体为全焊接钢板结构，能防轻武器和杀伤地雷。驾驶员位于车前左侧，有一个向右打开的单扇圆顶窗盖。发动机位于驾驶员右侧，并有防火隔板与载员舱隔开。载员舱在车后，每侧有一扇带观察镜与射孔的车门，车体两侧还各有 3 个观察镜与射孔。

基本参数	
长度	5.86 米
宽度	2.5 米
高度	1.78 米
重量	8.5 吨
最大速度	62 千米／时
最大行程	700 千米

作战性能

菲亚特 6614 的车顶中部有 1 个指挥塔，装备有 1 挺 12.7 毫米 M2HB 机枪和 5 个潜望式观察镜。该车的载员舱可搭载 10 名载员（包括 1 名炮手），能在载员舱内进行射击并能通过车门迅速上下车。

意大利"半人马"装甲车

"半人马"是意大利于 20 世纪 80 年代研制的一款轮式装甲车，用以取代老旧的美制 M47"巴顿"坦克。

结构解析

"半人马"装甲车全车身焊接钢板为标准装甲，可以抵挡 14.5 毫米口径武器的直接攻击，正面可抵挡 25 毫米口径武器的攻击，可视情况再外加装甲到抵挡 30 毫米口径武器的攻击。车上有核、生、化警报装置，车外两侧常备有烟幕弹和激光警告装置各 4 具，可以在被激光瞄准类武器锁定时发出警告。

基本参数	
长度	7.85 米
宽度	2.94 米
高度	2.73 米
重量	25 吨
最大速度	110 千米／时
最大行程	800 千米

作战性能

"半人马"装甲车主要用来装备意大利的轻型装甲旅，用来执行快速机动作战任务。该车的主要武器为 1 门奥托梅莱拉公司生产的 105 毫米低压线膛炮，身管长为 52 倍口径，具有较强的反坦克作战的能力，适于担任火力侦察任务。辅助武器是 1 挺 7.62 毫米同轴机枪和 1 挺车顶 7.62 毫米防空机枪，备弹 4000 发。

意大利 VBTP-MR 装甲车

VBTP-MR 是意大利依维柯公司专为巴西设计的一款 6 轮装甲车（也有 8 轮型），阿根廷也于 2014 年订购。

结构解析

VBTP-MR 装甲车采用常规结构，动力系统前置，其进出气口位于车体右侧，驾驶员和车长一前一后位于车前左侧，驾驶员配有红外夜视潜望镜可以进行 360° 观察，车长前方有一个可升高的潜望镜，以便越过驾驶员舱盖观察前方。

基本参数	
长度	6.9 米
宽度	2.7 米
高度	2.34 米
重量	16.7 吨
最大速度	90 千米／时
最大行程	600 千米

作战性能

VBTP-MR 装甲车共有乘员 2 人，可运输 9 名全副武装的士兵。该车具备优良的越野、越障能力，在全负载条件下，可攀爬 60° 斜坡、在 30° 角侧斜的陡坡上稳定行驶，独立、高度可调的悬挂可翻越 0.5 米路障，能克服 1 米宽的堑壕和深沟。此外，VBTP-MR 装甲车还配有现代化的战场管理系统，可进行导航、定位、任务规划等。

意大利"达多"步兵战车

"达多"是意大利于20世纪90年代研制的步兵战车,首批生产型自2002年5月开始交付意大利陆军。

结构解析

"达多"步兵战车的车体及炮塔由5083型和7020型铝合金装甲板焊接而成,同时在车体前部及两侧采用了高硬度钢装甲板,并用螺栓紧固,钢装甲板厚度依照安装位置和铝合金装甲板倾斜度而有所不同。

基本参数	
长度	6.7米
宽度	3米
高度	2.64米
重量	23.4吨
最大速度	70千米/时
最大行程	600千米

作战性能

"达多"步兵战车的主要武器为1门厄利空25毫米KBA-BO2型机关炮,采用双向供弹,可发射脱壳穿甲弹和榴弹,弹药基数为400发。该炮的俯仰角度为-10°至+60°,战斗射速为600发/分。主炮旁边是1挺7.62毫米MG42/59并列机枪,弹药基数为1200发。

以色列"阿奇扎里特"装甲运兵车

"阿奇扎里特"是以色列于20世纪80年代研制的一款重型装甲运兵车，主要用于人员的输送。

结构解析

"阿奇扎里特"装甲运兵车是以苏联T-54/T-55坦克改装而成，拆除了原有炮塔，重新改造了车身及加装反应装甲，原有的苏制水冷柴油发动机改为更高功率的478千瓦柴油发动机(Mk 1)，并将内部系统升级，在车顶加装多个舱门及车尾加装上下开合式舱门。

基本参数	
长度	6.2米
宽度	3.6米
高度	2米
重量	44吨
最大速度	65千米／时
最大行程	600千米

作战性能

"阿奇扎里特"装甲运兵车一次可装载7人，车上装有3挺7.62毫米MAG通用机枪和"拉斐尔"车顶武器系统(装有7.62毫米或12.7毫米机枪)，这种遥控武器系统由以色列拉斐尔公司研制，可以在车内操控。

以色列"沙猫"装甲车

　　"沙猫"是以色列研制的一款轮式装甲车，于2006年在中美洲卡车展上首次亮相，同年开始投入使用。

结构解析

　　"沙猫"装甲车是一种轻型8人装甲车，由福特F-450系列商用卡车底盘改装而来，动力系统采用了6.4升V8型涡轮增压柴油发动机，输出功率可达261千瓦。

作战性能

基本参数	
长度	5.05米
宽度	2.16米
高度	2.25米
最大速度	130千米／时
乘员人数	8人

　　"沙猫"装甲车融合了美国奥什克什防务公司最先进的军用车辆技术和以色列普拉桑公司的先进复合金属陶瓷装甲材料技术，如TAK-4独立悬挂系统技术、NBC三防系统、悬挂座椅等，使得该车在具有高机动性的同时，还保留了出色的乘员高防护性，其设计特点符合目前维和任务和国土安全保障任务的需求。

瑞典 CV-90 步兵战车

CV-90 是瑞典于 20 世纪 70 年代研制的装甲战斗车辆，此后又在此基础上发展出了多种变型车，形成了 CV-90 履带式装甲车族。

结构解析

CV-90 系列装甲车都采用相同的配置，驾驶舱位于左前方，动力舱在右方，中间为双人炮塔，载员舱在尾部。为了增大内部空间，大多数出口型车辆尾部载员舱的车顶都设计得稍高。如有特殊需要，该系列战车的总体布置可根据用户要求定制。

基本参数	
长度	6.8 米
宽度	3.2 米
高度	2.8 米
重量	26 吨
最大速度	70 千米／时
最大行程	300 千米

作战性能

CV-90 步兵战车的主要武器通常是 1 门 40 毫米机炮，弹药基数为 240 发，可单发、点射或连发。配用的弹种有针对飞机和直升机的近炸引信预制破片榴弹，针对地面目标的曳光榴弹和曳光穿甲弹。辅助武器为 1 挺 7.62 毫米 M1919 型机枪。炮塔顶部有 2 具博福斯公司的莱兰 71 毫米照明弹发射器，炮塔两侧各有 1 组烟幕弹发射器，每组 6 具。

瑞典 Bv206 装甲全地形车

Bv206 是瑞典研制的一款全地形装甲运输车，可以在包括雪地、沼泽等所有地形上行驶，主要用于输送战斗人员和物资。该车于 1981 年开始服役，总产量超过 5000 辆。

结构解析

Bv206 装甲全地形车由两节车厢组成，车身之间用转向装置连接。每节车厢由底盘和车身组成。底盘部分由中央梁、侧传动和行动装置总成组成。4 个独立的行动装置总成可互相替换。

作战性能

基本参数	
长度	6.9 米
宽度	1.87 米
高度	2.4 米
重量	4.5 吨
最大速度	50 千米／时
最大行程	330 千米

Bv206 装甲全地形车的前车厢内可载货 600 千克，或容纳 5 名士兵和 1 名驾驶员。后车厢可载货 1400 千克，或容纳 11 名全副武装的士兵。士兵的座位在车厢两旁及前面，背囊等物可放在车顶，最重可承受 200 千克。Bv206 装甲全地形车在满载时可拖 1 辆总重为 2.5 吨的拖车在任何道路环境下行驶，后车厢可轻易地更换以作特殊用途。该车具备两栖能力，在水上靠履带划水行。

瑞典 BvS10 装甲全地形车

BvS10 装甲全地形车是瑞典研制的一款履带式全地形车，除瑞典本国使用外，还出口到英国、德国、法国、荷兰和西班牙等 40 多个国家。

结构解析

BvS10 装甲全地形车的轮廓与阿尔维斯·赫格隆公司早期的 Bv206 装甲全地形车接近，后车的两个垂直车壁没有车窗，仅在车体后面装有车门，前车两挡风玻璃间倾斜放置近乎垂直的壁壳，车体两边装有车门，不过只在车前方装有窗户。

基本参数	
长度	7.6 米
宽度	2.3 米
高度	2.2 米
重量	5 吨（前车）
陆地速度	65 千米／时
水上速度	5 千米／时

作战性能

BvS10 装甲全地形车用途广泛，可作为运兵车、指挥车、救护车、维修和救援车等。该车具有完全两栖能力，在水中可靠橡胶履带行进。BvS10 装甲全地形车可通过 CH-53 直升机运输，能够进行快速部署。英国海军陆战队装备的 BvS10 装甲全地形车的车顶装有 7.62 毫米或 12.7 毫米机枪，以及一些标准的装备，包括数排烟幕弹发射器。

瑞士"食人鱼"装甲车

"食人鱼"是瑞士莫瓦格公司研制的一款轮式装甲车，根据车轮数量有 4×4、6×6、8×8、10×10 等多种版本，是欧美国家广泛使用的车系，已经发展到了第五代。

结构解析

"食人鱼"装甲车安装了 1 台底特律 6V53TA 柴油机。乘员可利用中央轮胎压力调节系统，依据车辆路面行驶状况调节轮胎压力。车内有预警信号装置，当车辆行驶速度超过所选择轮胎压力极限时，预警信号装置便发出报警信号。该车有多个驱动系统，即使被地雷炸坏 1 个驱动分系统，车辆也能继续行驶。

基本参数	
长度	4.6 米
宽度	2.3 米
高度	1.9 米
重量	3 吨
最大速度	100 千米／时
最大行程	780 千米

作战性能

"食人鱼"装甲车 10×10 版本的主要武器为 1 门 105 毫米线膛炮，炮塔可旋转 360°。发射尾翼稳定的脱壳穿甲弹初速达 1495 米/秒，具有反坦克能力。辅助武器是 1 挺 7.62 毫米并列机枪。车上携炮弹 38 发、子弹 2000 发。该车有涉渡 2 米深水域的能力。涉水时，除用车轮滑水外，也用螺旋桨推进器。

乌克兰 BTR-4 装甲输送车

BTR-4 是乌克兰于 21 世纪初研制的轮式装甲输送车，除装备乌克兰陆军外，还被印度尼西亚海军陆战队、伊拉克陆军、哈萨克斯坦陆军等部队采用。

结构解析

BTR-4 装甲输送车是以 BTR-80 装甲输送车为基础自行研发的 8×8 轮式装甲车，总体沿用了 BTR-80 装甲输送车的布局，但在细节设计上向德国"狐"式装甲车靠拢。该车的车尾有两扇分别向左右开启的舱门，载员舱上方也有两个舱门。

基本参数	
长度	7.65 米
宽度	2.9 米
高度	2.86 米
重量	17.5 吨
最大速度	110 千米／时
最大行程	690 千米

作战性能

BTR-4 装甲输送车可抵御 100 米内发射的 12.7 毫米子弹和 155 毫米榴弹破片的袭击（若加装模块化附加装甲，防弹能力可进一步提高）。从整体布置来看，BTR-4 装甲输送车的车首布局可提供给驾驶员和车长良好的前向及侧向视野，观察范围比 BTR-80 装甲输送车更佳。宽敞的载员舱前中部可安装多种炮塔。载员数量因所选装的武器系统不同而有所不同，但基本型可运送 8 人。

芬兰 XA-188 装甲输送车

XA-188 是芬兰帕特里亚公司研制的一款轮式装甲输送车,除装备芬兰陆军外,奥地利陆军、丹麦陆军、瑞典陆军、荷兰海军陆战队等军队也有采用。

结构解析

XA-188 装甲运兵车是一种 8×8 轮式车辆,车体分隔为三个部分:驾驶 / 车长舱、乘员舱、发动机舱。车顶装有 1 座由车长操作的单人开放式旋转枪塔,乘员由车尾舱门进出。该车可根据需要选装设备,如被动红外热成像仪。

基本参数	
长度	7.7 米
宽度	2.8 米
高度	2.3 米
重量	27 吨
最大速度	100 千米 / 时
最大行程	850 千米

作战性能

XA-188 装甲运兵车装有帕特里亚公司自行研制的 PML-127 OWS 炮塔,该炮塔为全开放式设计,没有防盾,1 挺 12.7 毫米重机枪装在可升降的转塔上,炮手可遥控操纵,也可手动开火。PML-127 OWS 炮塔为电 / 液综合驱动,可 360° 旋转,在 −8° 至 +48° 范围俯仰。炮手拥有 1 具德国蔡斯 PERI−Z16A1 瞄准具和 1 具 NAE−200 周视瞄准具。

荷兰 YP-408 装甲输送车

YP-408 是荷兰达夫公司研制的一款轮式装甲输送车，1964 年开始批量生产，1968 年停止生产，总生产量约 750 辆。除荷兰本国使用外，还出口到葡萄牙和苏里南等国。

结构解析

YP-408 装甲输送车的车体为焊接钢板结构，动力传动装置前置，驾驶员位于发动机之后，载员舱在最后。车后开有两扇车门，每扇车门上开有 1 个射孔。顶部有 6 个舱口，每侧 3 个。YP-408 装甲输送车的动力装置为达夫公司

基本参数	
长度	6.23 米
宽度	2.4 米
高度	1.87 米
重量	9.9 吨
最大速度	82 千米／时
最大行程	300 千米

的 DS 575 型 6 缸直列水冷增压柴油机，最大功率为 121 千瓦。变速箱有 5 个前进挡和 1 个后退挡，分动箱有高低两个速度范围，动力经分动箱传至前、后车轮。

作战性能

YP-408 装甲输送车的自卫武器为 1 挺 12.7 毫米 M2HB 机枪，能手动 360° 旋转。载员舱内可搭载 10 名士兵，面对面乘坐，每侧 5 名。该车的轮胎侧壁有加强层，被击穿后仍可继续减速行驶 50 千米。

奥地利 / 西班牙 ASCOD 步兵战车

ASCOD 步兵战车是西班牙和奥地利联合研发的履带式步兵战车，西班牙陆军将其命名为"皮萨罗"，奥地利陆军则命名为"乌兰"。2002 年，ASCOD 步兵战车正式服役。

▌▌▌★▷ 结构解析

ASCOD 步兵战车的车体侧面竖直，车顶水平，前上装甲有明显的倾斜。车后竖直，后门两侧各有一个较大的储物箱。驾驶员位于车体左前方，右侧为动力装置，炮塔位于车体中央偏右。车体两侧各有 7 个负重轮，主动轮前置，诱导轮后置，有托带轮。悬挂装置上部有波浪状裙板。步兵通过车后一个较大的车门进出。

基本参数	
长度	6.83 米
宽度	3.64 米
高度	2.43 米
重量	26.3 吨
最大速度	72 千米 / 时
最大行程	500 千米

▌▌▌★▷ 作战性能

ASCOD 步兵战车的双人电动炮塔装有一门带稳定器的"毛瑟"30 毫米 Mk 30–2 加农炮，炮左侧有一挺 7.62 毫米同轴机枪。炮塔可旋转 360°，武器俯仰范围为 –10° 至 +50°。ASCOD 步兵战车的标准设备包括三防系统、加热器、镶嵌式装甲和计算机化昼 / 夜火控系统等。

南非"大山猫"装甲车

"大山猫"装甲车是南非研制的一款轮式装甲战斗车辆，1990年开始服役，总产量为240辆。

结构解析

"大山猫"装甲车主要用于作战侦察，使用V-10涡轮增压柴油发动机，传动装置为自动变速箱，有6个前进挡和1个倒挡。驾驶员可以根据地形选择8×8全轮驱动或者8×4驱动方式。前四轮为转向轮，有转向助力装置。早期的"大山猫"装甲车拥有较为现代化的火控系统，炮长瞄准镜带有昼/夜通道，具备夜间作战能力。改进后配有数字式火控系统，拥有被动图像增强器和热成像设备。

基本参数	
长度	7.1米
宽度	2.9米
高度	2.6米
重量	28吨
最大速度	120千米／时
最大行程	1000千米

作战性能

早期的"大山猫"装甲车为了增加载弹量，增强可持续作战能力，配备1门76毫米GT4线膛炮，可发射尾翼稳定脱壳穿甲弹、破甲弹、榴弹、烟幕弹等，备弹为48发。1994年，换装了105毫米GT7线膛炮，能够发射所有北约标准的105毫米炮弹，射速为6发/分。该车的辅助武器为2挺7.62毫米机枪，一挺与主炮并列，另一挺用于防空。

南非"蜜獾"步兵战车

"蜜獾"是桑多克－奥斯特拉公司为南非军队研制的一款轮式步兵战车，根据所装武器的不同又可分为"蜜獾"20、"蜜獾"90和"蜜獾"60三种主要车型。

结构解析

"蜜獾"步兵战车的车体前部中央为驾驶员舱，驾驶舱正面和两侧共有3块防弹玻璃窗，视野开阔。炮塔位于驾驶室后部，炮塔的位置明显靠前。该炮塔为双人全焊接钢装甲炮塔，车长位于炮塔的左侧，炮长位于右侧。载员舱占据了整车的中部，两侧各有3具潜望镜和简易射击孔。

基本参数	
长度	7.21米
涉水深	1.2米
越壕宽	1.2米
重量	19吨
最大速度	105千米／时
最大行程	1000千米

作战性能

"蜜獾"步兵战车各种车型所装载的武器各不相同，以"蜜獾"90为例，其主要武器是1门90毫米半自动速射炮，高低射界为 –8° 至 +15°，方向射界为360°。该炮可发射破甲弹、榴弹和训练弹，弹药基数为69发，发射榴弹时射程可达2200米。辅助武器为3挺7.62毫米机枪，包括并列机枪、炮塔顶部的高射机枪和车顶右后方的高射机枪。

巴西 EE-11 装甲车

EE-11 是巴西恩格萨公司设计并生产的一款 6 轮装甲车，1972 年正式投产。

结构解析

　　EE-11 装甲车的车体、炮塔采用双硬度轧制钢板焊接结构，在直射距离内能防轻武器。驾驶员位于车前左侧，有 3 个潜望镜装在舱盖前方的前上装甲板上。发动机前置，在驾驶员右侧，进气百叶窗设在车顶驾驶员右方，排气出口在车体右侧。载员舱在车体后部，车体两旁开有侧门，后部开有 1 扇大车门。

基本参数	
长度	6.15 米
宽度	2.65 米
高度	2.12 米
重量	14 吨
最大速度	105 千米／时
最大行程	800 千米

作战性能

　　EE-11 装甲车的主要武器为在车顶环形枪架上安装的 1 挺 M2HB12.7 毫米机枪或 7.62 毫米机枪。此外，该车还可安装多种武器装置，如"蝎"式轻型坦克的双人炮塔，ESDTA20 双管 20 毫米机关炮塔和汤姆逊·布朗特 60 毫米迫击炮等。

阿根廷 VCTP 步兵战车

VCTP 是德国蒂森·亨舍尔公司于 1974 年为阿根廷陆军研制的步兵战车，主要任务是在战场上运载机械化步兵协同 TAM 主战坦克作战。

结构解析

VCTP 步兵战车的外形与德国"黄鼠狼"步兵战车相似，总体布置为驾驶舱和动力舱在前，战斗舱居中，载员舱在后。载员舱两侧各有 3 个射孔，顶部有 2 个矩形舱门。载员舱内有三防装置和加温装置，前者可供载员舱 3 小时的增压空气。

基本参数	
长度	6.79 米
宽度	2.45 米
高度	3.28 米
重量	27.5 吨
最大速度	75 千米／时
最大行程	915 千米

作战性能

VCTP 步兵战车采用双人炮塔，主要武器为 1 门 20 毫米机关炮和 1 挺 7.62 毫米机枪。该车最大涉水深为 1 米，最大爬坡角度为 60°。VCTP 步兵战车的正常行程为 570 千米，带辅助油箱时，在铺装公路上的最大行程可达 915 千米。

日本 89 式步兵战车

89 式是日本于 20 世纪 80 年代研制的一款履带式步兵战车，自 1984 年服役至今。

结构解析

89 式步兵战车的车体、炮塔由装甲板焊接而成，能够抵御轻武器以及炮弹弹片攻击。为了对付空心装药破甲弹，车体前部和炮塔采用了间隔装甲，车体侧面装有用普通材料制成的很薄的侧裙板，侧裙板前后开有 4 个

基本参数	
长度	6.7 米
宽度	3.2 米
高度	2.5 米
重量	26 吨
最大速度	70 千米／时
发动机功率	441.18 千瓦／时

蹬脚口，方便乘员上下。车体外形采用倾斜式设计以产生更好的防弹效果，前部上装甲的斜面非常低而平滑。

作战性能

89 式步兵战车的主要武器为瑞士厄利空公司制造的 1 门 35 毫米 KDE 机炮，由瑞士直接提供技术、在日本按许可证自行生产。该炮与 87 式自行高炮及 L90 牵引式高射机关炮上使用的 35 毫米 KDA 机关炮属于同一系列，在降低重量的同时，射速也降低到 200 发／分，身管长度为 90 倍口径，重量为 51 千克，不仅可以对地面目标射击，还可对空射击，但是由于没有配备有效的瞄准装置，仅限于自卫作战。

日本96式装甲运兵车

96式是日本研制的一种轮式装甲运兵车，1996年开始服役，主要装备日本陆上自卫队。

结构解析

96式装甲运兵车的车体由钢板焊接而成，可有效防护小口径子弹和炮弹破片的攻击。在车辆后部的人员舱两侧，左右各有1具换气装置，具备核、生、化防护力。此外，该装甲车内还装有人造纤维贴层。

作战性能

96式装甲运兵车的主要武器为1挺12.7毫米M2重机枪或1具96式40毫米榴弹发射器，两者武器配置的车辆的生产比例约为1：10，但是这两种武器可以互换，此外，在车体后部两侧各有一组烟幕弹发射器。

基本参数	
长度	6.84米
宽度	2.48米
高度	1.85米
重量	14.5吨
最大速度	100千米／时
最大行程	500千米

日本 LAV 装甲车

LAV 是日本陆上自卫队最新装备的一款轻型多用途轮式装甲车，其外形和法国的 VBL 装甲车极为相像。

结构解析

从外形上看，LAV 装甲车采用了法国 VBL 装甲车特有的略带楔形车身，但比 VBL 多了一对侧门，车内容积也相应地有所增大，能载 4 名乘员，有一定的运兵能力，而 VBL 则是专门的战斗车辆，乘员最多不超过 3 人。该车焊接

基本参数	
长度	4.4 米
宽度	2.04 米
高度	1.85 米
重量	4.4 吨
最大速度	100 千米／时
最大行程	500 千米

钢装甲可抵御轻武器和炮弹破片，底部装甲具有一定的防地雷能力，车身上没有射击孔，乘员只能通过车顶的舱门才能使用武器。

作战性能

LAV 装甲车一般不安装固定的武器，可选用的武器包括 5.56 毫米机枪和 MAT 反坦克导弹。其中，MAT 是日本最新型第三代单兵便携式反坦克导弹，采用先进的热成像制导技术。

LAV 装甲车发射反坦克导弹

日本高机动车

高机动车是日本丰田汽车公司研制的一款军用车辆，又被称为"疾风"或"日本悍马"，1993 年开始服役。

结构解析

高机动车采用了多层次玻璃纤维真空成型车身，内部有一层防弹贴装可防小型武器和弹片，实际使用时也可外挂装甲。该车采用四门设计，除了主、副驾驶室的车门外，还有尾部对开的尾门。高机动车把底盘零部件裸露，而且在尾部提供了上车踏板。这种设计的好处在于提高了部队的机动性与车辆的维修便捷性。该车采用 1 台丰田 15B–FTE 发动机，排量为 4.1 升，带废气涡轮增压器和中冷器。

基本参数	
长度	4.91 米
宽度	2.15 米
高度	2.24 米
重量	2.9 吨
最大速度	125 千米／时
最大行程	443 千米

作战性能

高机动车的轴距为 3396 毫米，前后轮距分别为 1795 毫米和 1775 毫米，离地间隙为 420 毫米，接近角 49°，离去角 45°，通过角 33°，倾斜角 50°。该车内部空间较大，可搭载 10 名步兵。刹车系统采用了位于驱动轴上的四轮通风碟刹，不但保证了刹车性能，也有利于在恶劣地形下对刹车系统的保护。轮胎采用普利司通大尺寸全地形漏气保用轮胎，抓地力强，可轻松跨过沟渠。

日本 73 式吉普车

73 式吉普车是日本三菱重工研制的军用吉普车，1973 年开始服役。

结构解析

　　73 式吉普车有老款和新款两种车型，新款进行了 "车身底盘非一体化" 后端延伸改装，并改装了弹簧片式避震器。两种车型都采用双门设计，底盘方面使用的是较为舒适的前双 A 臂悬挂，搭配 18 寸横滨车胎与钢质轮毂。该车使用一套四速自动变速器，搭载 1 台四缸涡轮增压柴油发动机，并采用三菱 "超选四驱" 系统，带有差速锁功能，通过性较高。

基本参数	
长度	4.14 米
宽度	1.76 米
高度	1.97 米
重量	1.94 吨
最大速度	135 千米／时
最大行程	450 千米

作战性能

　　73 式吉普车能装载各种重物，也可牵引火炮，使用率比高机动车还高。该车的乘载人数为 6 人，在铺装路面上的稳定性较好。老款在冬季需要热车，新款则不需要。73 式吉普车的固定武器是 FN Minimi 机枪，也可换装其他机枪或反坦克导弹。

日本 16 式机动战斗车

16 式机动战斗车是日本研制的轮式装甲战斗车辆，2016 年开始服役。

结构解析

16 式机动战斗车是轮式车辆，与履带式车辆相比，虽然能在铺装路面上快速部署，但是越野性能先天上无法和履带式车辆相比，也就是离开道路之后，16 式机动战斗车的作战效率就远不如履带式车辆。为此，日本防卫省技术研究本部为 16 式机动战斗车研发了"道路外行驶时车体摇晃抑止技术"，有效改善了越野性能，能提高战斗效率。为了适应日本全境河流众多，山坡陡峭的地形，16 式机动战斗车装备了中央轮胎充放气系统，提高了车辆在松软地形区域的通行能力。

基本参数	
长度	8.45 米
宽度	2.98 米
高度	2.87 米
重量	26 吨
最大速度	100 千米／时
最大行程	400 千米

作战性能

16 式机动战斗车配备 1 门 105 毫米 52 倍径坦克炮，类似于美国"斯特赖克"车族的机动火炮，主要用于装备快速反应部队，执行远程机动作战任务，为步兵提供直射火力支援，以及反装甲等。辅助武器为 1 挺 12.7 毫米勃朗宁 M2 重机枪和 1 挺 7.62 毫米七四式机枪。装甲方面，车体正面可抵挡 20 毫米机炮、侧面可抵挡 12.7 毫米重机枪直接射击。

日本轻装甲机动车

轻装甲机动车是日本陆上自卫队普通科配备的轻装甲车辆，2002年开始服役，因日本陆上自卫队在伊拉克重建派遣时大量使用而被外界注意。

结构解析

轻装甲机动车是一种4×4轮式车辆，外形与法国VBL装甲车相似。其车体采用轧压均质装甲，并全面使用避弹角度的特殊设计形状，可抵挡小口径子弹的攻击。天窗周围有一圈钢板，可以降低乘员在道路上遭到埋伏时的中弹概率。日本陆上自卫队和航空自卫队装备的轻装甲机动车均采用橄榄绿色涂装。

基本参数	
长度	4.4米
宽度	2.04米
高度	1.85米
重量	4.5吨
最大速度	100千米／时
最大行程	500千米

作战性能

轻装甲机动车没有安装固定武器，但是车上设有枪架和枪盾，可以360旋转。M249轻机枪、89式突击步枪都可以依托枪架和枪盾来射击。稍加改造后，还可以搭载M2HB重机枪，以及01式轻型反坦克导弹。部分车辆还装有2座四联装烟幕弹发射器。

韩国 KIFV 步兵战车

KIFV 步兵战车是韩国研制的一款履带式步兵战车，于 1985 年开始服役，主要用户为韩国陆军。

结构解析

KIFV 步兵战车的车体与美国 AIFV 步兵战车类似，但 KIFV 步兵战车采用德国曼公司的发动机、英国大卫·布朗工程公司的 T-300 全自动传动装置，车顶布局也有所不同。车体采用铝合金焊接结构，并有间隙式复合钢装甲，用螺栓固定在主装甲上。间隙内填充有泡沫塑料，既可以减轻车重，又能提高浮力储备。KIFV 步兵战车的车体两侧各有 5 个负重轮，主动轮前置，诱导轮后置，没有托带轮。

基本参数	
长度	5.49 米
宽度	2.85 米
高度	2.52 米
重量	13.2 吨
最大速度	70 千米／时
最大行程	480 千米

作战性能

KIFV 步兵战车的车体前上装甲倾斜明显，装有防浪板，驾驶员位于车体左前部，前面有 4 个 M27 昼间潜望镜，中间的 1 个可换成被动式夜间驾驶仪。车长炮塔在驾驶员后，外部装有 1 挺 7.62 毫米 M60 机枪，炮长炮塔装有防护盾，右侧有 1 挺 12.7 毫米 M2HB 机枪。载员舱位于车体后部，有一个顶舱盖，后部倾斜，载员舱两侧各有两个射孔和观察窗。

韩国 K21 步兵战车

K21 步兵战车是韩国研制的履带式步兵战车，2009 年开始服役。该车主要用于运送步兵机动作战，不仅火力强，而且防护力好，并具备两栖作战能力，可伴随下车战斗的士兵作为支援，也可搭载士兵在车内战斗。

结构解析

不同于主流设计的厚重装甲步兵战车，K21 步兵战车的底盘是由玻璃纤维制成，以减轻重量及增加灵活度。车身为全铝质焊接结构，前方装甲经过特别强化，可以抵挡中小口径火炮的攻击。K21 步兵战车有 3 名车组人员，车内可搭载 9 名士兵。搭配战场管理系统，车中人员可以完全了解四周状态。

基本参数	
长度	6.9 米
宽度	3.4 米
高度	2.6 米
重量	25.6 吨
最大速度	70 千米／时
最大行程	500 千米

作战性能

K21 步兵战车的主要武器为 1 门 40 毫米机炮和 2 具反坦克导弹发射器，辅助武器为 1 挺 12.7 毫米 K6 重机枪和 1 挺 7.62 毫米同轴机枪。40 毫米机炮的最大射速可达 300 发／分，炮口初速为 1005 米／秒，可以发射尾翼稳定脱壳穿甲弹、高爆弹、烟幕弹等多种弹药，所有弹药都存在炮塔下部。K21 步兵战车的火控系统可以追踪打击 6000 米外的目标，并且辨认 3000 米外的目标敌我状态。

K21 步兵战车侧后方视角

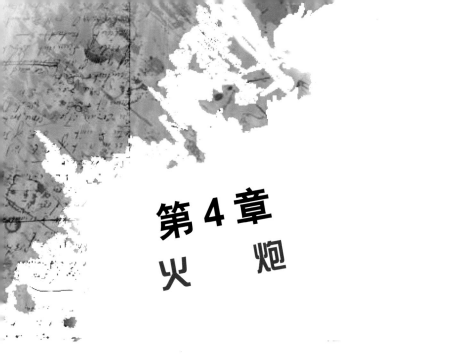

第4章
火　　　炮

　　自火炮问世以来，经过长期的发展，逐渐形成了多种具有不同特点和不同用途的火炮体系。在现代立体化战争中，火力仍然是战斗力的核心。火炮作为陆地战场上的火力骨干，以其火力强、灵活可靠、经济性和通用性好等优点，已经成为战斗行动的主角和左右战场形势的重要因素。

美国 M107 自行火炮

M107 自行火炮是美国研制的 175 毫米自行火炮，1962 年开始服役。

结构解析

M107 自行火炮每侧有 5 个负重轮，主动轮在前，由 1 台 336 千瓦的二冲程的带有涡轮增压器和机械增压器的柴油机驱动。涡轮增压器通过一根钢质空心轴与机械增压器相连。驾驶员位于车体的左前部，其右侧是变速箱。炮塔的旋转由液压泵驱动，液压泵的动力来自发动机，也可通过摇柄手动旋转。手动装置的主要作用是用来在战斗中操作火炮，因为液压泵的主要工作是实现火炮的复进，装填炮弹和发射药，控制车尾的驻锄。火炮的方位由炮手负责，仰俯角度由副炮手负责。

基本参数	
口径	175 毫米
全长	6.46 米
全宽	3.15 米
重量	28 300 千克
最大射速	1 发 / 分
最大射程	32.8 千米

作战性能

M107 自行火炮的主炮发射 66.6 千克炮弹时的最大射程可达 32.8 千米。由于采用履带式动力系统，最高速度可达 80 千米 / 时，在开火后可快速转换阵地以避开敌军的炮火反击。M107 自行火炮的缺点在于开放式车体设计虽然可降低重量，却令防护力大幅减弱。

美国 M109 自行榴弹炮

M109 自行榴弹炮是美国研制的 155 毫米自行榴弹炮，1963 年开始服役。

结构解析

M109 自行榴弹炮拥有铝合金装甲车体和旋转炮塔，炮塔位置靠后，动力装置前置，主动轮在前，车后两侧各有一个可折叠助锄。该炮采用半自动装弹系统，乘员人数减少到了 4 人。

作战性能

基本参数	
口径	155 毫米
全长	9.1 米
全宽	3.15 米
重量	27 500 千克
最大射速	4 发 / 分
有效射程	30 千米

借助新型自动火控系统，M109 自行榴弹炮与其他战斗车辆实现了战场信息资源共享，可以在 60 秒之内完成从接受射击命令到开火的一系列动作。该炮还配备了新的隔舱化系统、新型自动灭火抑爆系统、特种附加装甲等，在发射之后能够迅速转移阵地。在未经准备的状况下，M109 自行榴弹炮可直接涉渡 1.8 米深的河流，如加装呼吸管等辅助装备，则可以每小时约 6 千米的速度进行两栖登陆作业。

美国 M110 自行榴弹炮

M110 自行榴弹炮是美国研制的 203 毫米自行榴弹炮，1961 年开始服役。

结构解析

M110 自行榴弹炮采用专门设计的底盘，由于它没有炮塔，整车由火炮及底盘两大部分组成，车体为铝合金装甲全焊接结构。其优点是结构简单，便于减轻全车重量，不过也存在战斗部分没有装甲防护的重大缺陷。车体的最后左侧装有装弹机，车体后部下方装有大型驻锄，射击时放下，以吸收射击时的后坐能量。

基本参数	
口径	203 毫米
全长	10.8 米
全宽	3.1 米
全高	3.1 米
最大射速	2 发／分
有效射程	23 千米

作战性能

M110 自行榴弹炮服役时，在美军中是以连级规模编制在师级单位下，或是采用独立营的编组隶属于炮兵指挥部。由于武器技术的更新，155 毫米榴弹炮的射程已追上 203 毫米炮的范围，而战术核弹的需求也不复存在。无论是射击效率、涵盖火力面、人力需求，M110 自行榴弹炮都不如改良过后的 155 毫米自行火炮。因此，各国的 M110 自行榴弹炮大多在 20 世纪 90 年代退役，由新型 155 毫米自行火炮取代。

美国 M142 高机动性多管火箭系统

M142 高机动性多管火箭系统 (M142 High Mobility Artillery Rocket System，HIMARS) 是美国于 21 世纪初开始研制的自行火箭炮，通常音译为"海马斯"。

结构解析

M142 HIMARS 主要由 M270 火箭炮的一组六联装定向器、M1083 系列 5 吨级中型 (6×6) 战术车辆底盘、火控系统和自动装填装置组成，其火控系统、电子和通信设备均可与目前的美国 M270A1 多管火箭炮通用。战术车辆底盘后部安

基本参数	
全长	7 米
全宽	2.4 米
全高	3.2 米
重量	10 900 千克
最大速度	85 千米／时
有效射程	300 千米

装了 1 个发射架，发射架上既可装配 1 个装有 6 发火箭弹的发射箱，也可以装配 1 个能装载和发射 1 枚陆军战术导弹的发射箱。

作战性能

M142 HIMARS 具有机动性能高、火力性能强、通用性能好等特点。它可用 C-130 运输机空运，从而迅速部署到履带式火箭炮系统所无法到达的战区，并且在运输机着陆后的 15 分钟内即可完成作战准备。另外，M142 HIMARS 的公路行驶速度也大大提高，并降低了生产、使用与维修保养费用。

美国 M270 多管火箭炮

M270 多管火箭炮 (M270 Multiple Launch Rocket System，M270 MLRS) 是美国于 20 世纪 70 年代开始研制的自行火箭炮，1983 年开始服役。

结构解析

M270 MLRS 由发射车和弹药补给车两部分组成，其中发射车使用 M2 履带式步兵战车底盘改装，前部为驾驶室兼发射控制室，乘员 3 人。后部为发射装置，用铰链固定在转盘上。发射装置为箱体式结构，分隔成两个弹舱，每舱装 6 个发射管，每管 1 枚火箭弹。

作战性能

M270 MLRS 采用模块化技术，机动性和防护性能好，火力密集且精度颇高，尤其是还具备发射陆军战术导弹的能力，被西方认为是最好的火力支援系统。M270 MLRS 装有无线电台、导航定位仪和火控计算机等，

基本参数	
口径	227 毫米
全长	6.85 米
全宽	2.97 米
重量	24 950 千克
最大速度	64 千米／时
最大射程	300 千米

可在 60 秒内发射 12 枚火箭弹对 6 个以上目标瞄准射击。

M270 多管火箭炮升起发射装置

美国 M1 牵引榴弹炮

M1 榴弹炮是美国于 20 世纪 20 年代研制的 75 毫米榴弹炮，之后经历了一系列改进，二战后重新命名为 M116 榴弹炮。

结构解析

M1 榴弹炮是一种组合式火炮，运动时可以迅速拆成几个部分便于炮兵携行。全炮仅重653 千克，威利斯吉普车即可牵引进行公路机动。它采用 75 毫米口径，炮管重 110 千克，大仰角 45°，俯角 4°，长 3.68 米，宽 1.22 米，而高度在同类产品中最低，仅有 0.94 米。M1

基本参数	
口径	75 毫米
全长	3.68 米
炮管长	1.38 米
重量	653 千克
最大射速	6 发／分
有效射程	8778 米

榴弹炮发射时虽然有炮锄支撑，但发射时的后坐力依旧会使炮跳离地面，所以通常火炮的搭架后端会放几包沙，减少火炮往上跳的距离和跳动的次数，以便加速退弹和装填下一发炮弹。

作战性能

M1 榴弹炮不仅适合常规的地面火力支援，也适合空降特种作战。另外，M1 榴弹炮还很适合搭载在美军各种装甲车上，而且在战争初期美军坦克的数量和质量与德军相比都不占优势，这样改装很快就缓解了当时美军缺乏坦克近距离支援火力的困境。种种优点使得 M1 榴弹炮成为二战盟军阵营中的常青树武器，由于其构造简单，所以在生产上也占尽先机。

美国 M2 牵引榴弹炮

M2 是美国在二战期间研制的 105 毫米牵引榴弹炮，也是二战期间美军的制式牵引榴弹炮之一，二战后重新命名为 M101 榴弹炮。

结构解析

M2 榴弹炮采用纵向分离双拖架和木质车轮，依靠卡车牵引，其结构简单，各个零附件容易取得。该炮可发射的弹药包括 M1 高爆弹、M67 反装甲高爆弹、M84 彩烟弹、M84 烟幕弹、M60 烟幕弹、M60 生化弹、M1 训练弹和 M14 训练弹等。

基本参数	
口径	105 毫米
全长	5.94 米
炮管长	2.31 米
重量	2260 千克
最大射速	16 发／分
有效射程	11 270 米

作战性能

虽然 M2 榴弹炮的性能与各国同级火炮相比没有特别突出，但是伴随着美国强大的工业实力，极易生产的 M2 榴弹炮与美国援助的运输卡车配套，使得同盟国都能享受到机械化炮兵的机动优势。

美国 M65 原子加农炮

M65 原子加农炮是美国于 20 世纪 50 年代研制的 280 毫米原子炮，专用于发射核炮弹，绰号"原子安妮"。

结构解析

M65 原子加农炮以舰炮为基础改制而成，其内部机构与重型加农炮相似，运输时装在带有轮式转向架的底座上。

作战性能

基本参数	
口径	280 毫米
全长	26 米
全宽	4.9 米
全高	3.7 米
重量	83 300 千克
有效射程	32 千米

M65 原子加农炮的射程为 32 千米，以水压装弹，其爆炸威力相当于美国投到广岛的原子弹的四分之一。作为战术核武器，M65 原子加农炮过于笨重，不便于机动和隐藏，易遭敌方远程火力袭击。1953 年，美军在德国莱茵河地区部署了一个战术核炮营，下辖 3 个连，每连编配 2 门 M65 原子加农炮、4 辆牵引车以及 8 辆运送核炮弹和人员的卡车。

美国 M2 迫击炮

M2 迫击炮是美国于 20 世纪 30 年代研制的 60 毫米前装式迫击炮，二战期间被美军广泛使用。

结构解析

M2 迫击炮由炮身、炮架、座板、瞄具组成，炮架为两脚架，座板为方形，采用滑膛、炮口装填、撞击发射的设计。

作战性能

基本参数	
口径	60 毫米
炮管长	0.73 米
重量	19.05 千克
最大射速	18 发 / 分
有效射程	1815 米
炮口初速	158 米 / 秒

M2 迫击炮是二战时期美军的步兵排级支援武器，主要使用以下几种弹药：M49A2 高爆弹，对付步兵以及轻型目标用；M302 白磷弹，可作为信号弹、烟幕弹、杀伤人员弹；M83 照明弹，夜间照明用。二战中，美军标准编制一个步兵团下辖 27 门 M2 迫击炮，使用单位除了团直属迫击炮连外，各步兵排也有直属迫击炮班，配发 3 门 M2 迫击炮提供火力支援。

美国 M30 迫击炮

　　M30 迫击炮是美国于 20 世纪 40 年代末研制的 107 毫米迫击炮，是美国陆军在冷战期间的重要迫击炮，并出口到了多个国家。

结构解析

　　M30 迫击炮的炮管为线膛式，但口部为光滑部分。炮架为单腿式，下连弹簧式反后坐装置，形状类似基座，与炮身连接处有横托架。座板为圆形，由内外圈组成，外圈设有两个提把。

作战性能

基本参数	
口径	107 毫米
炮管长	1.52 米
重量	305 千克
最大射速	18 发／分
有效射程	6800 米
炮口初速	255 米／秒

　　M30 迫击炮结构简单，机械性能可靠。由于采用线膛炮管，因此弹道性能好，命中精度高，杀伤威力大。该炮主要用于杀伤和压制敌方有生力量及火力、施放烟幕和夜间照明。M30 迫击炮可使用履带车车载，机动速度快，越野能力强。

美国 M224 迫击炮

M224 迫击炮是美国于 20 世纪 70 年代研制的 60 毫米前装式迫击炮，主要为地面部队提供近距离的炮火支援。

结构解析

M224 迫击炮由炮身、炮架、座板、瞄具 4 部分组成，炮身由高强度合金钢制造，外刻螺纹状散热圈，并配备激光测距仪和迫击炮计算器。整个 M224 系统可以分解为 M225 型炮身、M170 型炮架、M7 型座板，以及 M64A1 型光学瞄准系统。

基本参数	
口径	60 毫米
炮管长	1 米
重量	21.1 千克
最大射速	30 发／分
有效射程	3490 米
炮口初速	213 米／秒

作战性能

M224 迫击炮机动灵活，重量轻，可分解成两部分，由人员携带，特别适合山地作战。该炮还自备照明装置，可用于夜间作战。M224 迫击炮可以使用如下型号的炮弹：M888、M720 或 M720A1 高爆榴弹，用于杀伤人员和摧毁轻型车辆；M722 烟幕弹，用于制造烟幕或是进行战场标记；M50A2/A3 训练弹，训练射手时用，射程很近；M769 全射程练习弹，提供和正常弹药一样的射程。

美国 M252 迫击炮

M252 迫击炮是在英国 L16 迫击炮基础上改进而成的一款 81 毫米迫击炮，于 20 世纪 80 年代后期装备美国陆军和海军陆战队。

结构解析

M252 迫击炮由炮身、座板和炮架三大部件组成，它在英国 L16 迫击炮上加装了炮口超压衰减装置。炮身采用高强度合金钢整体锻造，特种钢质 K 形支架，炮身后半部有螺纹状散热片，前半部光滑。M252 迫击炮在行军时可分解为三件，以人力驮载。

基本参数	
总重	41.3 千克
炮管长	1.27 米
操作人数	5 人
方向射界	5.6 度
最大射速	30 发／分
有效射程	5935 米

作战性能

M252 迫击炮可发射榴弹、发烟弹和照明弹等，发射 L15A3 榴弹时的初速为 250 米/秒，最小射程为 180 米，最大射程超过 5000 米，最大射速 30 发/分，持续射速 15 发/分。M252 迫击炮的高低射界为 45°到 85°，方向射界为左右各 5.6°。

美国 M120 迫击炮

M120 迫击炮是以色列索尔塔姆系统公司研制的一款 120 毫米重型迫击炮，公司编号为 K6，M120 为美国陆军编号。

结构解析

M120 迫击炮是一种传统的滑膛迫击炮，采用前装式设计。该迫击炮采用模块化结构，主要由以下部件构成：M298 型炮管（重 50 千克）、M191 型双脚架（重 32 千克）、M9 型底座（重 62千克）。

基本参数	
总重	144 千克
炮管长	1.73 米
操作人数	5 人
口径	120 毫米
最大射速	16 发 / 分
有效射程	7240 米

作战性能

M120 迫击炮可发射 M30 迫击炮弹、M333 高爆榴弹、M329 烟幕弹等多种弹药。与美国陆军此前装备的 107 毫米重型迫击炮系统相比，M120 迫击炮的射程更远，杀伤力更大，安全性更高。

美国"龙火"迫击炮

"龙火"迫击炮是美国于20世纪末开始研制的120毫米迫击炮，可以遥控发射。

结构解析

"龙火"迫击炮由法国2R2M式120毫米滑膛迫击炮和专门设计的发射平台组成。它是一个完全模块化的系统，可以安装到装甲车上，也可作为牵引火炮使用。火炮无须人工操作，全炮由位于一定距离的发射平台的单兵遥控发射，也可根据射击指令信号自动受领任务、计算射击诸元、瞄准、装填弹药和击发。

基本参数	
口径	120 毫米
最大射速	10 发／分
持续射速	4 发／分
有效射程	8.2 千米

作战性能

"龙火"迫击炮实现了自动化指挥，战术灵活性和适用性很好。它可由CH–53E直升机和MV–22倾转旋翼机运载。着陆后，炮手在不到一分钟之内就能使"龙火"迫击炮进入战斗状态。只要地形相对平坦，士兵就可充分利用"龙火"弹道计算机系统的先进功能，结合车载陀螺仪来稳定武器。此外，"龙火"迫击炮还具有行进间射击能力。

美国 M119 牵引榴弹炮

M119 榴弹炮是美国在英国 105 毫米 L119 轻型榴弹炮的基础上改进而成的一款 105 毫米牵引榴弹炮。

结构解析

M119 牵引榴弹炮的单筒身管用高强度钢制成，高效率的双室炮口制退器可拆卸，便于擦拭身管。电磁式击发装置装在摇架上，不受气候影响，可靠性好。液体气压式反后坐装置装在摇架上，包括复进机、制退机。上架用轻合金制成，装有高低机，可使火炮作左右各 5° 的方向转动。大架为马蹄形空心管状结构，使用高强度耐蚀冷拉型钢材制成。

基本参数	
口径	105 毫米
全宽	1.78 米
全高	2.21 米
总重	2130 千克
最大射速	3 发／分
有效射程	13.7 千米

作战性能

M119 牵引榴弹炮主要适用于快速部署部队、空降师和空中突击师的直接支援，在两栖作战中用于对登陆部队实施火力支援。M119 牵引榴弹炮的高低射界为 –5.5° 到 +70°，使用座盘时的方向射界为 360°，不使用座盘时则为 ±5.5°。M119 牵引榴弹炮可发射榴弹、发烟弹、照明弹、碎甲弹、火箭增程弹等，炮班人员为 6 人。

美国 M198 牵引榴弹炮

　　M198 榴弹炮是美国于 20 世纪 60 年代研制的一款 155 毫米牵引榴弹炮，主要用户为美国陆军和美国海军陆战队。

结构解析

　　M198 榴弹炮采用传统结构，由 M199 式炮身、39 倍口径长身管、M45 式后坐装置、瞄准装置和 M39 式炮架组成。由于大量采用轻金属材料，使全炮重量大大小于同口径其他榴弹炮。行军时，炮身需向后回转180°，固定在大架上，以缩短行军长度。

基本参数	
口径	155 毫米
全长	11 米
炮管长	6.1 米
重量	7154 千克
最大射速	4 发／分
有效射程	30 千米

作战性能

　　M198 榴弹炮具有射程远、威力大、机动性好、重量轻、可空运的特点，是一种适于直升机吊运且具有较好战略机动性的火炮。该炮的整个研制周期历时 11 年，进行了各种环境试验、强度试验、重要部件考核改进试验以及部队试用和鉴定试验等，累计发射了 13 万发炮弹。因此，M198 榴弹炮具有较强的可靠性。M198 榴弹炮可发射多种炮弹，包括 M107 式榴弹、M795 式榴弹、M549A1 式火箭增程弹、M449 式杀伤子母弹、M712 式激光制导炮弹、M454 式核弹等。

苏联 2S31 自行迫榴炮

2S31 自行迫榴炮是俄罗斯于 20 世纪 90 年代研制的一款 120 毫米自行迫榴炮，于 1997 年开始服役，俄罗斯将其命名为"维娜"。

结构解析

2S31 自行迫榴炮采用 BMP-3 步兵战车底盘，装有封闭式炮塔、计算机火控系统、自动供弹装置、射击辅助设备，主炮为 2A80 式 120 毫米线膛炮，采用炮尾装填方式，没有炮口制退器，但配有圆桶形排烟装置。2S31 自行迫榴炮的炮塔可 360° 旋转，内部安装了先进的弹道计算机，从炮弹上膛直到发射均为自动控制。

基本参数	
口径	120 毫米
全长	7 米
全宽	3 米
全高	3 米
最大射速	10 发／发
有效射程	13 千米

作战性能

2S31 自行迫榴炮可以充分满足现代条件下诸兵种作战和对敌火力打击的需要，能对付暴露和掩蔽的敌方有生力量、火力兵器、连营旅指挥观察所、重要的高机动性目标及近距离装甲目标等。

苏联 BM-30 自行火箭炮

BM-30 自行火箭炮是苏联于 20 世纪 80 年代研制的一款 300 毫米自行火箭炮，绰号"龙卷风"。

结构解析

BM-30 火箭炮采用 MA3-543 轮式发射车，车内有射击指挥计算机，可独立实施射击任务。BM-30 火箭炮可以使用多种弹药，包括普通火箭弹、子母弹头、反战车地雷等，甚至有专门设计的无人侦查机型火箭。BM-30 火箭炮还配有供弹车，一次能携带 14 枚火箭弹。

基本参数	
口径	300 毫米
全长	12 米
全宽	3.05 米
最大速度	60 千米／时
最大行程	850 千米
有效射程	90 千米

作战性能

BM-30 火箭炮有 12 个发射管，配用杀伤子母弹，最大射程为 70 千米。一次 12 管齐射只需 38 秒，重新装弹时间为 20 分钟。杀伤子母弹内装 72 枚直径为 80 毫米的预制破片子弹药，每个子弹药内含用于攻击敌人的 0.8 克破片 300 个、能穿透 10 毫米的轻型装甲的 4.5 克破片 100 个。BM-30 火箭炮一次齐射能抛出 864 枚子弹药，覆盖面积达 0.67 平方千米。

苏联 2S3 自行加榴炮

2S3 自行加榴炮是苏联于 20 世纪 60 年代末期研制的一种 152 毫米自行加榴炮，1971 年开始服役。

结构解析

2S3 自行加榴炮由 PI–20 式加榴炮和"萨姆 4"导弹发射车底盘结合而成，身管长 29 倍口径，装有炮口制退器和抽烟装置，由机械装填机装填弹药，车体封闭，三防能力强，可空运。2S3 自行加榴炮的驾驶和传动系统在车体前部，

基本参数	
口径	152 毫米
全长	8.4 米
全宽	3.25 米
全高	3.05 米
最大射速	4 发／分
最大速度	63 千米／时

大型炮塔则在后方，驾驶员乘坐于左前部，在其后方有 1 个单片式舱盖。

作战性能

2S3 自行加榴炮可发射榴弹、火箭增程弹、穿甲弹、化学弹等多种常规弹药或核弹，其中发射榴弹时初速 670 米／秒，最大射程 18.5 千米，最大射速 4 发／分。

苏联 2S5 自行火炮

2S5 自行火炮是苏联于 20 世纪 70 年代研制的 152 毫米自行加农炮，绰号"风信子"。

结构解析

2S5 自行火炮采用 M1976 式 152 毫米加农炮，安装在底盘后部。火炮装有炮口制退器，没有抽气装置，也不设炮塔。射击时，放下车体后面的大型驻锄，以便承受炮身后坐力。该炮底盘是以 GMZ 装甲布雷车或 M1973 式

基本参数	
口径	152 毫米
全长	8.33 米
全宽	3.25 米
最大行程	500 千米
最大射速	6 发 / 分
有效射程	40 千米

152 毫米自行榴弹炮底盘为基础改进而来的。车体由钢板焊接而成，装甲最厚处为 15 毫米。

作战性能

2S5 自行火炮的设计与美国 M107 和 M110 自行火炮相似，故缺点也大致相同，如战斗室的装甲防护不足，炮班在操炮时容易遭受敌方火力杀伤，缺乏核、生、化防护能力，方向射界（仅左右各 15°）狭窄，战术运用极为不利等。

苏联 2S9 自行火炮

2S9 自行火炮是苏联于 20 世纪 70 年代研制的一种可用于空降的 120 毫米自行迫击炮，现仍在俄罗斯军队中服役。

结构解析

2S9 自行火炮以加长型 BMD 空降战斗车为底盘，车体和炮塔由钢板焊接而成。车体结构可分成指挥舱、战斗舱和动力舱三个区段。指挥舱位于车体前段炮塔之前的位置。车体中段为战斗舱和炮塔，炮手和装填手分置在左右两侧。后段的动力舱装有 1 台 5D20 柴油发动机，最大输出功率为 224 千瓦。

基本参数	
口径	120 毫米
全长	6.02 米
全宽	2.63 米
最大行程	500 千米
最大射速	10 发／分
最大射程	12.8 千米

作战性能

2S9 自行火炮的主炮为 2A60 式 120 毫米后膛装填式迫击炮，具有极为少见的间断式螺旋炮闩机构，装填使用人工作业，最大射速可达 10 发 / 分。使用的弹药依间接或直接射击方式可以分为两大类：间接射击时可选用高爆炮弹、白磷弹和烟幕弹等弹种，发射高爆弹时最大射程 8855 米，若使用火箭助推炮弹时最大射程可达 12.8 千米；直接射击时使用反坦克高爆弹，可击穿 600 毫米厚的均质钢板。

苏联 2S19 自行榴弹炮

　　2S19 自行榴弹炮是苏联于 20 世纪 80 年代末期开始研制的 152 毫米自行榴弹炮，1989 年开始装备苏军部队，每个炮兵连装备 6 门。

结构解析

　　2S19 自行榴弹炮采用了 T-80 坦克的底盘和 2A65 牵引榴弹炮改进而来的火炮。炮塔左上侧有潜望镜，右前有小型炮长指挥塔，装有 1 挺机枪、1 个白光 / 红外探照灯和 1 个昼间红外观察装置。该炮车体前部还配有轻型自动挖壕系统，可在 20 分钟内挖好防护壕。

基本参数	
口径	152 毫米
全长	7.15 米
全宽	3.38 米
全高	2.99 米
最大射速	10 发 / 分
有效射程	28.9 千米

作战性能

　　与美国 M109 自行榴弹炮相比，2S19 自行榴弹炮的射速高、机动性好、携弹量大，但是缺乏自动火控系统和自动定位定向系统，独立作战能力差，弹药没有实现隔舱化，生存率较低。

苏联 2K22 自行防空系统

2K22 自行防空系统是苏联于 20 世纪 70 年代开始研制的防空武器系统，绰号"通古斯卡"，1982 年开始服役。

结构解析

2K22 自行防空系统采用 GM–352M 型履带式底盘，乘员 4 人，分别是车长、炮长、雷达操纵手和驾驶员。前 3 名乘员位于炮塔内，驾驶员位于车体前部左侧。车体为钢装甲焊接结构。变速箱为液力机械式，每侧 6 个双轮缘

基本参数	
口径	30 毫米
全长	7.9 米
全宽	3.25 米
全高	4 米
最大行程	500 千米
最大速度	65 千米／时

负重轮、3 个托带轮，主动轮在前，诱导轮在后，悬挂装置为扭杆式。车内还有燃气轮机辅助动力装置、三防装置、陀螺仪导航系统、自动灭火抑爆装置和加温供暖装置等。

作战性能

2K22 自行防空系统的火炮武器是 2A38 型 30 毫米双管高炮，采用电击发。两门火炮交替射击，可以相互补偿后坐，减小后坐力。在炮塔两侧配有 8 枚 9M311 型防空导弹，发射筒为双排配置，可以单独俯仰操纵。9M311 导弹可打击飞行高度 3500 米以下、距离 800 米以内、速度在 500 米／秒以下的空中目标。

俄罗斯 2S25 "章鱼 -SD" 自行反坦克炮

2S25 "章鱼 –SD" 自行反坦克炮是俄罗斯研制的履带式自行反坦克炮，2005 年开始服役。

结构解析

2S25 自行反坦克炮是以 BMD–3 伞兵战车的底盘为基础制造而成，两者最大的区别是武器、射控系统，以及 2S25 自行反坦克炮的两侧均比 BMD–3 伞兵战车多出一个路轮（每侧 7 个）。乘员乘坐于底盘前端，炮塔位于车身中央，弹药则占据了车体中央大部分的空间。发动机以及传动系统则位于后方。驾驶员在车身前端拥有一个舱门，车长以及炮手的舱门则位于炮塔顶部。每名乘员均可通过车顶的日夜观测装置观察车外状况。

基本参数	
长度	9.77 米
宽度	3.15 米
高度	2.72 米
重量	18 吨
最大射速	8 分／分
有效射程	12.2 千米

作战性能

2S25 自行反坦克炮被设计以空降、两栖登陆，或是随陆军特种部队部署的方式来摧毁敌方坦克、坚固的器材设备以及步兵。它的主要武器是 1 门 125 毫米 2A75 反坦克炮，能够发射尾翼稳定脱壳穿甲弹、破片高爆弹、反坦克高爆弹以及反坦克导弹。如此独特的设计组合使 2S25 自行反坦克炮拥有与主战坦克相当的火力，而且与空降坦克一样灵活敏捷。

俄罗斯 2S35 自行榴弹炮

2S35 自行榴弹炮是俄罗斯研制的 152 毫米自行榴弹炮，绰号"联盟SV"。该炮于 2015 年莫斯科胜利日阅兵的预演中首次公开亮相，2016 年正式服役。

结构解析

2S35 自行榴弹炮原本是 2S19 自行榴弹炮的一种衍生型号，因此同样使用了后者的底盘。2S35 自行榴弹炮采用无人炮塔，拥有一个全自动弹药搬运装卸系统，自动水平极高，这样的设计能提高开火速度，提高战斗反应速度，减少系统故障率，火炮和乘员分隔的设计，更能够减少战斗人员损伤。

基本参数	
长度	11.9 米
宽度	3.58 米
高度	2.98 米
重量	55 吨
最大射速	20 发 / 分
最大射程	70 千米

作战性能

2S35 自行榴弹炮的无人炮塔上配备 1 门 152 毫米榴弹炮，每分钟可发射 16 次，有效射程为 40 千米。在使用特殊弹药时，最大射程可达 70 千米，已达世界领先水平。2S35 自行榴弹炮能利用微波系统点火的模块化发射装药，使用气压动力装弹，其火炮能在任何方向角和仰角下以最大射速瞄准开火。在信息系统上，两名车组人员的工作台都配有远程火控系统和所有操作仪表监控系统，并与统一的信息指挥系统相连。

苏联 M-30 牵引榴弹炮

M-30 榴弹炮是苏联在二战期间研制的 122 毫米榴弹炮，曾是苏军师级作战单位的主力支援火炮。

结构解析

M-30 榴弹炮采用普通的单筒身管，身管的后半部分套在被筒内，炮口没有制退器。火炮的炮尾与被筒用螺纹连接，炮尾用以安装炮闩。炮闩由闭锁装置、击发装置、抽筒装置、保险装置和挡弹装置组成。其中，闭锁装置由闩体、锁扉、闩柄、诱导杆和驻栓组成。

基本参数	
口径	122 毫米
全长	5.9 米
炮管长	2.8 米
重量	2450 千克
最大射速	6 发／分
有效射程	11 800 米

作战性能

M-30 榴弹炮在设计之初就考虑到了 M1909、M1910 等老式榴弹炮的通用弹药，因此绝大多数老式 122 毫米榴弹炮弹都可以使用，当然，苏军也为 M-30 生产过新式弹药。该炮主要使用杀伤爆破榴弹，此外还有燃烧弹、发烟弹、宣传弹、照明弹等特种弹。另外，在二战中由于苏军面对德军坦克部队巨大的压力，在战争后期极端重视反坦克作战，甚至要求所有野战火炮都有反坦克作战的能力，M-30 榴弹炮也不例外。

苏联 ML-20 牵引榴弹炮

ML-20 榴弹炮是苏联于 20 世纪 30 年代研制的 152 毫米榴弹炮，在二战中被广泛使用，主要作为集团军级的火力支援。

结构解析

为了降低开火时的后坐力，ML-20 榴弹炮在炮口附近加装了独特的制退装置，侧面众多的开口可以保证尾焰经由两侧顺利排出，这也成了 ML-20 榴弹炮标志性的外观，而在复进方面多段式液压式助推复进装置也属于领先范畴。

基本参数	
口径	152 毫米
全长	8.18 米
炮管长	4.41 米
重量	7270 千克
最大射速	4 发／分
有效射程	17 230 米

作战性能

ML-20 榴弹炮结合了榴弹炮与加农炮的特色，即在短距离内为加农炮特殊的平直弹道，用来完成近距离直射火力，而较大的距离上又有榴弹炮的抛物线。ML-20 榴弹炮的射程很远，压制了包括德军著名的 150 毫米 sFH 18 榴弹炮在内的众多相近口径的火炮。虽然德军之后也有射程更远的火炮出现，但是生产数量非常少。因此，ML-20 榴弹炮在二战时期可以在远距离上轻松压制敌方的火炮阵地。

苏联 M1938 迫击炮

M1938 迫击炮是苏联于 20 世纪 30 年代后期研制的 120 毫米重型迫击炮，二战期间被苏军广泛使用。

结构解析

M1938 迫击炮由法国 1935 式 120 毫米迫击炮改进而来，堪称世界上第一种现代化的迫击炮。该炮创新性地使用了 3 个主要部件来减轻重量，其底座的设计尤为精巧，其重量正好是步兵人力可以接受的范围之内。

基本参数	
口径	120 毫米
炮管长	1.86 米
重量	280 千克
最大射速	10 发／分
有效射程	6000 米
炮口初速	272 米／秒

作战性能

M1938 迫击炮的优点很明显，它的重量远轻于 122 毫米口径的榴弹炮。高射速和攻击隐藏目标的能力，使其成为有效对付敌方人员的有力武器。M1938 迫击炮让苏军以有限的资源集中火力，具有重要的战略价值。该炮还是苏军伞兵和游击队唯一的重型武器，实用价值极高。由于性能出色，德军在缴获 M1938 迫击炮后可以不通过任何改造便能直接采用。

苏联 2B9 迫击炮

2B9 迫击炮是苏联于 20 世纪 60 年代研制的 82 毫米迫击炮，它与嘎斯 –66 运输车合称为 2K21 迫击炮武器系统。

结构解析

2B9 迫击炮的结构与一般迫击炮有较大区别，它从炮尾装填，取消了座板，带有反后坐装置，还有一个与牵引火炮相同的大架和双轮炮车，外形酷似榴弹炮。该炮采用弹匣自动供弹，4 发炮弹的弹匣装入身管右侧靠近炮耳轴处的输弹槽，炮弹自动输入炮膛。

基本参数	
口径	82 毫米
炮管长	1.58 米
重量	632 千克
最大射速	30 发／分
有效射程	4720 米
炮口初速	270 米／秒

作战性能

2B9 迫击炮的高低射界从 –1°到 85°，即可平射坦克，也可曲射碉堡。该炮的炮管中部装有冷却室，中间填满冷却水，水冷的设计使其拥有半小时内 300 发的持续射击能力。除牵引外，2B9 迫击炮还可装在各种车辆上载运。发射时自动从车上卸下，在地面上发射；发射后再用机械装到车上，以便迅速转移到另一个射击位置。2B9 迫击炮的缺点在于系统重量大、弹丸威力小、精度差、散布面积大、射程近等。

苏联 BM-13 火箭炮

　　BM-13 火箭炮是苏联于 20 世纪 30 年代研制的自行火箭炮，昵称"喀秋莎"。

结构解析

基本参数	
口径	132 毫米
全长	7.5 米
全宽	2.3 米
最大速度	50 千米／时
最大行程	180 千米
有效射程	8.74 千米

　　BM-13 火箭炮是一种多轨道的自行火箭炮，由汽车部分和发射部分组成。发射部分由滑轨床、炮架、回转盘、底架、瞄准装置、发射装置等组成。在发射前，火箭弹是用定向钮钳在滑轨槽的定向沟内。火箭弹的战斗部分为 TNT 炸药装药。药筒部分是由七根管状发射药筒组成，汽车驾驶室内装有发射装置的发火转轮。

作战性能

　　与其他火炮相比，BM-13 火箭炮能迅速地将大量的弹药倾泻于目标地区，但其准确度较低且装弹时间较长。装填一次齐射的弹药约需 5 ~ 10 分钟，一次齐射仅需 7 ~ 10 秒。BM-13 火箭炮射击火力凶猛，杀伤范围大，是一种大面积消灭敌人密集部队、压制敌火力配系和摧毁敌防御工事的有效武器。此外，BM-13 火箭炮价格低廉、易于生产，也是它被广泛使用的重要原因。

苏联 BM-21 火箭炮

BM-21 火箭炮是苏联于 20 世纪 60 年代研制的 122 毫米 40 管自行火箭炮，绰号"冰雹"。

结构解析

BM-21 火箭炮由导向管、摇架、高低机、方向机、平衡机、瞄准装置和车体等部分组成，导向管分 4 层排列，每层 10 管，使用两道金属带固定，下方有侧面为梯形的底托与基座连接，在各型火箭炮中，属布局相对简单的一类。BM-21 火箭炮多采用嘎斯卡车底盘，有 3 对托轮。

基本参数	
口径	122 毫米
全长	7.35 米
全宽	2.4 米
最大速度	75 千米／时
最大行程	405 千米
有效射程	20 千米

作战性能

BM-21 火箭炮通常配置在己方前沿后 2 ～ 6 千米的范围内，压制纵深为 14 ～ 18 千米。该炮发射速度快，火力猛烈；行军状态和战斗状态转换快速，射击准备时间短；越野机动能力强。不过，BM-21 火箭炮也存在射击精度较低，稳定性稍差，发射时火光大，易暴露等缺点。BM-21 火箭炮可发射爆破杀伤火箭弹、化学燃烧火箭弹等，俄军全营齐射能发射 720 枚火箭弹或化学弹，超过美国陆军师全部常规火炮一次齐射量。

英国 QF 25 磅牵引榴弹炮

QF 25 磅牵引榴弹炮是英国在 20 世纪 30 年代研制的中小口径榴弹炮，在二战中被英联邦国家广泛使用。

结构解析

QF 25 磅榴弹炮采用液体气压式反后坐力装置、立楔式炮闩、分装式炮弹（弹丸和发射药筒分开）。该炮采用充气橡胶轮胎，主要由 4 吨的"贝德福德"卡车牵引。不过，QF 25 磅榴弹炮也保留了前车，在特殊条件下可以使用骡马拖曳。

基本参数	
口径	88 毫米
全长	4.6 米
炮管长	2.47 米
重量	1633 千克
最大射速	8 发／分
有效射程	12 253 米

作战性能

QF 25 磅牵引榴弹炮是英国军队中第一种具有加农炮和榴弹炮两种弹道特点的火炮。它既可以用低初速、高弹道射击遮蔽物后方的目标，也可以用高初速、低伸弹道直射目标。所以有些装备 QF 25 磅牵引榴弹炮的国家也将其称为加农榴弹炮。该炮不用座盘时方向角只有 8°，这时射击精度很差，通常只在紧急时刻使用。圆形座盘着地是 QF 25 磅牵引榴弹炮的主要射击方式。圆形座盘和弓形箱式炮架配合可以进行 360° 环射，这样可以迅速对付周围的目标。

英国 L16 迫击炮

L16 迫击炮是英国于 20 世纪 50 年代研制的 81 毫米迫击炮，被多个国家的军队采用，服役时间很长。

结构解析

L16 迫击炮的炮管尾部直径缩小，炮管下半部外表刻有散热螺纹，炮口处装有内锥形套圈，便于装填炮弹，但尺寸比美国引进改制的 M252 要小。炮架采用 L4 式 K 形两脚架，使用特种钢制造，携带时可折叠。座板由铝合金锻造而成，

基本参数	
口径	81 毫米
炮管长	1.28 米
重量	35.3 千克
最大射速	20 发 / 分
有效射程	5650 米
炮口初速	225 米 / 秒

背面有 4 条加强筋。行军时，L16 迫击炮可在 FV432 履带式装甲人员输送车上载运或发射。徒步行军时，全炮可分解为三部分，由士兵背负。

作战性能

L16 迫击炮的射程可达 5650 米，且射速高、精度好，具有较大的杀伤威力和持续战斗能力。全炮重量仅 35.3 千克，便于人员携带和行军。在英国陆军中，L16 迫击炮主要装备步兵营和机械化步兵营，每营装备 8 门。值得一提的是，L16 迫击炮还可发射"灰背隼"反装甲制导炮弹。

英国 L9A1 迫击炮

L9A1 迫击炮是英国于 20 世纪 60 年代研制的 51 毫米迫击炮，曾作为英国陆军的排级支援武器近 30 年之久。

结构解析

L9A1 迫击炮由炮身、座板和瞄准具三大部件组成，无炮架。炮管由钢制成，用 4 个弹簧固定在炮尾上，炮尾装有击针、击针套筒和拉火柄。炮口略呈喇叭形，以便于炮弹装填和增强身管强度。座板尺寸不大，为长方形。L9A1 迫击炮配有背带，可单兵携行。

基本参数	
口径	51 毫米
炮管长	0.75 米
重量	6.28 千克
最大射速	8 发／分
有效射程	800 米
炮口初速	103 米／秒

作战性能

L9A1 迫击炮比英国陆军的老式 51 毫米迫击炮射程增大一倍，杀伤威力大幅增加，射击精度也比较高，试验中曾连续有 5 发弹落在目标区 10 米范围以内。全炮仅重 6.28 千克，便于人员携带。L9A1 迫击炮配用弹种多，适用范围广，可发射 L1A1 式榴弹、L2A1 式发烟弹和 L3A2 式照明弹等。除训练弹外，所有弹体均用铝合金制成，弹上装有塑料闭气环。

英国 L118 牵引榴弹炮

L118 牵引榴弹炮是英国研制的 105 毫米牵引榴弹炮，1974 年开始装备英军。除英国外，还有瑞士和澳大利亚等十几个国家采用。

结构解析

L118 榴弹炮在设计和制造中采用了很多新材料和新工艺，炮管为高强度钢制造，上架由铝合金制成，大架为闭合式空心管状结构，整炮重量很轻。电磁式击发装置装在摇架上，不受气候影响，防水，可靠性好。

基本参数	
口径	105 毫米
重量	1850 千克
最大射速	8 发／分
有效射程	21.9 千米
炮口初速	712 米／秒

作战性能

L118 榴弹炮射程较远，具有很高的可靠性和机动性，行军状态炮身可回转 180°。该炮有多种机动方式，可使用"陆地漫游者"越野车 (4×4) 或其他吉普车、小型卡车或雪地牵引车牵引，也可以使用"黑鹰"、"海王"或"美洲豹"直升机吊运，或者使用 C-130 运输机空运。

英国 M777 牵引榴弹炮

M777 牵引榴弹炮是英国于 20 世纪 80 年代中期研制的一款 155 毫米牵引榴弹炮，可为在城区、丛林以及山地作战的步兵提供火力支援，可以全天时、全天候使用。

结构解析

M777 榴弹炮是世界上第一种在设计中大规模采用钛和铝合金材料的火炮系统，从而使得该炮的重量为常规 155 毫米火炮重量的一半。相比于 M198 榴弹炮，M777 榴弹炮轻巧的外形更容易利用飞机或卡车搬运，迅速进出战场。所有 2.5吨级的卡车都能轻易地牵引 M777 榴弹炮，危急时刻甚至连"悍马"越野车也能拉上 M777 榴弹炮快速转移。

基本参数	
口径	155 毫米
全长	10.7 米
炮管长	5.08 米
重量	3420 千克
最大射速	5 发／分
有效射程	40 千米

作战性能

M777 榴弹炮具有轮廓低、生存力高以及部署快速等特点，因此它可在最具挑战性的战场环境中快速进入发射阵地。改进型 M777A2 能够发射 M982 "神剑"制导炮弹，使有效射程达到 40 千米，射击精度达到 10 米以内。M777 榴弹炮操作简单，反应迅速。虽然 M777 炮兵编制是 9 人，但只要 5 人就可以在两分钟内完成射击准备。

M777 榴弹炮后方视角

英国"阿伯特"自行火炮

"阿伯特"自行火炮是英国于 20 世纪 60 年代研制的一款 105 毫米自行火炮，除英国陆军装备外，瑞典和奥地利等国也有采用。

结构解析

"阿伯特"自行火炮由炮身、摇架、反后坐装置、输弹机、射击指挥系统和底盘等组成，装备有三防装置，可以水陆两用。"阿伯特"自行火炮采用 FV432 装甲输送车的底盘，这种装甲输送车是英军在 20 世纪 70 年代的主要装甲输送车。车体和炮塔为钢装甲全焊接结构，最大装甲厚度为 12 毫米。

基本参数	
口径	105 毫米
重量	16 570 千克
最大速度	47.5 千米／时
最大射速	12 发／分
有效射程	17 千米

作战性能

"阿伯特"自行火炮具有重量轻、体积小、可空运、机动性强的特点，主要用途是以间瞄射击的方式为野战部队提供直接火力支援，也可直瞄打坦克。"阿伯特"自行火炮的电动旋转炮塔可以环射，能够精确打击 15 千米外的目标，并有效打击除重装甲战车以外的任何目标。

英国 AS-90 自行火炮

AS-90 自行火炮是英国维克斯造船与工程公司研制的一款 155 毫米轻装甲自行火炮，1993 年开始服役。

结构解析

AS-90 自行火炮的炮塔内留有较大的空间，可以在不作任何改动的情况下换装 52 倍径的火炮，动力舱也可以换装功率更大的发动机。

作战性能

基本参数	
口径	155 毫米
全长	9.07 米
全宽	3.5 米
最大行程	420 千米
最大射速	6 发／分
有效射程	30 千米

AS-90 安装了 1 门 39 倍径的 155 毫米火炮，可靠性非常好，在长时间射击时，火炮不会过热和烧蚀。155 毫米炮弹由半自动装弹机填装，使 AS-90 可以保持较高的射速，充分发挥火力奇袭的作用。AS-90 的火控系统也非常先进，由惯性动态基准装置、炮塔控制计算机、数据传输装置等组成，可以完成自动测地、自动校准、自动瞄准等工作，使 AS-90 的独立作战能力大大提高。

法国 Mk F3 自行火炮

Mk F3 自行火炮是法国地面武器工业集团于 20 世纪 50 年代研制的一款 155 毫米自行火炮，在法国陆军中，现已被 155 毫米 GCT 自行火炮所取代。

结构解析

Mk F3 自行火炮采用 AMX-13 轻型坦克的底盘，155 毫米火炮安装在底盘后部，行进时火炮被固定于中线右侧 8° 处。底盘两侧各有 5 个负重轮，最后一个作为诱导轮，主动轮在前，有 3 个托带轮。车尾有 2 具大型驻锄，两侧各 1 具。Mk F3 没有为乘员提供针对恶劣天气、核生化攻击、轻型武器火力和炮弹碎片的防护装置。

基本参数	
口径	155 毫米
全长	6.22 米
全宽	2.72 米
全高	2.08 米
最大速度	60 千米／时
最大行程	300 千米

作战性能

Mk F3 自行火炮是世界上重量最轻、体积最小的 155 毫米自行火炮之一，加上造价低廉，曾经被大量投入出口市场。Mk F3 自行火炮发射标准 155 毫米榴弹，同时也能发射烟幕弹、照明弹和火箭增程弹。在使用 43.75 千克榴弹时，有效射程为 20 千米。

法国 GCT 自行火炮

GCT 自行火炮是法国于 20 世纪 60 年代末期开始研制的一款 155 毫米自行火炮，主要有 AUF1 和 AUF2 两种型号。

结构解析

GCT 自行火炮由炮身、摇架、反后坐装置、自动装弹系统、火控系统和车体等部分组成，使用 AMX-30 坦克底盘，机动性较好。

作战性能

基本参数	
口径	155 毫米
全长	10.2 米
全宽	3.15 米
全高	3.3 米
最大速度	60 千米 / 时
最大行程	450 千米

GCT 自行火炮具有射程远、机动性强的特点，具备三防能力，弱点是结构复杂，使用维护困难。GCT 自行火炮的战斗全重为 43500 千克，可发射榴弹、火箭增程弹、发烟弹、照明弹等多种常规弹药，发射榴弹时最大射程为 24 千米，发射火箭增程弹时最大射程为 31.5 千米，发射底凹弹时初速 810 米 / 秒，最大射速 8 发 / 分。

法国 TRF1 牵引榴弹炮

TRF1 牵引榴弹炮是法国于 1975 年开始研制的一款 155 毫米牵引榴弹炮，1984 年开始服役。

结构解析

TRF1 榴弹炮由炮身、炮架、反后坐装置、自动装填机、座盘、辅助推进装置和瞄准装置等部分组成。

作战性能

基本参数	
口径	155 毫米
全长	10 米
全宽	3.09 米
全高	1.79 米
最大射速	6 发 / 分
有效射程	30 千米

TRF1 榴弹炮具有射程远，威力大、机动性好、可空运的特点，并配有辅助火炮牵引车和输弹机，行军时炮身可回旋 180°。TRF1 榴弹炮的战斗全重为 1065 千克，可发射多种常规弹药，发射 F1 式榴弹时初速为 830 米 / 秒，有效射程 30 千米，最大射速 6 发 / 分。

法国 CAESAR 自行火炮

CAESAR(恺撒)自行火炮是法国研制的一款155毫米轮式自行榴弹炮，由法国地面武器工业集团设计和生产。

结构解析

不同于有炮塔的自行火炮，CAESAR 自行火炮的突出标志是没有炮塔，其结构简单、系统重量轻，具有优秀的机动性能。CAESAR 自行火炮在射击时要在车体后部放下大型驻锄，使火炮成为稳固的发射平台，这是它与有炮塔自行火炮的又一大区别。

基本参数	
口径	155 毫米
全长	10 米
全宽	2.55 米
最大射速	6 发 / 分
有效射程	42 千米

作战性能

CAESAR 自行火炮的最大优点就是机动性强。它的尺寸和重量都较小，非常适合通过公路、铁路、舰船和飞机进行远程快速部署。它可选用多种6×6卡车底盘，用户可以自由灵活选择，而最常用的是乌尼莫克 U2450L 底盘。CAESAR 自行火炮可协同快速机动部队作战，公路最大速度达 100 千米 / 时，最大越野速度 50 千米 / 时。它能够快速地进入作战地区，能够在 3 分钟内停车、开火和转移阵地。CAESAR 自行火炮搭载的 155 毫米榴弹炮结构坚固、发射速度快、射程远、精度高。

德国 PzH 2000 自行榴弹炮

PzH 2000 自行榴弹炮是由德国克劳斯－玛菲·威格曼公司和莱茵金属公司为德国陆军研制的一款 155 毫米自行榴弹炮，1996 年开始服役。

结构解析

PzH 2000 自行火炮的车体前方左部为发动机舱，右部为驾驶舱，车体后部为战斗舱，并装有巨型炮塔。这种布局能够获得宽大的空间。炮塔可加装反应装甲，可以有效防御攻顶弹药。另外，还有核、生、化防护系统。

基本参数	
口径	155 毫米
全长	11.7 米
全宽	3.6 米
最大行程	420 千米
最大射速	10 发／分
有效射程	67 千米

作战性能

PzH 2000 自行榴弹炮拥有很高的射速，在急速射模式下，可在 9 秒内发射 3 发炮弹，或在 1 分钟内连续发射 10 ~ 13 发炮弹。该炮发射 L15A1 标准炮弹时的射程为 30 千米，发射增程弹时的射程可达 67 千米。因此，PzH 2000 自行榴弹炮可以在目前各国装备的火炮的最大射程外开火，保证了自身的安全。PzH 2000 自行榴弹炮安装了自动装弹机，该装弹机可以在火炮任何仰角时给火炮填装弹药。

德国"猎豹"自行防空炮

"猎豹"自行防空炮是德国于 1966 年开始研制的一款 35 毫米双联装自行防空炮。

结构解析

"猎豹"自行防空炮是使用"豹"1 坦克的车身（在车首加上 1 台 70 千瓦的辅助柴油机）再加上 1 个防空炮塔改造而成，炮塔上配备 2 门由瑞士生产的 35 毫米 KD 机炮和 1 个由德国西门子公司研发的对空搜索雷达，炮塔前方还有 1 个目标追踪雷达，此外还装有射控计算机和敌我识别器。防空作战时由车长操作对空和追踪雷达，再由炮手瞄准开火。

基本参数	
口径	35 毫米
全长	7.68 米
全宽	3.71 米
全高	3.29 米
最大速度	65 千米／时
最大行程	550 千米

作战性能

"猎豹"自行防空炮堪称当今世界战术技术性能最优越，结构最复杂的防空系统之一。它的主要武器为 2 门 35 毫米 KD 机炮，配备 320 发高爆弹和 20 发反坦克穿甲弹。

德国"拉尔斯"自行火箭炮

"拉尔斯"(LARS) 自行火箭炮是德国于 1965 年开始研制的 110 毫米 36 管自行火箭炮，LARS 是 "Light Artillery Rocket System"（轻型火炮火箭系统）的简称。

结构解析

"拉尔斯"火箭炮由运载车、2 个火箭发射箱、瞄准装置等组成，每个发射箱有 18 根定向管，分四层排列，第一层 5 个，第二、三层各 6 个，第四层 1 个。运载车原为"丘辟特"卡车 (6×6)，后改用曼公司 7T 越野卡车 (6×6)。

基本参数	
口径	110 毫米
全长	7.85 米
全宽	2.5 米
全高	2.9 米
最大速度	73.6 千米／时
有效射程	14 千米

作战性能

"拉尔斯"自行火箭炮的有效射程为 14 千米，可单发或连射，再射装填时间为 10 分钟。该炮可发射的弹药包括 DM11/21 杀伤弹、DM701 布雷弹、M711 布雷弹等。"拉尔斯"自行火箭炮的最大爬坡度为 60°，可涉水深为 0.86 米。

德国 leFH 18 榴弹炮

leFH 18 榴弹炮是德国在二战期间研制的一款 105 毫米轻型榴弹炮,为德国国防军使用的标准师级野战榴弹炮。

结构解析

leFH 18 榴弹炮的炮膛机构简单但沉重,配备有液气压缓冲系统。轮毂为木质或钢质,木质型号只能用马匹牵引。

作战性能

基本参数	
口径	105 毫米
全长	6 米
炮管长	2.94 米
重量	1985 千克
最大射速	6 发 / 分
有效射程	10 675 米

尽管这种榴弹炮很难生产,所用炮弹的威力也不如苏联 M–30 榴弹炮,但它仍然是战场上的多面手,在战争中使用于各个战场。leFH 18 榴弹炮的曲射弹道不但可以进行远距离曲射压制射击,而且还能灵活调整火炮弹道,在近距离具有反坦克炮的直射弹道特性,能进行有效的直瞄射击。

德国 sFH 18 榴弹炮

sFH 18 榴弹炮是德国在二战期间研制的一款 150 毫米重型榴弹炮，也是二战中德军的主力重型野战炮。

结构解析

sFH 18 榴弹炮的炮架以及底盘为克虏伯研发，炮身为莱茵金属公司制造。该炮采用水平滑契式炮栓、液压机械复合式后坐缓冲系统，以及双轮炮架。

作战性能

基本参数	
口径	150 毫米
全长	7.85 米
炮管长	4.5 米
重量	5530 千克
最大射速	4 发 / 分
有效射程	13 250 米

虽然德军在二战中大量采用 sFH 18 榴弹炮，但此炮与各国的主力榴弹炮相比并不算优秀，苏联榴弹炮的射程更具优势。由于德国之后研发的新型大口径榴弹炮都不成功，为了增长 sFH 18 榴弹炮的射程，德国不得不在 1941 年设计出火箭推进榴弹并配发至前线，sFH 18 榴弹炮也因此成为世界上第一款使用火箭推进榴弹的榴弹炮。火箭推进榴弹可以增加 3000 米的射程，不过因其程序烦琐，准确率也不高，故配发后不受好评而迅速退出第一线。

德国 GrW 34 迫击炮

GrW 34 迫击炮是德国于 20 世纪 30 年代初研制的一款 81 毫米迫击炮，被广泛应用于二战中。

结构解析

GrW 34 迫击炮的炮管长 1143 毫米，采用钢质炮管时总重 62 千克，采用合金炮管时总重 57 千克。在单兵携带时，这种迫击炮可以分解为炮管、底座和支架三部分。

基本参数	
口径	81 毫米
炮管长	1.14 米
重量	62 千克
最大射速	25 发／分
有效射程	2400 米
炮口初速	174 米／秒

作战性能

GrW 34 迫击炮的主要配用弹种是 Wurfgranate 34，其生产一直持续到战争结束。该弹长 329 毫米、重 3.5 千克、弹径 81.4 毫米，内装炸药 0.55 千克。另外，GrW 34 迫击炮也可发射 Wurfgranate 38 和 Wurfgranate 39，这两种炮弹都装有长杆引信，使用这种引信，弹体可在距离地面一定高度的地方爆炸，造成空炸效果。另外还有一种 Wurfgranate 40 弹，被称作 lange Wurfgranate(长弹)，全长为 564 毫米，全重为 7.5 千克，装药量则高达 5 千克。但由于弹丸自重大，最大射程仅为 950 米。

德国 GrW 42 迫击炮

GrW 42 迫击炮是德国于 20 世纪 30 年代后期研制的一款 81 毫米迫击炮，由 GrW 34 迫击炮改进而来。

结构解析

GrW 42 迫击炮是一种前装式迫击炮，采用滑膛炮管，身管长仅为 747 毫米，炮重也减轻到 26.5 千克。GrW 42 迫击炮可以分解为三个部分携带，便于机动作战。

基本参数	
口径	81 毫米
炮管长	0.75 米
重量	26.5 千克
最大射速	25 发／分
有效射程	1100 米
炮口初速	110 米／秒

作战性能

GrW 42 迫击炮原本供空降使用，然而由于德军另一种 50 毫米口径的 LeGrW 36 迫击炮射程太近，GrW 42 迫击炮也常被用来替换 LeGrW 36 迫击炮。GrW 42 迫击炮发射的炮弹重量是 LeGrW 36 迫击炮的 3.5 倍，射程则为 2 倍，总重量则不到前者 2 倍，因此比较受欢迎。

德国 Nebelwerfer 41 火箭炮

Nebelwerfer 41(NbW 41) 火箭炮是德国在二战期间研制的一款 150 毫米多管火箭炮，在战场上被广泛使用。

结构解析

Nebelwerfer 41 火箭炮的 6 根炮管呈六角形布置，炮管内没有膛线，为了使火箭弹在炮管内安装稳定，炮管内有 3 根高 17 毫米的导轨。6 根炮管整体布置在两轮牵引拖车上。两轮牵引小车

基本参数	
口径	150 毫米
炮管长	1.3 米
重量	1130 千克
有效射程	2.4 千米
炮口初速	145 米／秒

上有支架，射击时要放下来固定，起稳定作用。Nebelwerfer 41 火箭炮一般使用 Sdkfz.11 半履带式装甲车牵引，也可以使用牵引能力在 1 吨以上的车辆牵引。

作战性能

Nebelwerfer 41 火箭炮的 6 根炮管的编号为：左上为 1，左侧为 2，左下为 3，右下为 4，右侧为 5，右上为 6。发射顺序为 1-4-6-3-5-2，这样做的好处是发射时炮架受力比较均衡。该炮采用有线电点火装置，导线长度 18 米，也就是说，士兵可在 18 米外给火箭弹点火，避免火箭弹后喷火焰的伤害。火箭弹发射间隔为 2 秒，装 6 枚弹的时间为 90 秒。

德国 FH70 牵引榴弹炮

FH70 榴弹炮是德国、英国和意大利联合研制的一款155毫米牵引榴弹炮，自 1987 年起先后装备三国陆军。此外，日本和沙特阿拉伯等国也有装备。

结构解析

FH70 榴弹炮由炮身、反后坐装置、摇架、装填装置、座盘、辅助推进装置和瞄准装置等部分组成。

作战性能

FH70 榴弹炮具有射程远、威力大、机动性好、可空运的特点。该炮有较高的射速，瞄准装置上

基本参数	
口径	155 毫米
全长	9.8 米
炮管长	6 米
重量	9600 千克
最大射速	6 发 / 分
最大射程	30 千米

有数字显示器，可显示连指挥所提供的高低和方向数据等。该炮发射普通榴弹时的最大射程为 24 千米，发射火箭增程弹时为 30 千米，爆发射速为 3 发 /15 秒，持续射速为 6 发 / 分。

瑞典卡尔·古斯塔夫无后坐力炮

卡尔·古斯塔夫无后坐力炮是由瑞典萨博·博福斯动力公司于20世纪40年代研制的一款单兵携带多用途无后坐力炮，美国陆军直到今天仍在使用。

结构解析

卡尔·古斯塔夫无后坐力炮基本上是由最主要的炮管连后膛式"文丘里"式后坐缓冲器，加上炮管前面的两个握把（分别是垂直前握把和手枪握把），以及枪托组件和两脚式支架的接口所组成。主体分为燃烧室和导向管两部分。早期的M2和M2-550型由金属制成，而全新版本的M3型则由玻璃纤维和碳纤维增强塑料制成。

基本参数	
口径	84毫米
全长	1.1米
炮口初速	255米／秒
重量	8.5千克
最大射速	6发／分
有效射程	1千米

作战性能

卡尔·古斯塔夫无后坐力炮可以站立、跪、坐或俯卧位射击，并可以在枪托组件的前面装上两脚式支架以固定于地面及射击。这款武器通常由两个人为一小队并一起协助操作，其中一人负责携带武器和射击，另一人则负责携带弹药并协助重新装填。M3型发射FFV597破甲弹时可击穿900毫米厚均质装甲，能对付现代先进的主战坦克。

波兰"克莱博"自行火炮

"克莱博"自行火炮是波兰于 21 世纪初期研制的一款 155 毫米自行火炮，主要用于装备波兰陆军。

结构解析

"克莱博"自行火炮采用英国 BAE 系统公司的 AS-90 炮塔系统，底盘是波兰履带系统研究与发展中心研制的全新底盘。该炮的动力装置为 1 台柴油发动机，传动装置为手动式。"克莱博"自行火炮规定的战斗全重为 45 吨，包含 5 名乘员和 60 发弹药。

基本参数	
口径	155 毫米
全长	11.64 米
全宽	3.4 米
全高	3.8 米
最大射速	6 发／分
有效射程	30 千米

作战性能

"克莱博"自行火炮装有丹麦制造的 MVRS-700 式多普勒弹道雷达、炮瞄系统、灭火抑爆系统、核生化防护系统，以及波兰本国制造的被动夜视设备以及惯性导航／全球定位系统，作战能力较强。

波兰 WR-40 自行火箭炮

　　WR-40 火箭炮是波兰于 21 世纪初研制的一款 122 毫米自行火箭炮，其由苏联 BM-21 火箭炮改进而来，绰号"兰古斯塔"。

结构解析

　　整个"兰古斯塔"系统包括 WR-40 多管火箭发射系统、自动控制发射系统、指挥车、指挥侦察车、气象站和后勤车。其中，WR-40 多管火箭发射系统的载体为 JELCZ P662D.35 全地形车，其全密封装甲舱内能容纳 6 名士兵，设有 4 个舱门，并配备了三防系统和空调系统。

基本参数	
口径	122 毫米
全长	8.58 米
全宽	2.54 米
最大速度	85 千米／时
最大行程	650 千米
最大射程	42 千米

作战性能

　　WR-40 火箭炮可以发射最大射程 42 千米的装有高爆炸药弹头的火箭弹，该火箭弹重 66.4 千克，可以在 7 分钟内由载员手动装载。发射器能够在 20 秒内完成 40 管发射。WR-40 火箭炮具有良好的越野性能，发动机功率达 259 千瓦，车载中央轮胎充放气系统使驾驶员可以通过路况调节轮胎气压。WR-40 火箭炮可爬行 30° 前坡和 20° 侧坡，并可跨越 1.2 米的深坑。此外，WR-40 火箭炮还可以通过 C-130 运输机运载。

捷克 RM-70 火箭炮

RM-70 火箭炮是捷克斯洛伐克于 20 世纪 60 年代研制的一款 122 毫米 40 管自行火箭炮，是由苏联 BM-21 火箭炮基础上改进而来。

结构解析

RM-70 火箭炮在外观上最显著的创新之处就是将载体的车辆换成了国产的太脱拉 813 型 8×8 卡车。该卡车的性能和载货面积都很出色，让 RM-70 火箭炮不仅能够安装 40 管火箭发射管，还能安装炮弹再装填装置，首轮齐射后仅需 5 分钟就可完成再次装填射击，对提升火箭炮性能极有帮助。

基本参数	
口径	122 毫米
全长	8.75 米
全宽	2.5 米
最大速度	85 千米／时
最大行程	400 千米
有效射程	20 千米

作战性能

与 BM-21 火箭炮相比，RM-70 火箭炮装弹更迅速、装甲防护和越野机动性更好。RM-70 火箭炮的发射装置为发射管束式，排成四层，每层 10 管，通过前后护板、钢带等固定成发射管束。为了提高装填速度、减轻炮手负担，车上备有 40 发备用弹和装填机可自动装弹。40 发备用弹只需 30 秒左右即可装填完毕。

巴西 ASTROS Ⅱ 多口径火箭炮

ASTROS Ⅱ 多口径火箭炮是巴西于 20 世纪 80 年代研制的自行火箭炮，ASTROS 是"炮兵饱和射击火箭系统"(Artillery SaTuration ROcket System) 的缩写。

结构解析

基本参数	
口径	127/180/300 毫米
全长	7 米
全宽	2.9 米
最大速度	90 千米／时
最大行程	480 千米
有效射程	15 千米

ASTROS Ⅱ 火箭炮系统主要包括以下几个部分：通用型多功能发射平台 (AV-LMU)；弹药补给车 (AV-RMD)，用于 AV-LMU 的补给，能够为各个发射架提供两套完整弹药；控制指挥与发射系统 (AV-VCC)，能够提供战争层次上的指挥功能，并且能够协调并指示火箭弹的发射；可选择性的电子火控系统 (AV-UCF)，能够通过雷达和计算机执行射击指挥任务。另外，还设有负责维修保养的移动车间。

作战性能

ASTROS Ⅱ 火箭炮的同一发射架上能够发射 5 种不同的火箭弹 (127 毫米 SS-30 火箭弹 32 枚、180 毫米 SS-40 火箭弹 16 枚、300 毫米 SS-60 火箭弹 4 枚、300 毫米 SS-80 火箭弹 4 枚、300 毫米 SS-150 火箭弹 4 枚)，并且能够对 9 ～ 90 千米距离的目标实施大规模的火力投放。

日本 91 式牵引榴弹炮

91 式榴弹炮是日本于 20 世纪 30 年代初列装的一款 105 毫米牵引榴弹炮，在二战期间被广泛使用。

结构解析

91 式榴弹炮的前车是当时同类火炮中最轻的，但因为全盘引进法国设计，未做任何修改，对于日本人的体格而言，这种火炮的人机功效比较差。

基本参数	
口径	105 毫米
全长	4.72 米
炮管长	2.54 米
重量	1500 千克
最大射速	8 发 / 分
有效射程	10 771 米

作战性能

91 式榴弹炮的高低射界为 −5°~ +45°，方向射界左右各 20°，射速为 6 ~ 8 发 / 分，持续射速每小时超过 60 发。该炮配备 91 式榴弹、91 式尖头弹、91 式破甲弹、穿甲弹等弹药，100 米距离可以击穿 83 毫米装甲，500 米距离可以击穿 76 毫米厚的装甲，1000 米距离可以击穿 70 毫米厚的装甲，1500 米距离可以击穿 63 毫米厚的装甲。

日本75式自行榴弹炮

75式自行榴弹炮是日本于20世纪60年代末开始研制的一款155毫米自行榴弹炮,1975年定型投产。

结构解析

75式自行榴弹炮的身管采用自紧工艺,炮塔为全密封式,装备有液压装置、炮弹装填系统、火控系统、三防设备、通信设备等。由于大量采用铝合金制造,因此重量较轻。

基本参数	
口径	155毫米
全长	6.63米
炮管长	4.65米
重量	25 300千克
最大射速	6发/分
有效射程	19千米

作战性能

75式自行榴弹炮使用74式主战坦克使用的发动机,机动性强,能够对付突然出现的目标。1983年,75式自行榴弹炮的炮身改用德国FH70榴弹炮,大幅增加了射程和威力,机动性好,配有输弹机,射速快,采用全封闭结构,具有三防能力。

日本75式自行火箭炮

75式火箭炮是日本于20世纪60年代末开始研制的一款130毫米自行火箭炮，曾是日本陆上自卫队的主力火箭炮。

结构解析

75式火箭炮主要由运载发射车、发射装置、地面测风装置和瞄准装置等组成。发射装置为长方形箱体，分三层，每层有10根定向管。不装弹时重2000千克，装弹时重3200千克。运载发射车车体采用铝合金全焊接结构，前部是乘员舱，驾驶员在左边，车长在右边，操作手在车长的后面。

基本参数	
口径	130毫米
全长	5.78米
全宽	2.8米
最大速度	53千米／时
最大行程	300千米
有效射程	15千米

驾驶员前面装有3具潜望镜，其中夜视红外潜望镜能360°回转。动力室在车体左侧，内装4ZF型2冲程V4风冷柴油机，采用扭杆悬挂装置。

作战性能

75式火箭炮装有陀螺罗盘式导航仪，不需预先调整射向，因此射击准备迅速。火箭炮由电控发射，紧急时也可手动控制发射。该型火箭炮发射尾翼稳定火箭弹，靠喷管斜切赋予旋转。连射时，间隔时间为0.3秒。75式火箭炮火力较强，相当于9门105毫米榴弹炮以最大射速发射时的火力。另外还配有1挺12.7毫米机枪，携弹600发。

日本 87 式自行防空炮

87 式自行防空炮是日本于 20 世纪 70 年代末开始研制的一种 35 毫米双联装自行防空炮，1987 年正式定型。

结构解析

87 式自行防空炮是由炮身、摇架、反后坐装置、高低机、方向机和装填机等部分组成，底盘采用日本 74 式主战坦克底盘，因此具有较强的机动性。车体内配有辅助发动机，用以驱动液压装置和发电机。

基本参数	
口径	35 毫米
全长	7.99 米
全宽	3.18 米
全高	4.4 米
最大射速	550 发／分
有效射程	4 千米

作战性能

87 式自行防空炮装有新型炮塔，炮塔上装备 2 门 35 毫米机炮，射速为 550 发 / 分，携带 300 发榴弹和 20 发穿甲弹。87 式自行防空炮装备了较先进的火控系统，包括搜索雷达、跟踪雷达、激光雷达、电视摄像跟踪系统等多种装置，具有较强的抗电子干扰能力，但使用和维修较复杂。

日本 96 式自行迫击炮

96 式自行迫击炮是日本于 20 世纪 90 年代研制的一款 120 毫米自行迫击炮，于 1996 年开始服役，日本陆上自卫队称其为"上帝铁锤"。

结构解析

96 式自行迫击炮使用 73 式牵引车，车体后部搭载 1 门法国授权丰和工业生产的 120 毫米 RT 迫击炮。96 式自行迫击炮的外观类似大型装甲运兵车，移动时 120 毫米迫击炮完全在装甲覆盖保护之下，迫击炮发射时上部及后部车门可以开放，以便向车后方向发射。为了搭载炮体，发动机被移到前方。

基本参数	
口径	120 毫米
全长	6.7 米
全宽	2.99 米
全高	2.95 米
最大速度	50 千米／时
最大行程	300 千米

作战性能

96 式自行迫击炮所配用的弹种有榴弹、照明弹、烟幕弹、预制破片弹、火箭增程弹等，发射榴弹时的最大射程为 8.1 千米，最小射程为 1.1 千米，发射火箭增程弹时的最大射程达 13 千米。最大射速为 20 发／分，持续射速为 6 发／分。96 式自行迫击炮的瞄准装置较简单，仅有一具分划式瞄准镜，可以进行概略瞄准。

日本 99 式自行火炮

　　99 式自行火炮是日本研制的一款 155 毫米自行榴弹炮，现为日本陆上自卫队的主力自行火炮。

结构解析

　　99 式自行火炮的车体前部左侧为动力舱，右侧为驾驶舱，车体的中后部为战斗舱。炮塔为铝合金装甲全焊接结构，炮塔后部右侧有一个突出的装甲壳体，可以和供弹车对接，对接后即可自动地向车内补充弹药。

基本参数	
口径	155 毫米
全长	11.3 米
全宽	3.2 米
最大行程	300 千米
最大射速	6 发／分
有效射程	40 千米

作战性能

　　99 式自行火炮采用了 52 倍口径的长身管 155 毫米榴弹炮，带自动装弹机。99 式自行火炮的火控系统高度自动化，具有自动诊断和自动复原功能。尽管炮车上未装 GPS 系统，但车上装有惯性导航装置 (INS)，可以自动标定自身位置，并且可以和新型野战指挥系统共享信息。这样，从炮车进入阵地到发射第一发炮弹，仅需要 1 分钟，便于采取"打了就跑"的战术。

日本 19 式自行榴弹炮

19 式自行榴弹炮是日本研制的轮式自行榴弹炮，于 2019 年 8 月"富士综合火力演示"期间首次公开展示，截至 2021 年仍未正式服役。

结构解析

19 式自行榴弹炮采用卡车车厢集成榴弹炮的方式，这是自法国"恺撒"自行榴弹炮开始比较流行的方式。19 式自行榴弹炮的总体布局中规中矩，车体前部是乘员舱，车厢尾部搭载 1 门 155毫米榴弹炮，带有半自动装弹机，位于火炮右侧。

基本参数	
长度	11.4 米
宽度	2.5 米
高度	3.4 米
重量	25 吨
最大射速	8 发／分
有效射程	40 千米

车体后部有一部大型液压助力铲，火炮击发时放下，后部轮胎升起，可以抵消后坐力，提供稳定的击发平台。19 式自行榴弹炮共有 5 名炮班成员，3 名位于驾驶舱，2 名位于驾驶舱后部帆布座舱内。车厢左侧配备了火炮控制和数据显示屏幕，驾驶室内配置了火控计算机。

作战性能

19 式自行榴弹炮的火炮射程、射速基本和"恺撒"自行榴弹炮一致，能够发射北约标准的 155 毫米炮弹，包括 L15 型榴弹、北约标准 M107 系列炮弹、烟幕弹、照明弹、火箭增程弹、99 式长程榴弹等，发射普通榴弹时的有效射程为 30 千米，发射底部排气弹时的有效射程达 40 千米。

韩国 K9 自行榴弹炮

K9 自行榴弹炮是韩国三星造船与重工业公司于 20 世纪 90 年代研制的一款 155 毫米自行榴弹炮,绰号"雷电"。

结构解析

K9 自行榴弹炮装有 1 门 52 倍口径 155 毫米火炮,采用立楔式炮门,装有双室炮口制退器和抽气装置。炮管装有温度报警装置,用于为自动火控系统提供身管温度信息。炮尾装有多普勒式初速测量系统,用于为车载计算机提供弹丸初速信息。该炮装有 21 发底火自动装填装置,可自动输送、插入和抽出底火。

基本参数	
口径	155 毫米
全长	12 米
全宽	3.4 米
最大行程	480 千米
最大射速	8 发／分
有效射程	40 千米

作战性能

K9 自行榴弹炮的制式装备包括美国霍尼韦尔公司的模块式定向系统、自动火控系统、火炮俯仰驱动装置和炮塔回转系统。停车时,火炮可在 30 秒内开火,行军时可在 60 秒内开火。利用车载火控系统,该炮可实现 3 发弹同时弹着。车内还装有三防系统、采暖设备、内／外部通信系统和人工灭火系统等。通过数据数字电台或音频通信设备,K9 自行火炮可接收从指挥中心传来的目标瞄准数据,也能利用车载火控设备计算瞄准数据。

韩国 K-30 自行防空炮

K-30 自行防空炮是韩国于 20 世纪 80 年代开始研制的一款自行防空武器系统，绰号"飞虎"，主要担负韩国陆军低空防御任务。

结构解析

由于韩国军事工业基础薄弱，因此 K-30 自行防空炮尽量选取了现有设计，使日后的生产和维护更加方便。这种通用部件的大量使用，降低了开发技术风险和成本，而且在技术开发上选择了多个国家的技术，集众家所长，保持了 K-30 自行防空炮的技术先进性。不过在总体设计上，技术的兼容性问题比较突出。

基本参数	
口径	30 毫米
全长	6.77 米
全宽	3.3 米
全高	4.07 米
最大速度	60 千米 / 时
最大行程	500 千米

作战性能

K-30 自行防空炮配备一座双人防空炮塔，装有 2 门 KCB 型 30 毫米机关炮，单炮最高射速 600 发 / 分，有效射程 3000 米，有效射高 2000 米。

韩国 K239 自行火箭炮

　　K239 自行火箭炮是韩国韩华集团研制的模块化多管火箭炮系统，2014年开始服役。除韩国陆军外，阿联酋陆军也有采用。

结构解析

　　K239 自行火箭炮是一种模块化大口径火箭炮，以卡车作为底盘，在 2 个发射箱里各集成六根兼顾储存和发射的模块化定向管。火箭弹发射后采用 GPS 制导，其弹体头部有一种特殊的小翼，能够协调和控制火箭弹的飞行。弹头能够安装子母弹、常规弹等在内的多种战斗部。

基本参数	
长度	9 米
宽度	2.5 米
高度	3 米
重量	25 吨
最大速度	80 千米／时
最大行程	800 千米

作战性能

　　K239 自行火箭炮的发射车内有 3 名乘员，其发射装置采用模块化设计，可发射 130 毫米、227 毫米和 239 毫米 3 种不同口径的火箭弹，弹药使用发射箱装填。发射 130 毫米、227 毫米和 239 毫米不同口径火箭弹时的最大射程分别为 36 千米、45 千米和 80 千米。除火箭弹外，K239 自行火箭炮还能发射 400 毫米和 600 毫米弹径的战术导弹。

印度 Pinaka 自行火箭炮

Pinaka（皮纳卡）火箭炮是印度于 20 世纪 80 年代中期开始研制的一款
214 毫米自行火箭炮，现已装备印度陆军。

结构解析

Pinaka 火箭炮系统包括 1 辆发射车、1 辆弹
药运输装填车、1 辆指挥车以及气象雷达和多种
火箭弹。发射车采用了捷克太脱拉 8×8 越野车底
盘，全封闭的 5 人驾驶舱在车体前部，装有三防
装置、中央轮胎压力调节系统和被动式夜用型驾
驶设备。后部装有 2 个便于运输和装填的模块式发射箱，每箱装 6 枚火箭弹。

基本参数	
口径	214 毫米
全长	8.5 米
全宽	2.5 米
最大速度	80 千米／时
最大行程	380 千米
有效射程	40 千米

作战性能

与当前世界上同类型的火箭炮相比，Pinaka 火箭炮的性能并不出色，
而从其研制多年的发展历程来看，Pinaka 火箭炮总是落后于时代。不过，
通过及时地引进先进技术来弥补不足，Pinaka 火箭炮仍在不断地提升性能。
Pinaka 火箭炮的优势在于价格便宜，其价格远低于美国 M270 火箭炮和巴
西 ASTROS II 火箭炮。

第5章
导弹和爆破武器

　　导弹是现代高科技的结晶和化身，具有不同于一般进攻性武器的突出特点，尤其是其威力大、射程远、精度高、突防能力强等特性，使它成为具有超强进攻性和强大威慑力的武器。爆破武器包括火箭筒、榴弹发射器、地雷、手榴弹等，虽然不如导弹那般威力巨大，但也在陆战中发挥着重要作用。

美国 LGM-30 "民兵"洲际弹道导弹

LGM-30 "民兵"导弹是美国波音公司研制的一款洲际弹道导弹，有多种型号，最先问世的是"民兵"I 型（LGM-30A 和 LGM-30B），其后又推出了"民兵"II 型（LGM-30F）和"民兵"III 型（LGM-30G）。

结构解析

"民兵"I 型使用固态燃料，而之前的同类型导弹都是使用液态燃料。"民兵"II 型在长度与吨位上都比"民兵"I 型更大，改良过的第二级推进火箭更延长了其射程。"民兵"III 型引进了一种新的第三级推进火箭，其直径比"民兵"II 型导弹的第三级推进火箭更大。

基本参数	
全长	1820 厘米
直径	170 厘米
总重	35 300 千克
圆概率误差	200 米
最大速度	23 马赫
有效射程	13 000 千米

作战性能

截至 2021 年，"民兵"弹道导弹仅剩下 III 型仍在服役。"民兵"III 型可以携带 3 枚核弹头，每个弹头的 TNT 当量为 17.5 万吨。随着美国"和平卫士"洲际导弹在 2005 年退出现役，"民兵"III 型成为美国唯一的陆基可携带核弹头的洲际弹道导弹，是维持美国"三位一体"战略核威慑的陆基支柱。为了在洲际导弹数量减少的情况下保持美国的战略核威慑效力，美军正在对"民兵"III 型洲际弹道导弹进行升级，以提升其安全性和打击精确度。

美国 LGM-118 "和平卫士" 弹道导弹

LGM–118 "和平卫士" 导弹是美国研制的陆基洲际弹道导弹，于 1986 年开始服役，2005 年退出现役。

结构解析

"和平卫士" 弹道导弹的动力装置为三级固体火箭发动机加第四级自燃液体火箭发动机，制导方式为惯性制导，引信为近炸引信。"和平卫士" 弹道导弹采用分导式多弹头，可以同时发射 10 枚核弹头，每枚核弹头的威力为 30 万吨 TNT 当量。

基本参数	
全长	2180 厘米
直径	230 厘米
总重	96 750 千克
圆概率误差	120 米
最大速度	5 马赫
有效射程	14 000 千米

作战性能

"和平卫士" 弹道导弹被认为有足够的能力摧毁任何强化工事目标，包括特别强化的陆基洲际弹道导弹掩体及敌方指挥官所在的防护掩体。该导弹具有打击硬目标的能力，其精度优于世界各国的洲际导弹，其圆概率误差仅为 120 米。此外，"和平卫士" 弹道导弹还具备弹头再入大气层突防能力。

美国 BGM-71 "陶"式反坦克导弹

BGM-71 "陶"式反坦克导弹是美国休斯飞机公司于 1962 年开始研制的一种管式发射、光学瞄准、红外自动跟踪、有线制导的第二代重型反坦克导弹武器系统，1970 年开始服役。

结构解析

BGM-71 的弹体呈柱形，前后两对控制翼面，第一对位于弹体，四片对称安装，为方形；第二对位于弹体中部，每片外端有弧形内切，后期改进型的弹头加装了探针。BGM-71 的发射筒也是柱形，自筒口后 1/3 处开始变粗，明显呈前后两段。

基本参数	
全长	1.51 米
直径	0.15 米
总重	22.6 千克
弹头重量	6.14 千克
最大速度	1152 千米／时
有效射程	4.2 千米

作战性能

BGM-71 发射平台种类多，使用较为灵活。M220 发射器是步兵在使用 "陶"式导弹时的发射器，但也可架在其他平台上使用，包括 M151 MUTT 吉普车、M113 装甲运兵车和 "悍马"车，这种发射器严格来说可以单兵携带，但是非常笨重。BGM-71 导弹采用有线制导、射程受限，发射平台也容易遭到敌方的火力攻击。

美国 BGM-109 "战斧" 巡航导弹

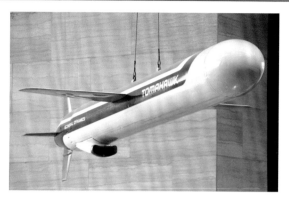

BGM-109 "战斧" 巡航导弹是美国通用动力公司于 20 世纪 70 年代研制的对地攻击巡航导弹，雷神公司与麦克唐纳·道格拉斯公司都曾获得生产合约共同生产。

结构解析

"战斧" 巡航导弹采用模组化设计，尽管各次型携带的弹头种类或者是导引系统并不完全相同，但是导弹内部的主要结构则是相通的。导弹的最前端是导引系统模组，位于这个模组后方的则是一个到两个前段弹身配载模组，这

基本参数	
全长	625 厘米
直径	52 厘米
翼展	267 厘米
总重	1600 千克
最大速度	0.73 马赫
有效射程	2500 千米

个模组可以携带燃料或者是不同的弹头。第三段是弹身中段模组，是主要的燃料与弹翼的所在位置。之后，依次是后段模组、动力模组、加力器模组。

作战性能

"战斧" 巡航导弹在航行中采用惯性制导加地形匹配或卫星全球定位修正制导，可以自动调整高度和速度进行高速攻击。导弹表层有吸收雷达波的涂层，具有隐身飞行性能。雷达很难探测到飞行的 "战斧" 巡航导弹，因为这种导弹有着较小的雷达横截面，并且飞行高度较低。可以这么说，美国海军水面作战舰艇的纵深打击能力主要取决于 "战斧" 巡航导弹。

美国 FIM-43 "红眼" 防空导弹

FIM-43 "红眼" 导弹是美国在二战后设计的一种便携式防空导弹，因前端采用红外制导装置的样式而得名。

结构解析

FIM-43 "红眼" 导弹采用被动式红外制导装置，使用时托在肩上并对着敌机用光学瞄准镜瞄准，然后开动导弹的红外线导引头，这样导弹就会自动锁定目标并发出响声告诉射手已锁定目标，射手只要扳动扳机就可以发射导弹。导弹首先会以发射火药离开发射筒，火箭发动机则会在离射手约 6 米后才会点火，以保护射手免遭烧伤。

基本参数	
全长	1.2 米
直径	0.07 米
总重	13 千克
最大速度	579 米／秒
有效射程	4.5 千米

作战性能

FIM-43 "红眼" 导弹曾一度是美国步兵主要的地对空武器，其优点是威力巨大、便携性强，缺点就是重量大、后坐力大、不稳定、射程不够远，以及射击精准度有时也达不到作战任务的需求。因此，它在后来被 FIM-92 "毒刺" 导弹取代。尽管如此，FIM-43 "红眼" 导弹仍在便携式防空导弹领域中占有重要的地位。

美国 FIM-92 "毒刺"防空导弹

FIM-92 "毒刺"导弹是美国研制的单兵近程防空导弹，主要用于战地前沿或要地的低空防御。

结构解析

一套"毒刺"导弹系统由发射装置组件和 1 枚导弹、1 个控制手柄、1 部 IFF 询问机和 1 个"氩气体电池冷却器单元"(BCU) 组成。发射装置组件由 1 个玻璃纤维发射管、易碎顶端密封盖、瞄准器、干燥剂、冷却线路、陀螺仪 – 视轴线圈和 1 个携带吊带等组成。

基本参数	
全长	1.52 米
直径	0.07 米
总重	15.19 千克
弹头重量	3 千克
最大速度	2.2 马赫
有效射程	8 千米

作战性能

"毒刺"导弹设计为一种防御型导弹，虽然官方要求两人一组操作，但是单人也可操作。与 FIM-43 "红眼睛"导弹相比，"毒刺"导弹有两个优势。一是采用第二代冷却锥形扫描红外自动导引弹头，提供全方位探测和自导引能力，具有"射后不理"能力。二是"毒刺"导弹增加了新功能，安装了一套综合 AN/PPX-1 IFF(敌我识别) 系统，当友军和敌军双方操作飞机同时在空域上空时，这是一个非常明显的优势。"毒刺"导弹也可以装在"悍马"车改装的平台上，或者 M2 "布拉德利"步兵战车上。

美国 MIM-72 "小槲树" 地对空导弹

　　MIM-72 "小槲树" 导弹是由美国罗拉尔公司设计生产的地对空导弹，1969 年进入美国陆军服役，20 世纪 90 年代退出现役，但外销型号仍在其他国家服役。

结构解析

　　MIM-72 地对空导弹的发射载体由 M113 装甲人员运输车衍生而来，其发动机舱及乘员舱位于车体前方，后方则装置 M54 导弹发射装置，多以防水帆布覆盖作为保护，车头两侧各有 1 组红外线灯，具有两栖能力，以履带打水的方式前进。

基本参数	
全长	2.9 米
直径	0.13 米
总重	11 千克
最大速度	515 米／秒
有效射程	6 千米

作战性能

　　MIM-72 地对空导弹整个系统在接获预警资料后，射手先行调整发射站的方位，以光学瞄准仪作目视瞄准，等待导弹寻标器锁定目标。由于导弹寻标器的视轴与光学瞄准仪的十字瞄准线已整合为一，所以光学瞄准仪追瞄或锁定目标的动作等于导弹寻标器在追踪或锁定目标。不过，这种操作只适合日间接战，而且目标的追踪和锁定距离不能超过射手的目视追踪和搜索的距离。另外，MIM-72 地对空导弹不适合用于攻击直升机或位于掩蔽物后方的盘旋目标。

美国 MIM-104 "爱国者" 地对空导弹

MIM-104 "爱国者" 地对空导弹是美国研制的一款全天候、全空域防空导弹武器系统，于 1985 年装备部队。

结构解析

"爱国者" 导弹采用四联装发射箱，箱体为长方形，有多道垂直于射向的加强箍，前方由液压杆支撑，发射角为 38°。导弹采用正常气动布局，头部呈尖卵形，没有弹翼，控制翼面呈十字形配置，位于弹体底端，前缘后掠，后缘平直。

基本参数	
全长	5.8 米
直径	0.41 米
总重	700 千克
弹头重量	90 千克
最大速度	2.8 马赫
有效射程	70 千米

作战性能

"爱国者" 导弹能在电子干扰环境下拦截高、中、低空来袭的飞机或巡航导弹，也能拦截地对地战术导弹。它能对付多个目标，具备一定的抗毁和攻击能力。一个导弹火力单元可同时监视 100 个目标，使用 8 枚导弹拦截多个目标。"爱国者" 导弹系统的自动化程度较高，一部相控阵雷达可以完成目标搜索、探测、跟踪、识别以及导弹的跟踪制导和反干扰任务，射击反应时间仅为 15 秒。

美国 MGM-140 陆军战术导弹

MGM-140 陆军战术导弹是美国陆军现役最先进的近程、单弹头弹道导弹，于 1991 年开始服役，可用于打击纵深集结部队、装甲车辆、导弹发射阵地和指挥中心等目标。

结构解析

MGM-140 导弹为单级固体火箭推进的弹道导弹，采用以环形激光陀螺为基础的捷联惯性制导系统，虽具有多种型号，但各型导弹的弹体结构、发动机类型却基本相同。MGM-140 导弹的弹体短粗，弹尾有一组控制面，共 4 片，形状特殊，后缘的翼尖有切角，整体呈不规则五边形。

基本参数	
全长	4 米
直径	0.61 米
翼展	1.4 米
总重	1670 千克
有效射程	300 千米

作战性能

MGM-140 使用简单，可利用美军现役的 M270 多管火箭炮进行发射，两个发射箱各装 1 枚导弹。导弹的装运箱可快速拆卸。一次可单独运载 2 枚导弹，或运载 1 枚导弹和 6 枚火箭弹。使用时，无须另外的操作员、发射架和其他设施。MGM-140 的射程达 300 千米，可实施精确打击。

美国 FGM-148 "标枪" 反坦克导弹

FGM-148 "标枪" 导弹是美国研制的单兵反坦克导弹，于 1996 年正式服役。

结构解析

"标枪" 导弹是世界上第一种采用焦平面阵列技术的便携式反坦克导弹，配备了 1 个红外线成像搜寻器，并使用两枚锥形装药的纵列弹头，前一枚引爆任何爆炸性反应装甲，主弹头贯穿基本装甲。"标枪" 导弹的发动机由串联在一起的起飞发动机和续航发动机组成。

基本参数	
全长	1.1 米
直径	0.13 米
总重	22.3 千克
弹头重量	8.4 千克
最大速度	1400 千米／时
有效射程	2.5 千米

作战性能

"标枪" 导弹是一种 "射前锁定、射后不管" 导弹，该系统对装甲车辆采用顶部攻击的飞行模式，攻击一般而言较薄的顶部装甲，但也可以用其直接攻击模式攻击建筑物或防御阵地，还可以攻击直升机。顶部攻击时的高度可达 150 米，直接攻击时则是 50 米。"标枪" 导弹的攻击威力大于 M47 "龙" 式反坦克导弹，与 "陶 II" 改进型相当。

美国"复仇者"防空导弹系统

"复仇者"防空导弹系统是美国研制的近程低空防空系统，1989年开始服役。

结构解析

"复仇者"系统主要以"悍马"装甲车为武器系统机动平台，但也能在一个独立的配置中操作或在多种军用车辆上安装。武器系统主要由陀螺仪－稳定导弹发射转塔、标准车辆安装发射装置、敌我识别器、前视红外瞄准具、光学瞄准具

基本参数	
全长	4.95米
全宽	2.18米
全高	2.64米
重量	3900千克
最大速度	89千米／时
最大行程	443千米

和近防机枪构成。发射装置为八联装，控制塔两侧各四联，呈箱形对称分布于控制塔两侧。

作战性能

"复仇者"是美军第一种能在行进间发射的防空导弹系统，其发射装置除搭载于"悍马"车上外，也可搭载于M113装甲车和其他轮式／履带式车辆上。该系统抗红外干扰能力强，并具有全方位攻击能力，不但可尾追攻击，还可迎面攻击。"复仇者"系统因体积小，运输非常方便，C-130运输机一次可运载3套"复仇者"系统或5具发射装置。"复仇者"也可使用其他导弹系统，如法国"西北风"防空导弹等。

美国萨德导弹防御系统

萨德是美国目前发展历史最长的导弹防御系统。其全称为战区高空防御导弹 (Terminal High Altitude Area Defense，THAAD)，属于美国国家导弹防御系统中的一环，主要目的是取代"爱国者"导弹。

结构解析

萨德导弹以发射车一组 10 枚方式部署，拥有比海基"标准"Ⅲ型导弹更强大的拦截能力，强化了美国国家导弹防御系统。该导弹采用推力偏向弹头以 2500 米/秒的速度飞向目标予以击毁，并有红外线热追踪装置修正航向。搜

基本参数	
全长	6.17 米
直径	0.34 米
总重	900 千克
最大速度	8.24 马赫
有效射程	200 千米

索发射系统是车载的 AN/TPY–2 雷达组，可以侦测 2000 千米范围内的来袭导弹。

作战性能

萨德导弹拥有比海基"标准"Ⅲ型导弹更强大的拦截能力，强化了国家导弹防御系统和战区导弹防御系统的能力。该导弹采用动能直接碰撞杀伤模式摧毁来袭导弹或弹头，来袭的核、生、化弹头在受到拦截时不会发生爆炸，不会对防御阵地造成污染。

美国"巴祖卡"反坦克火箭筒

　　"巴祖卡"火箭筒是美军在二战中使用的单兵反坦克火箭筒，因其管状外形很像一种名叫"巴祖卡"的喇叭状乐器而得名。

结构解析

　　"巴祖卡"火箭筒由发射筒、肩托、挡焰罩、护套、挡弹器、握把、背带、瞄准具以及发射机构和保险装置等组成。发射筒是个整体式钢筒，上面焊有准星座和表尺座，下面有握把连接耳，中部有皮革防热护套。肩托用木材制成，在肩托后面的一段发射筒上缠有钢丝，用以加固筒身。背带的一端连接于握把底部，另一端直接拴在筒身后部。

基本参数	
口径	60 毫米
全长	1.52 米
重量	6.6 千克
初速	91 米／秒
有效射程	270 米
破甲厚度	76 毫米

作战性能

　　"巴祖卡"火箭筒结构简单，坚固可靠，能在非常恶劣的环境下使用，但由于研制仓促，"巴祖卡"火箭筒的外观显得有些粗糙且整体比较笨重。在 1942 年 11 月的战斗中，美军使用"巴祖卡"火箭筒首战告捷，挫败了德军装甲部队。于是，包括德国在内的许多国家纷纷仿制或改进这种武器。

美国肩射多用途攻击武器

肩射多用途攻击武器(Shoulder–Launched Multipurpose Assault Weapon, SMAW)是以色列军事工业公司研制的肩射型火箭，美国海军陆战队于 1984 年开始使用。

结构解析

SMAW 是可由单兵携带的武器系统，主要部件包括 Mk 153 发射器，Mk 3 HEAA 火箭弹以及 Mk 217 瞄准辅助枪等。Mk 153 发射器的口径为 83.5 毫米，Mk 3 HEAA 火箭则为 83 毫米口径。

基本参数	
口径	83.5 毫米
全长	1.37 米
重量	7.69 千克
初速	220 米／秒
有效射程	500 米

Mk 153 发射器有玻璃纤维制造的发射管、电子点火机构、开放式觇孔，以及用来装上 Mk 42 日间瞄准具和 AN/PVS–17B 夜间瞄准具的底座。

作战性能

SMAW 可以发射高爆反装甲火箭弹和高爆双用途火箭弹，其中高爆双用途火箭弹可有效打击坚固掩体、混凝土结构目标等，可为单兵提供多用途的火力打击方式。当对付坦克大小的目标时，SMAW 的有效射程为 500 米。

美国 M72 轻型反装甲武器

M72 轻型反装甲武器 (M72 Light Anti-Armor Weapon，M72 LAW) 是美国黑森东方公司于 1958 年开始研制的一种 66 毫米火箭筒，1963 年年初被美国陆军及海军陆战队采用。

结构解析

M72 LAW 由一个两截式的筒状发射管，以及装置于其中的一枚火箭弹所组成。当系统尚未展开的时候，其外壳即能起到防火作用，保护其中易受潮的火箭弹。扳机、握把、前后觇孔、后筒盖也均安装于外套管之上。内套管的部分则包括了撞针组件。展开时，内套管沿外套管上缘、扳机组件处的沟槽向后伸张，并与外套管上的扳机相互锁定。

基本参数	
口径	66 毫米
全长	0.88 米
重量	2.5 千克
初速	145 米／秒
有效射程	200 米

作战性能

尽管更具威力的 AT-4 反坦克火箭筒逐渐取代日益老旧的 M72 LAW，但后者却在伊拉克战争中找到新的领域，低消耗和重量轻的特点，加上当地城镇和山区缺乏现代化重装目标，使 M72 LAW 成为理想的城市战利器。在任务执行时，美军士兵一次只能携带 1 支 AT-4，却能携带两支 M72 LAW。美军在战斗中一旦发射完 M72 LAW，就必须将发射器销毁，以免为敌方所使用。

美国 Mk 19 自动榴弹发射器

Mk 19 自动榴弹发射器是美军从 20 世纪 60 年代装备至今的一种 40 毫米口径全自动榴弹发射器，由通用动力公司及萨科防务公司生产。

结构解析

Mk 19 自动榴弹发射器采用气冷身管、枪机后坐式工作原理、开膛待击和前冲击发、弹链供弹。发射器由机匣组件 (含枪管)、装有尾板的枪机、击发机构、机匣盖及供弹槽和推弹板五大部件组成。枪管固定在钢制机匣的前端，发射机构有两种，手动扳机在机匣尾部，电磁击发装置在机匣下方。

基本参数	
口径	40 毫米
全长	1090 毫米
发射管长	413 毫米
重量	35.2 千克
初速	240 米 / 秒
有效射程	1500 米

作战性能

作为一种班组携带和操作的武器，Mk 19 榴弹发射器虽然可以在三脚架上发射，但主要是安装在载具上使用，因为仅武器本身的重量就超过 35 千克。由于其较低的后坐力和重量相对较轻，Mk 19 榴弹发射器适用于多种轻型载具的平台，包括快速攻击车辆、两栖攻击车辆、军用吉普车等。Mk 19 榴弹发射器的最大射程为 2212 米，其有效射程为 1500 米左右时针对的是点目标，或者 1500 米以外的面目标。Mk 19 榴弹发射器的消焰器能减少发射时的烟火效果，使敌人难以发现。

美国 M32 连发式榴弹发射器

M32 连发式榴弹发射器 (M32 Multiple Grenade Launcher，M32 MGL) 是美国海军陆战队使用的一种轻型双动操作 6 发肩射型榴弹发射器，主要发射 40×46 毫米低速榴弹。

结构解析

M32 MGL 采用转轮式结构，6 发榴弹装在一个旋转弹仓中。M32 MGL 的枪托为折叠式，不使用时向上翻转到转轮托架的上方。枪管下方的前握把可前后滑动。为减轻重量，除了重要受力部件（如枪管等）为钢质，其他金属部件（如托架等）多为铝合金制造。

基本参数	
口径	40 毫米
全长	812 毫米
发射管长	300 毫米
重量	5.3 千克
初速	76 米／秒
有效射程	375 米

作战性能

M32 MGL 的设计简单、坚固，而且可靠。它采用了久经考验的左轮手枪的设计，实现高精确率的射击，并且可以迅速地发射，以迅速地达到对目标猛烈轰炸的火力。与其他 40 毫米榴弹发射器相比，M32 MGL 有 6 发弹容量，能在 3 秒内打完 6 发弹，因此在伏击或攻击在城市战斗中相当有用。

美国 M203 榴弹发射器

M203 榴弹发射器是美国陆军装备的单发下挂式榴弹发射器，提供给 M16 突击步枪及 M4 卡宾枪装备，其衍生型更可以对应多种步枪，也可装上手枪握把及枪托独立使用。

结构解析

M203 榴弹发射器通常下挂在步枪的护木下方，发射器的扳机在步枪弹匣前面，发射时用弹匣充当握把，附有可分离式的象限测距瞄准具及立式标尺。

基本参数	
口径	40 毫米
全长	380 毫米
发射管长	305 毫米
重量	1.36 千克
发射初速	76 米／秒
有效射程	150 米

作战性能

M203 榴弹发射器令士兵的榴弹发射器与步枪结合，以单一武器发射子弹及榴弹，降低了士兵的装备重量。这种榴弹发射器可发射高爆弹、人员杀伤弹、烟幕弹、鹿弹、照明弹、气体弹及训练弹，在发射 40×46 毫米榴弹时，有效射程为 150 米，最大射程为 400 米。

美国 M320 榴弹发射器

M320 榴弹发射器是德国黑克勒·科赫公司为美国军队研制的一种单发 40 毫米榴弹发射器，2009 年开始服役。

结构解析

M320 与 M203 榴弹发射器的运作原理相似，M320 也可安装在 M16 突击步枪、M4 卡宾枪上，位于枪管底下、弹匣前方。不过，M320 拥有整体式握把，无须以弹匣充当握把。目前，独立使用版的 M320 配有火控系统及类似 MP7 冲锋枪的开合式前握把。

基本参数	
口径	40 毫米
全长	285 毫米
发射管长	215 毫米
重量	1.27 千克
初速	76 米／秒
有效射程	400 米

作战性能

M320 榴弹发射器的弹膛向左打开，可发射 M203 榴弹发射器使用的所有弹药，例如高爆弹、人员杀伤弹、烟幕弹、照明弹及训练弹，甚至新型的长身弹药及非致命弹药。M320 榴弹发射器拥有双动扳机及两边可操作的安全装置，比 M203 榴弹发射器更加灵活。M320 榴弹发射器的瞄准标尺在护木侧面（可选择装在左侧或右侧），安装时不需重新校正，加快步枪安装榴弹发射器的时间，也可于步枪损坏时拆下作紧急射击。

美国 M18A1 "阔刀" 地雷

　　M18A1 "阔刀" 地雷是美军于 20 世纪 60 年代研制的一种定向人员杀伤地雷，又译为 "克莱默尔" 人员杀伤地雷。

结构解析

　　M18A1 的前身为美国于 20 世纪 50 年代研制的 M18 地雷，里面包含有增强杀伤力的 700 粒钢珠和 680 克 C4 塑胶炸药。M18A1 无论是外形还是结构都与 M18 相似，唯一的区别在于 M18A1 的外壳顶上加上了 1 个简易的瞄准具。M18A1 的引爆方式主要是电缆控制、

基本参数	
全长	216 毫米
全宽	38 毫米
总重	1.6 千克
初速	1200 米 / 秒
有效范围	50 米
最大范围	250 米

绊发，内有预制的破片沟痕，在爆炸后，破片会向预定的方向飞出，地雷内藏的钢珠数量巨大，可对攻击目标造成极大的伤害。

作战性能

　　据美军地雷手册介绍，M18A1 的爆炸杀伤范围为前方 50 米，以 60° 广角的扇形范围扩散。高度为 2 ～ 2.4 米。内置的钢珠最远可飞到 250 米外，其中 100 米左右距离为中度杀伤范围。此外，M18A1 还有很好的防水性，即便在水中浸泡 2 小时仍能正常使用。

美国 M26 手榴弹

M26 手榴弹是美国在二战结束后研制的手榴弹，20 世纪 50 年代初开始在美军服役。

结构解析

M26 手榴弹主要由弹体和引信两部分组成。由上下两部分咬合的卵形弹体采用薄钢片制成，并衬以钢丝缠绕预制刻槽破片套，弹体内装 B 炸药。配用 M204A1 或 M204A2 式延

基本参数	
全长	99 毫米
直径	57 毫米
总重	454 克
装药重量	164 克
引信延期	4 秒

时引信。M204A1 式延时引信采用转臂式结构，但延时药管从引信体中分离出来，另外增加了密封垫圈，火帽上盖有锡箔，因此密封性能较好。

作战性能

M26 手榴弹主要用于阵地防御和城市巷战杀伤有生目标，由于受当时技术水平限制，早期型号没有配用触发 / 延时双功能引信，仍配用单一延时引信，在引爆效果和安全性上存在问题。为此，美军又研制了改进型 M26A1，20 世纪 60 年代初研制成功 M217 电引信后，又产生了改进型 M26A2。

俄罗斯 SA-22 弹炮合一防空系统

SA-22 是俄罗斯在 2K22 "通古斯卡" 防空导弹系统基础上改进而来的轮式自行弹炮合一防空系统，于 2003 年开始服役，主要用于坦克团、摩托化步兵团的行进间防空。

结构解析

SA-22 系统是 2K22 "通古斯卡" 防空导弹系统的升级版本，使用相控阵雷达的目标获取与跟踪，有导弹和高射炮两种武装集成在一具雷达控制上，具有行进间作战能力。

基本参数	
全长	3.2 米
直径	0.17 米
总重	90 千克
弹头重量	20 千克
最大速度	780 米／秒
有效射程	20 千米

作战性能

SA-22 系统装备 12 枚射程为 20 千米的地空导弹和 2 门 30 毫米自动火炮。它可以同时发现并跟踪 20 个目标，既可在固定状态下，也可在行进中对其中 4 个目标实施打击。除巡航导弹、反雷达导弹、制导炸弹以及各种有人或无人战机外，SA-22 系统还可以打击地面和水中轻装甲目标以及有生力量。

俄罗斯 SS-26 地对地导弹

SS-26 地对地导弹是俄罗斯研制的新一代战术弹道导弹武器系统，2005 年开始装备部队。

结构解析

SS-26 导弹系统由导弹、发射车、装填运输车、指挥车、情报信息处理车、技术勤务保障车以及成套的训练设备组成。导弹为单级、固体燃料、全程制导导弹，有效载荷 380 千克。

作战性能

基本参数	
全长	7.3 米
直径	0.92 米
总重	3800 千克
弹头重量	700 千克
最大速度	2100 米／秒
有效射程	500 千米

SS-26 导弹主要用于摧毁敌方火力打击系统、防空系统、反导系统、机场和指挥所等点状目标和面状目标。它抗干扰和突防能力强，并具有对付反导系统的能力。目前部署有 3 种常规弹头，即子母集束炸弹、钻地弹和破片杀伤弹。SS-26 导弹采用惯性和图像匹配相结合的制导系统，图像匹配制导系统通常用于修正惯性制导在中段和末段的制导误差。

俄罗斯 SS-27 洲际弹道导弹

　　SS-27 导弹是俄罗斯在 SS-25 导弹基础上改进而来的洲际战略弹道导弹，1997 年开始服役。使用固定发射井发射的型号为 RS-12M1，使用 MZKT-79221 通用型 16 轮运输车移动发射的型号为 RS-12M2。

结构解析

　　SS-27 导弹推进系统的显著特点是各级发动机的直径均比 SS-25 导弹发动机大和采用了新的推力向量控制方式。SS-27 导弹的一子级、二子级、三子级发动机的直径分别从 SS-25 导弹的 1.8 米、1.55 米、1.34 米增加到 1.86 米、1.61 米、1.58 米，从而增加了推进剂的装药空间。

基本参数	
全长	22.7 米
直径	1.9 米
总重	47 200 千克
最大速度	22 马赫
有效射程	11 000 千米

作战性能

　　SS-27 导弹至少可以装载 4 颗 55 万吨 TNT 当量的核弹头，或者安装多达 10 枚的分导弹头，并能做变轨机动飞行，具有很强的突防能力。该导弹依靠三级固体燃料火箭提供的巨大推力，射程为 11 000 千米。SS-27 导弹可依靠 MAZ-7310 运输车进行移动，发射后的飞行速度可达 22 马赫。

俄罗斯 RPG-7 反坦克火箭筒

RPG-7 是苏联研制的单兵反坦克火箭筒，1961 年开始批量生产。除装备俄军外，RPG-7 火箭筒还大量装备其他国家的军队。

结构解析

RPG-7 火箭筒由发射筒、瞄准具、手柄、护板、背带、两端护套、握把以及发射机构、击发机构、保险装置等组成。发射筒用合金钢制成，包括筒身和尾喷管两部分。前端有火箭弹定位销缺口，后端有护盘。筒身有准星座和表尺座，下部有握把连接耳、手柄固定凸壁和击针座室，筒身左侧有光学瞄准镜固定板，右侧是 2 个固定护套带和背带环，木质护板由护板箍紧定，起隔热作用。发射机构位于握把内。

基本参数	
口径	40 毫米
长度	950 毫米
重量	7 千克
初速	115 米／秒
有效射程	200 米
破甲厚度	400 毫米

作战性能

RPG-7 火箭筒的有效射程为 200 米，最大射程为 1000 米。穿甲能力依据目标距离不同，轧制均质装甲的穿甲厚度为 350 ～ 400 毫米。这种火箭筒不仅能对运输车辆、坦克、装甲车等陆地交通工具构成相当威胁，对于造价昂贵的航空器，如直升机、低空飞行的攻击机等也可以带来杀伤。

俄罗斯 9M14 "婴儿" 反坦克导弹

9M14 "婴儿" 导弹是苏联设计的一款步兵反坦克武器，北约代号为 AT-3 "赛格"。

结构解析

"婴儿" 导弹全套武器系统由导弹、发射装置、制导装置组成。弹体采用玻璃纤维制成，后部 4 片尾翼略成倾斜状，使导弹飞行中通过旋转保持稳定。

基本参数	
全长	0.84 米
直径	0.12 米
总重	12.5 千克
弹头重量	3.5 千克
最大速度	470 千米／时
有效射程	3 千米

作战性能

"婴儿" 导弹与其他同类武器相比具有体积小、重量轻、射程远、威力大等优点，是苏联第一代反坦克导弹中性能较好的一种，曾大量出口到第三世界国家，并在历次局部战争中广泛使用。但它的飞行速度较小，易受风力影响，死区较大，最小射程为 300 米，不能攻击距离太近的目标，射手操作较困难。20 世纪 70 年代以后，苏联对其进行重大改进，改用红外自动跟踪方式，减轻了射手的负担，命中率由 60% 提高到了 90%。

俄罗斯 9M131 "混血儿 -M" 反坦克导弹

9M131 "混血儿 -M" 导弹是苏联研制的一种便携式反坦克导弹，北约代号为 AT-13 "萨克斯 -2"。

结构解析

"混血儿 -M" 反坦克导弹系统由发射装置和筒装导弹构成。发射架配备有性能较先进的观瞄系统和电子控制设备。为了降低成本，减轻重量，"混血儿 -M" 导弹简化了控制装置，成为一种体积小、重量轻的便携式多用途武器。它可由 3 人小组携带。

基本参数	
全长	0.98 米
直径	0.13 米
总重	13.8 千克
弹头重量	4.95 千克
最大速度	720 千米／时
有效射程	2 千米

作战性能

"混血儿 -M" 导弹方便在城市作战中快速运动携带，攻击装甲目标击毁率高，具有多用途使用特点，成本低且利于大量生产装备。该导弹采用半自动指令瞄准线制导，作战反应时间为 8～10 秒。"混血儿 -M" 导弹的攻击力来自两种战斗部。一种是对付爆炸式反应装甲的改进型 9M131 导弹，在清除反应装甲后还能侵彻 800 毫米到 1000 毫米厚的主装甲。另一种是用于对付掩体及有生力量的空气炸弹，采用燃料空气炸药战斗部，可对付掩体目标、轻型装甲目标和有生力量。

俄罗斯 9K32 "箭 -2" 防空导弹

9K32 "箭 -2" 导弹是苏联设计的第一代便携式防空导弹，用于杀伤低空和超低空慢速飞行目标，于 1968 年开始装备部队。

结构解析

9K32 "箭 -2" 防空导弹筒身细长，手柄之后的筒身呈无变化曲线。筒口段略粗，下方热电池 / 冷气瓶平行于筒身安装，瓶底有一细柄前伸。该武器所使用的导弹细长，采用两组控制面，第一组位于弹体底端，4 片弹翼，似弹体的自然外张；第二组位于弹体前端，尺寸较小，弹头为钝圆形。

基本参数	
全长	1.42 米
直径	0.07 米
总重	14.5 千克
最大速度	430 米／秒
有效射程	3.6 千米

作战性能

9K32 "箭 -2" 防空导弹采用目视机械瞄准和红外导引，只能白天使用，对付低空慢速战机，尤其是对付直升机特别有效，也可以多联装在履带车或轮式装甲车上进行逐枚射击或齐射，还可供单兵立姿或跪姿发射。

俄罗斯9K38"针"式防空导弹

9K38"针"式导弹是苏联设计的一款便携式防空导弹，于1983年进入部队服役，可攻击各种低空、超低空目标。

结构解析

9K38"针"式导弹的前舱内装有双通道被动红外导引头，包括冷却式寻的装置和电子设备装置。电子设备装置形成制导指令，送到导弹控制舱。在战斗部引爆前的瞬间，导引头逻辑装置将瞄准点从目标的发动机尾焰区转向目标中部机体与机翼连接处。另外，弹头头部装有整流锥，可以增大导弹的速度和射程。

基本参数	
全长	1.57米
直径	0.07米
总重	10.8千克
最大速度	700米／秒
有效射程	5.2千米

作战性能

9K38"针"式导弹内设有选择式的敌我识别装置，以避免击落友机，自动锁定能力和高仰角攻击能力使发射更方便，最低射程的限制也减少很多。火箭弹使用延迟引信，这样既能增大杀伤力，还能抵抗各种红外线反制手段。

俄罗斯 SA-6 地对空导弹

SA-6 地对空导弹是苏联于 20 世纪 50 年代末开始研制的机动式全天候近程防空导弹武器系统，用于师级野战防空，主要用于攻击中、低空亚音速和超音速飞机以及巡航导弹。

结构解析

SA-6 导弹采用尖卵形弹头，圆柱形弹体。弹体中部有冲压发动机进气孔，进气道向后延伸，外观沿弹体方向呈四道凸起。SA-6 导弹采用固体火箭和冲压一体化发动机，比冲量较高。

作战性能

基本参数	
全长	5.8 米
直径	0.33 米
总重	599 千克
弹头重量	59 千克
最大速度	2.8 马赫
有效射程	24 千米

SA-6 导弹的制导雷达采用多波段多频率工作，抗干扰能力强。该导弹的主要缺点为制导系统技术不是很先进，采用了大量电子管，体积大、耗电多、维修不便和操作自动化低等缺点。此外，SA-6 导弹的发射车上没有制导雷达，一旦雷达车被击毁，整个导弹连就丧失了战斗力。

俄罗斯 SA-15 地对空导弹

SA-15 地对空导弹是苏联于 20 世纪 80 年代研制的一种机动型全天候近程防空武器，用于为野战部队或各种军事目标提供近距离对空防御。

结构解析

SA-15 地对空导弹系统使用 GM-569 履带式底盘，3 名乘员分别为车长、系统操作员、驾驶员。每套 SA-15 地对空导弹系统集运输、发射、雷达等功能于一体，可以独立完成防空作战，也可与其他防空系统协同作战。车载 8 发垂直发射导弹，装在两部容器中，每部容器有 4 发导弹。

基本参数	
全长	7.5 米
全宽	3.3 米
全高	5.1 米
总重	34 000 千克
最大速度	65 千米／时
最大行程	500 千米

作战性能

SA-15 导弹具有全天候昼夜作战、核、生、化三防、空运部署能力。车载现代化的相控阵雷达，可跟踪 24 千米距离内的空中目标，最大射程为 12 千米，最小射程为 100 ～ 2000 米（各种型号有差异），有效作战高度为 10 ～ 6000 米。

俄罗斯 SA-21 地对空导弹

SA-21 地对空导弹是俄罗斯研制的陆基移动式中远程防空导弹系统，2007 年开始服役，用于从超低空到高空、近距离到超远程的全空域对抗密集多目标空袭。

结构解析

SA-21 地对空导弹系统为了确保研发工艺的继承性和最大限度节省研制经费，除了装备一部新型超视距雷达和 3 种新型防空导弹外，基本上沿用了 SA-10 地对空导弹系统的指挥控制系统、导弹发射系统和战斗单元编成。SA-21 地对空导弹系统首次采用了机动

基本参数	
全长	8.4 米
直径	0.5 米
弹头重	0.146 吨
总重	1.8 吨
最大速度	17 000 千米／时
最大射程	400 千米

目标搜索系统，可以对付各种作战飞机、空中预警机、战役战术导弹及其他精确制导武器，既能承担传统的空中防御任务，又能执行非战略性的导弹防御任务。

作战性能

SA-21 地对空导弹系统的主要特点是可以发射低空、中空、高空，近程、中程、远程的各类导弹。这些性能迥异的导弹互相弥补，构成多层次的防空屏障。SA-21 地对空导弹系统可以采用的导弹达 8 种之多，包括 48N6DM、9M96E、9M96M、48N6 和 40N6 等。其中，采用 40N6 远程导弹时，最大射程可达 400 千米。SA-21 地对空导弹系统与先进的对空侦察设施相结合，不仅可以应付对手提高空袭能力而对俄罗斯构成的威胁，并能与俄罗斯的经济实力相适应。

俄罗斯 SS-21 地对地导弹

　　SS-21 地对地导弹是苏联于 20 世纪 70 年代研制的近程地对地战术弹道导弹，目前仍是俄罗斯地对地战术导弹武器中的中坚力量。

结构解析

　　每套 SS-21 地对地导弹系统由 1 辆发射车和 1 辆弹药车组成，两种车辆都有较高的机动能力。SS-21 导弹上装有数字式计算器和自主式惯性控制系统，尾部有空气动力舵。导弹可以配用常规弹头、核弹头、化学弹头、末段制导弹头或子母弹弹头。

基本参数	
全长	6.4 米
直径	0.65 米
总重	2000 千克
最大速度	500 米／秒
最大射程	120 千米

作战性能

　　SS-21 导弹的主要用途是攻击敌人的导弹发射阵地、指挥所、弹药库、燃料库等重要军事目标。早期的 SS-21 导弹最大射程只有 70 千米，不能满足攻击纵深目标的需要。1989 年以后装备的导弹经过重大改进，采用先进的固体燃料发动机，飞行速度300 ~ 500 米/秒，最大射程达到 120 千米。

俄罗斯 SS-23 地对地导弹

SS-23 地对地导弹是苏联于 20 世纪 80 年代研制的一款近程地对地战术导弹，不仅用于打击战场上的战术目标，还用来打击战役范围的纵深目标。

▶ 结构解析

SS-23 导弹采用先进的固体燃料火箭发动机，导弹的长度只有 7.53 米，最大射程却达到了 500 千米。为了提高对远距离目标的射击精度，

基本参数	
全长	7.53 米
直径	0.89 米
总重	4360 千克
最大射程	500 千米

SS-23 导弹还采用了先进的惯性制导技术，使它的偏差距离减小到了 350 米以内。为了提高快速机动能力，导弹采用第三代大型轮式车作为运输兼发射车，在长长的车体后部，装有两个长方形的发射箱，每个箱内存放一枚导弹。平时两个发射箱平放在车上，外面涂有迷彩伪装。

▶ 作战性能

SS-23 主要装备在苏联方面军和集团军的战役战术火箭兵旅，每个旅有 3 个营，共 12 辆导弹发射车。SS-23 导弹的发射车看上去就像普通的军用运输车，既可以隐蔽自己，免遭敌人意外袭击，也可以保护导弹，免受战场尘土侵袭，有利于日常维护保养。

俄罗斯 SS-24 洲际弹道导弹

SS-24 洲际弹道导弹是苏联于 20 世纪 70 年代初期开始研制的洲际弹道导弹，1985 年年初具备作战能力。

结构解析

SS-24 导弹采用发射井布置和铁路机动布置的方式，是世界上第一种以铁路机动方式部署的陆基洲际弹道导弹，也是世界上第一种以铁路列车作为导弹系统的陆基弹道导弹系统。SS-24 导弹采用惯性加星光修正的制导方式，对提高导弹打击精度十分有效。

基本参数	
全长	23.8 米
直径	2.4 米
弹头长度	19 米
总重	104 500 千克
有效射程	10 000 千米

作战性能

SS-24 导弹具有命中精度高、弹头威力大、可机动发射，还可以逃避对方探测与监视等特点，是一种有效地打击硬目标的战略核武器。SS-24 导弹是分导式多弹头导弹，可携带 10 枚 35 万吨级 TNT 当量的核弹头。该导弹最初部署在地下，后为了进一步提高其自下而上能力，改在铁路发射车上实施机动发射。

俄罗斯 SS-25 洲际弹道导弹

　　SS-25 洲际弹道导弹是苏联研制的一种洲际战略弹道导弹，1985 年开始服役，截至 2021 年 6 月仍然在俄罗斯军中服役，已大大超过其最初设计时的使用寿命。

结构解析

　　SS-25 导弹最初发展时为单弹头，后改进为可携带多弹头。采用三级固体火箭发动机，在地下发射井可进行热发射，在地面可用轮式车辆在预先准备好的公路上实施机动发射，导

基本参数	
全长	29.5 米
直径	1.8 米
总重	45 100 千克
最大速度	21 马赫
有效射程	10 500 千米

弹平时贮存在带有倾斜屋顶的房子里，接到命令后由运输起竖发射车将导弹运送到野外发射阵地上进行发射，发生紧急情况时可打开房顶盖，直接从房子里把导弹起竖发射。

作战性能

　　SS-25 导弹是世界上第一种以公路机动部署的洲际弹道导弹，可携带一枚或多枚分导弹头，有效射程 10 500 千米，飞行速度快，并能作变轨机动飞行，具有很强的突防能力。

俄罗斯GP-25榴弹发射器

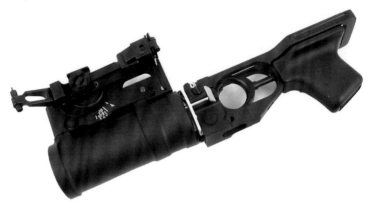

GP-25榴弹发射器是苏联时期设计并生产的40毫米单发下挂式榴弹发射器，于1978年开始服役，目前仍是俄罗斯军队的制式装备。

结构解析

GP-25榴弹发射器有着类似于其他下挂式榴弹发射器的外观，枪管有12条很短的右旋膛线，双动式扳机设计简单，扳机连着一个方便舒适的小型空心橡胶握把，左侧安装有缺口式象限测距瞄准具。枪管的顶部备有连接座，可以直接装上AK枪族的枪管下方的刺刀座，而且不需要任何工具。但装上了GP-25榴弹发射器就无法再安装刺刀了。

基本参数	
口径	40毫米
全长	323毫米
枪管长	120毫米
重量	1.5千克
初速	76米/秒
有效射程	400米

作战性能

GP-25榴弹发射器主要下挂于AK枪族，发射40毫米无弹壳榴弹。GP-25榴弹发射器有GR-30、GR-30M和GP-34等多种衍生型号，其中GP-34是GP-25的升级版本，有着更轻、更容易量产、更容易使用和瞄准具更准确的优点。

俄罗斯 DP-64 榴弹发射器

　　DP-64 榴弹发射器是苏联研制的一种特殊用途双管榴弹发射器，1990年开始批量生产。除俄罗斯外，DP-64 榴弹发射器还被越南和哈萨克斯坦军队采用。

结构解析

　　DP-64 榴弹发射器的主要组成部分包括 1 个巨大的聚合物制枪托，以及两支枪管，此外还有 1 个前握把，用于稳固武器。枪托配有 1 个用于降低后坐力的橡胶垫。枪管上方有两种不同的金属机械瞄具。DP-64 榴弹发射器为后膛装填式设计，操作起来就像一把大型中折式双管猎枪一样。

基本参数	
口径	45 毫米
全长	820 毫米
全宽	110 毫米
总重	10 千克
弹容量	2 发
有效射程	400 米

作战性能

　　DP-64 榴弹发射器主要装备海军特种部队和海军步兵，用于保护沿海设施。这种武器还能够在直升机上使用，从而可以更大面积地进行巡逻，以保护目标。DP-64 榴弹发射器主要配备 FG-45 高爆榴弹和 SG-45 信号榴弹，有效射程可达 400 米。

英国"轻剑"地对空导弹

"轻剑"地对空导弹是英国于 20 世纪 60 年代研制的地对空导弹，早期型号为光学跟踪的"轻剑"I 型导弹系统，之后在其基础上研制出全天候使用雷达跟踪的"轻剑"II 型导弹系统。

结构解析

"轻剑"导弹弹体为圆柱形，弹头为尖锥形，有两组控制翼面，第一组位于弹体底部略靠前位置，面积较小，前缘后掠，第二组位于弹体中部，面积较大，前缘后掠角度大于第一组。

作战性能

基本参数	
全长	2.24 米
直径	0.13 米
翼展	0.14 米
总重	45 千克
最大速度	2.5 马赫
有效射程	8.2 千米

"轻剑"导弹具有反应迅速、易于操作、机动性强以及便于空运等优点。牵引式光学跟踪装置和发射架分开配置，能保证操作人员的安全。1982 年的英阿马岛战争中，"轻剑"导弹是英军登陆作战的骨干力量，在"吹管"导弹配合下，保证了登陆部队的对空安全。

英国"吹管"防空导弹

　　"吹管"防空导弹是由英国泰利斯防空公司设计的一款便携式防空导弹，1975 年开始服役。

结构解析

　　"吹管"防空导弹全套武器系统由发射管、导弹、瞄准控制装置组成。它的发射筒前段加粗，看上去比较笨重。导弹重 11 千克，弹头部有 4 个控制舵，尾部有曳光管和 4 个尾翼。

基本参数	
全长	1.39 米
直径	0.08 米
总重	11 千克
最大速度	514 米／秒
有效射程	6 千米

作战性能

　　"吹管"防空导弹采用无线电制导，这是与红外制导便携式防空导弹系统最大的不同。该武器的射手在发射导弹前，要将瞄准装置的十字线对准目标，并一直保持至导弹发射。发射后导弹自动保持在目标线上。在导弹自动进入制导航迹后，射手转为手动制导状态。同时，射手要通过瞄准装置观察目标和导弹，使其十字线对准目标，导弹与目标影像重合。

英国"星光"防空导弹

"星光"防空导弹是英国研制的一种便携式防空导弹，于1993年装备英国陆军。

结构解析

"星光"导弹最大的特点在于采用了新型的三弹头设计，弹头由3个"标枪"弹头组成，每个弹头包括高速动能穿甲弹头和小型爆破战斗部。"星光"导弹的控制与制导使用的是半主动视线指挥系统。当主火箭发动机工作完毕，3个"标枪"弹头实现自动分离并开始寻找目标。"星光"导弹的瞄准装置包含两个激光二极管：一个垂直扫描，另一个水平扫描，构成一个二维矩阵。

基本参数	
全长	1.4 米
直径	0.13 米
总重	20 千克
最大速度	950 米／秒
有效射程	7 千米

作战性能

"星光"导弹发射时，先由第一级新型"脉冲式"发动机推出发射筒外，飞行300米后，二级火箭发动机启动，迅速将导弹加速到4马赫。在火箭发动机燃烧完毕后，环布在弹体前端的3个子弹头分离，由激光制导。三者之间保持三角形固定队形，向共同的目标飞去。散开的单个"标枪"子弹头最适合用来摧毁攻击地面的敌方战机。

英国 / 瑞典 MBT LAW 反坦克导弹

MBT LAW 导弹是瑞典和英国联合研制的一款短程"射后不理"反坦克导弹，目前正被瑞典、英国、芬兰和卢森堡等国使用。

结构解析

MBT LAW 是一种软发射反坦克导弹系统，使其可以在城镇战中给步兵在一个封闭的空间之内使用。在这个系统中，火箭首先使用一个低功率的点火从发射器里发射出去。在火箭经过几米的行程切换飞行模式以后，其主要火箭就会立即点火，开始推动导弹，直到命中目标为止。

基本参数	
全长	1.02 米
直径	0.15 米
总重	12.5 千克
弹头重量	3.6 千克
最大速度	1440 千米／时
有效射程	600 米

作战性能

MBT LAW 在设计上是为了给步兵提供一种肩射、一次性使用的反坦克武器，发射一次以后需要将其抛弃。MBT LAW 采用锥形装药，弹头为上空飞行攻顶／直接模式混合，最小有效射程为 20 米，最大有效射程为 600 米，最大射程为 1000 米。MBT LAW 采用两种制导方式，使其具有较高的命中概率和较强的抗干扰能力。MBT LAW 有攻顶和直接攻击两种方式，射手可通过开关选择攻击方式。

法国"西北风"防空导弹

　　"西北风"防空导弹是法国马特拉公司研制的一种便携式防空导弹，1988 年开始装备法国陆军部队。

结构解析

　　为了安置红外自导头，马特拉公司为"西北风"研制了金字塔形整流罩，从而将其最大飞行速度提高到 800 米/秒。同时在发动机结束工作后，导弹减速较慢，使其在末段制导能保持较高的机动性。

基本参数	
全长	1.86 米
直径	0.09 米
总重	18 千克
最大速度	800 米/秒
有效射程	5.4 千米

尽管导弹结构中使用了最先进的技术和材料，"西北风"的发射重量仍为 18 千克，这样就不能采用传统的肩扛发射方式。在这种情况下，为了制导和发射导弹，操纵员应使用有座椅的专用三脚架，在三脚架上安装内装导弹的容器和所有必要设备。

作战性能

　　同类型便携式导弹的弹头重量不超过 2 千克，而"西北风"弹头重达 3 千克，由高能炸药和 1850 颗钨合金钢珠组成，又配以碰撞和激光近炸引信，具有较强的杀伤力。"西北风"的运输由 2 人战斗编组负责，为此它可以分为两部分，每部分重量约 20 千克：第一部分是内装导弹的容器，第二部分是三脚架和瞄准装置及电子组件。

法国/德国"米兰"反坦克导弹

"米兰"导弹是法国和德国联合研制的一种轻型反坦克导弹，20 世纪 70 年代初开始服役。

结构解析

"米兰"导弹采用目视瞄准、红外半自动跟踪、导线传输指令制导方式。不同于"霍特"导弹作为重型反坦克导弹，"米兰"导弹作为轻型反坦克导弹由步兵使用，射程约为"霍特"导弹的一半（2 千米）。作为有线导引导弹，使用"米兰"导弹的步兵要连续瞄准目标直至命中为止，其弹头采用高爆反坦克弹。

基本参数	
全长	1.2 米
直径	0.11 米
总重	7.1 千克
弹头重量	2.7 千克
最大速度	720 千米／时
有效射程	2 千米

作战性能

"米兰"导弹的弹径为 103 毫米，破甲深度达 650 毫米，并于 1976 年在黎巴嫩战争中投入使用，主要对付 T-55 和 T-72 坦克。当时还没有人认识到"米兰"导弹方案的先进性和灵活性，此后它才逐渐显现出其优点来。因为当今采取的军事行动大多在街巷中进行，"米兰"导弹的射程最小仅有 25 米，正好是巷战的理想武器。"米兰"导弹在非洲战场、马岛战争及海湾战争中的多次使用，都证明了它所具有作战的灵活性。

法国／德国"霍特"反坦克导弹

"霍特"导弹是法国和德国联合研制的一种重型反坦克导弹，与"米兰"导弹同时研制。

结构解析

"霍特"导弹采用无尾式气动布局和推力矢量控制方案，弹体中后部有4片前缘后掠65°的弹翼，并且有1°10′的倾斜安装角，使导弹在飞行中低速旋转稳定。导弹头部呈尖锥形，弹体呈圆柱形，分为前、中、后3个舱段：前舱段为战斗部与引信舱，中舱段为发动机舱，后舱段为制导控制舱。

基本参数	
全长	1.3米
直径	0.15米
总重	24.5千克
弹头重量	6.5千克
最大速度	864千米／时
有效射程	4.3千米

作战性能

"霍特"导弹是一种高亚音速、光学瞄准、红外跟踪和有线制导的重型远程第二代反坦克导弹。该导弹可安装在轮式、履带装甲车上或直升机上，具有直射距离远、破甲威力大、命中精度高、机动性强等优点。"霍特"导弹的有效射程可达4.3千米，车载发射时的最小射程为75米，机载发射为400米，命中概率为91%，发射速率3发／分，动力装置为2级固体火箭发动机，战斗部为聚能破甲型，大着角65°时破甲深度达272毫米，净破甲大于800毫米。

德国"坦克杀手"反坦克火箭筒

　　"坦克杀手"是二战时期德军使用的一种可重复使用的反坦克火箭筒，是由美国"巴祖卡"反坦克火箭筒仿制而来。

结构解析

　　"坦克杀手"最早的型号是 RPzB 43，长度 164 厘米，火箭弹发射后在 2 米距离内会继续燃烧，灼伤使用者，所以必须佩戴面具和手套发射。1943 年 10 月，RPzB 43 被新型的 RPzB 54 替代。相比早期的 RPzB 43，RPzB 54 因为在前端安装了保护使用者的护盾，成为更广为人知的形象。不过因为护盾太重，也有人拆掉护盾，佩戴面具发射。

基本参数	
口径	88 毫米
全长	1.64 米
总重	11 千克
初速	130 米／秒
有效射程	150 米
破甲厚度	200 毫米

作战性能

　　与美军的"巴祖卡"火箭发射器相比，"坦克杀手"的威力更大。早期的"巴祖卡"很难穿透当时德国坦克的厚 100 毫米装甲，面对装甲更厚的"虎"式坦克更显得无力。而"坦克杀手"在 90°的入射角可以穿透 200 毫米的装甲，60°偏射角的穿透力也可达到 160 毫米。不过，"坦克杀手"发射时会产生大量烟幕，很容易暴露自身位置并遭到攻击。

德国"铁拳"反坦克榴弹发射器

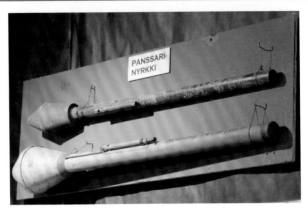

"铁拳"是二战时期德国制造的一种廉价的火药推进无后坐力反坦克榴弹发射器，于1943年开始服役。

结构解析

"铁拳"的身管使用便宜的低等钢材制造，身管后部装有简单的后准星和发射装置。由于没有前准星，射手通常利用弹头的轮廓来瞄准。身管内预装有少量的黑火药作为推进药。战斗部重量约3千克，装置在身管前部。身管的尾部上方标注有红色的警告字样。

基本参数	
口径	149 毫米
长度	1 米
重量	6.1 千克
初速	45 米／秒
有效射程	60 米
破甲厚度	200 毫米

作战性能

"铁拳"使用起来非常简单，发射前射手只要打开保险，一个简易表尺会自动竖起，然后瞄准目标，按下发射钮。破甲弹射出之后，其4片弹簧尾翼会自动打开并稳定飞行。由于重量和体积的限制，"铁拳"的初速很低，以致其有效射程较短，而且飞行弹道比较弯曲。"铁拳"的优势主要体现在近距离巷战中。由于制造工艺极其简单，以致在柏林被围之时仍然有大量的"铁拳"出厂。

德国 HK69 榴弹发射器

HK69 榴弹发射器是德国黑克勒·科赫公司研制的一款独立式单发榴弹发射器，其改进型号为 HK69A1。除德国外，法国、沙特阿拉伯和斯里兰卡等国也有采用。

结构解析

HK69 榴弹发射器主要由发射管、机匣、握把和瞄具组成。握把上装有扳机和保险机构。机匣内装有发射机构和退壳机构，武器开锁后，弹壳可自动退出。发射管内刻有膛线，使榴弹发射后可产生旋转效果，有助于维持弹道的稳定。瞄

基本参数	
口径	40 毫米
全长	683 毫米
枪管长	356 毫米
重量	2.6 千克
初速	75 米／秒
有效射程	350 米

具采用旋臂式象限瞄准具，采用 V 形缺口照门和球形准星，旋臂后方刻有与射程对应的数字。该瞄具除了可以进行风偏修正外，还可安装在发射器的任意一侧，以适应左右手射击的需要。

作战性能

HK69 榴弹发射器可发射各种 40×46 毫米 SR（半突缘）榴弹，既可安装在黑克勒·科赫公司生产的步枪上，也可手持发射。与同类 40 毫米榴弹发射器相比，HK69 系列榴弹发射器具有体积小、机构动作可靠、反应速度快的优点，但其操作比较烦琐。

以色列"长钉"反坦克导弹

"长钉"导弹是20世纪末期以色列研制的一种可以装备无人机的超小型导弹，它是世界上最小的"射后不管"导弹。

结构解析

"长钉"导弹是一种轻型、廉价、自动寻的武器系统，全套武器系统包括导弹、发射装置、整体式跟踪仪等。该导弹在气动外形上与"陶"式导弹颇有几分相似，都采用了两组矩形弹翼。弹尾的弹翼用于飞行控制，弹体中部的弹翼平时呈折叠状态，发射后自动弹出。

基本参数	
全长	1.67米
直径	0.17米
总重	71千克
弹头重量	10千克
最大速度	1200千米／时
有效射程	25千米

作战性能

"长钉"导弹的最初设计目标就是改变"标枪"导弹要由多人携带和操作的现状，要求"背包运输、肩扛发射"，一个人就可携带至少3枚导弹，并独自遂行瞄准发射任务。因此，"长钉"导弹的外形非常小巧。这种导弹具有很大的灵活性——在导弹飞行过程中，移动控制站的操作人员可以改变目标或者放弃攻击。由于这种导弹价格低廉，适合在前沿部队中大量部署，对付低价值目标。

瑞典 RBS 70 便携式防空导弹

RBS 70 防空导弹是瑞典研制的便携式防空导弹，除了装备瑞典军队外，还有数十个国家的军队使用。

结构解析

RBS 70 防空导弹采用标准空气动力学布局，中部装配两级固体燃料主发动机，战斗部在头部隔舱内，通过激光非接触引信或撞击引信引爆，使用聚合子母弹药摧毁目标，穿甲厚度为 200 毫米，激光辐射接收器在尾部隔舱内。

基本参数	
全长	1.32 米
直径	0.11 米
总重	21 千克
最大速度	535 米／秒
有效射程	5.5 千米

作战性能

RBS 70 防空导弹的主要特点是远程拦截来袭目标，具有较高的命中精度和杀伤概率，稳定性强，可高效对抗各种人工和自然干扰。其采用激光指令制导方式，能攻击低飞到地面的目标，可在夜间使用，具备较强的发展、改进潜力。从诞生伊始，RBS 70 防空导弹就是作为一种整体系统研制的，便于日后装配在各种轮式和履带式底盘上，发展自行防空系统。

瑞典 AT-4 反坦克火箭筒

AT-4 反坦克火箭筒是瑞典萨博·博福斯动力公司生产的一种单发式单兵反坦克武器，它取代了美国及北约武器库内的 M72 LAW 火箭筒。

结构解析

AT-4 火箭筒是预装弹、射击后抛弃的一次性使用武器，采用无后坐力炮发射原理。火箭筒包括发射筒、铝合金喷管、击发机构、简易机械瞄准具、肩托、背带和前后保护密封盖等，发射筒是铝合金内衬外绕玻璃纤维制成。

作战性能

基本参数	
口径	84 毫米
全长	1.02 米
重量	6.7 千克
初速	290 米／秒
有效射程	300 米
破甲厚度	400 毫米

AT-4 火箭筒重量轻，携行方便；使用简单，操纵容易，射手无须长时间培训；采用无坐力炮原理发射，发射特征不明显，射击位置不易暴露。该火箭筒配用空心装药破甲弹，其战斗部的主装药为奥克托金，破甲厚度为 400 毫米，破甲后能在车体内产生峰值高压、高热和大范围的杀伤破片，并伴有致盲性强光和燃烧作用。引信的脱机雷管安全装置，可防止意外起爆。

美军士兵在掩体后方使用 AT-4 反坦克火箭筒

瑞典 MBT LAW 反坦克导弹

MBT LAW 反坦克导弹的正式名称为"主战坦克及轻型反坦克武器"（Main Battle Tank and Light Anti-tank Weapon，MBT LAW），它是瑞典和英国联合研制的短程"射后不理"反坦克导弹，被瑞典、英国、芬兰和卢森堡等国采用。

结构解析

MBT LAW 是一种软发射反坦克导弹系统，使其可以在城镇战中给步兵在一个封闭的空间内使用。在这个系统中，火箭首先使用一个低功率的点火从发射器里发射出去。在火箭经过几米的行程直到飞行模式以后，其主要火箭就会立即点火，开始推动导弹，直到命中目标为止。

基本参数	
全长	101.6 厘米
直径	15 厘米
翼展	20 厘米
重量	12.5 千克
最大速度	0.7 马赫
最大射程	1 千米

作战性能

MBT LAW 在设计上是为了给步兵提供一种肩射、一次性使用的反坦克武器，发射一次以后需要将其抛弃。MBT LAW 采用锥形装药，弹头为上空飞行攻顶 / 直接模式混合，最小有效射程为 20 米，有效射程为 600 米，最大射程为 1000 米。MBT LAW 采用两种制导方式，使其具有较高的命中概率和较强的抗干扰能力。MBT LAW 有攻顶和直接攻击两种方式，射手可通过一个开关选择攻击方式。

日本 87 式 "中马特" 反坦克导弹

87 式 "中马特" 是日本于 20 世纪 80 年代研制的反坦克导弹，自 1989 年服役至今。

结构解析

87 式 "中马特" 导弹属于日本第三代反坦克导弹，采用半主动激光制导方式，在导弹发射后需要不断地使用激光照射目标，飞行中的导弹接收目标反射的激光束，自动跟踪直到命中目标。

基本参数	
全长	1 米
直径	0.12 米
总重	12 千克
弹头重量	3 千克
最大速度	2000 千米／时
有效射程	2000 米

作战性能

87 式 "中马特" 导弹既可攻击地面坦克装甲车辆，也可在反登陆作战中攻击小型登陆舰艇，起到海岸炮的作用。这是日本重型反坦克导弹的重要特点，79 式 "重马特" 反坦克导弹也是如此。87 式 "中马特" 导弹的破甲厚度为 600 毫米，有效射程为 2000 米。该导弹在发射过程中很容易暴露自身，但不具备发射后不管的能力。

日本 91 式防空导弹

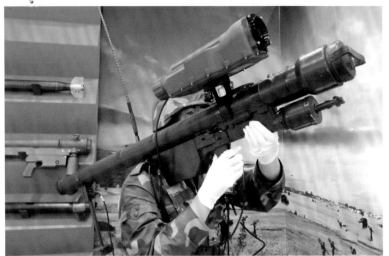

91 式防空导弹是日本东芝公司研制的一种便携式防空导弹，1993 年开始装备部队。

结构解析

91 式防空导弹的整套系统包括导弹发射装置、外置电池盒、敌我识别系统、导弹本体和其他设备，部分部件可与美国 FIM-92 "毒刺" 导弹互用。导弹推进剂使用固体燃料，发射筒在发射后会受热变形，无法重复使用。

基本参数	
全长	1.4 米
直径	0.08 米
总重	17 千克
最大速度	750 米／秒
有效射程	5 千米

作战性能

91 式防空导弹具有全向攻击能力，抗干扰能力较强。当制导系统锁定目标后，成像导引头储存目标图像，这样可提高图像解析能力，制导精度也随之提高。日本自卫队宣称，91 式防空导弹比美国 "毒刺" 导弹的精度更高。

日本 03 式地对空导弹

03 式地对空导弹是日本研制的一种机动式中程防空导弹，于 2003 年开始服役。

结构解析

03 式地对空导弹的整个系统包括 4 辆发射车、1 部多功能相控阵雷达、1 个指挥控制中心和 1 个火控站。每辆发射车上装有六联装发射系统，导弹封装在运输 / 发射一体的发射箱内。03 式地对空导弹配用单级固体火箭发动机，发动机有推力矢量系统，先进的战斗部配有近炸和触发引信。

基本参数	
全长	490 厘米
直径	32 厘米
弹头重量	73 千克
总重	570 千克
最大速度	2.5 马赫
有效射程	50 千米

作战性能

03 式地对空导弹可以采用垂直发射方式，全方位攻击目标。该导弹主要用于对付作战飞机，也具有反战术弹道导弹能力，同时也可拦截空地导弹和巡航导弹。由于采用了预编程导航系统、先进的指挥链路和主动雷达制导，所以 03 式地对空导弹可实现对目标的精确打击。此外，该导弹还具有同时对付多个目标的能力。它的发射车、运输装填车、多功能相控阵雷达车、指挥控制中心均采用 8×8 轮式越野底盘。由于自动化水平较高，03 式地对空导弹系统的操作人员数量大为减少。

日本 81 式地对空导弹

81 式地对空导弹是日本研制的一种机动式近程防空导弹，于 1982 年开始服役。

结构解析

81 式导弹除弹头呈卵形而非锥形外，其余均与英国"轻剑"导弹相似。导弹发射重量 100 千克，其弹头为重 9.2 千克的破片杀伤战斗部，配置触发和无线电近炸引信。一套 81 式导弹系统由导弹、两辆发射车和一辆火控雷达车组成，人员编制 15 人。两种车辆均由 73 式卡车 (6×6) 改装而来。其发射装置为四联装发射架。发射车通常配置在离火控雷达车约 300 米半径范围内。火控雷达车采用 100 米长电话线与发射架相连。

基本参数	
全长	2.7 米
直径	0.16 米
总重	100 千克
弹头重量	9.2 千克
最大速度	2.9 马赫
有效射程	14 千米

作战性能

81 式导弹主要用于野战防空，也可用于要地防空。这种导弹的火控、制导系统的核心是装备相控阵雷达的火控车，它能同时跟踪和处理 6 个目标，并将所产生的各种数据通过两条野战电话线以数字形式传送给导弹发射车。

印度"烈火"Ⅱ型地对地导弹

"烈火"Ⅱ型地对地导弹是印度"烈火"系列弹道导弹中的第二种型号，2002 年进入低速初始生产阶段。

结构解析

"烈火"Ⅱ型导弹为两级固体导弹，采用惯性加全球导航定位系统制导，命中精度约 45 米。该型导弹可采用铁路机动或公路机动方式发射，由印度自行设计研制，除制导系统少量传感器需从欧洲国家进口外，其余部件均为国产。

基本参数	
全长	21 米
直径	1.3 米
总重	16 000 千克
最大速度	12 马赫
有效射程	3000 千米

作战性能

2009 年 5 月，印度对"烈火"Ⅱ型导弹进行例行的训练测试时，第一级发动机分离后导弹就偏离了预定弹道，进行了诡异的高夹角蛇形飞行，导致飞行试验失败。2009 年 11 月 23 日，"烈火"Ⅱ型导弹进行了首次夜间发射，准备证明其具备全天候实战能力，可惜第一级发动机分离后，导弹进行了不规则的震颤，令导弹轨道异常宣告试验失败。连续两次诡异的失败，很可能是长径比过大的问题导致。

印度"烈火"Ⅲ型地对地导弹

　　"烈火"Ⅲ型地对地导弹是印度"烈火"系列弹道导弹中的第三种型号，射程达到 5000 千米，能够携带 1.5 吨的核弹头。

结构解析

　　"烈火"Ⅲ型地对地导弹长约 13 米，为两级固体推进导弹。该导弹的第一级和第二级均由先进的碳合成材料制成，降低了系统的总体重量，且两级发动机都配装了万向喷管。

作战性能

　　"烈火"Ⅲ型地对地导弹的有效载荷在 600 ～ 1800 千克，通常携带常规弹头或核弹头。该导弹的末段制导采用了光电制导或主动雷达制导，提高了命中精度。

基本参数	
全长	13 米
直径	2 米
总重	22 000 千克
最大速度	6 千米／秒
有效射程	5000 千米

印度"烈火"IV型地对地导弹

"烈火"IV型地对地导弹是印度"烈火"系列弹道导弹中的第四种型号，2011年11月15日首次试射成功。

结构解析

"烈火"IV型地对地导弹采用两级复合固体燃料推进，采用公路机动发射，可携带核弹头。该导弹装备印度最先进的航空电子设备、第五代

基本参数	
全长	20 米
总重	17 000 千克
飞行高度	900 千米
有效射程	4000 千米

机载计算机及分布式体系架构，具备修正和引导自身飞行抗干扰的最新功能。该导弹还装备了基于激光陀螺仪的惯性导航系统和高可靠冗余的微型导航系统，确保该导弹的打击精度能达到两位数。此外，该导弹还装备有能承受4000℃高温的再入防热罩。

作战性能

相比之前的型号，"烈火"IV型不仅射程更远，而且精度更高、重量更轻。它采用的新型固体火箭发动机和能抵御高温的保护罩在首次试射中表现良好，为印度下一步研制射程更远、速度更快的洲际导弹打下了基础。

印度"烈火"Ⅴ型地对地导弹

"烈火"Ⅴ型地对地导弹是印度国防研究与发展组织（DRDO）研制的远程弹道导弹，2014年开始服役。

结构解析

"烈火"Ⅴ型导弹是在"烈火"Ⅲ型导弹的基础上改进而来，增加了一个小型的第三级。第三级采用和"烈火"Ⅳ型导弹相同的棕红色弹体，使用碳纤维复合材料制造，质量比大于0.9。"烈火"Ⅴ型导弹的第二级也采用了轻型复合材料，以降低结构重量，提高射程。

基本参数	
全长	17.5米
直径	2米
弹头重	1.5吨
总重	50吨
最大速度	29 401千米／时
有效射程	8000千米

作战性能

与前四代"烈火"导弹不同，"烈火"Ⅴ型导弹能够进行公路机动发射，也因此成为印度武器库中首款远程公路机动导弹，极大地扩展了导弹的打击范围。"烈火"Ⅴ型导弹是目前印度可携带核弹头的射程最远的导弹，并使印度拥有用同一导弹发射多个核弹头的技术。"烈火"Ⅴ型导弹能装在特制的导弹储存／发射筒中密封保存多年，发射时只需要简单准备就能点火。

第6章
枪　　械

　　枪械是步兵的主要武器，也是其他兵种的辅助武器。在地面战斗中，枪械以发射子弹，打击无防护或弱防护的有生目标为主。现代军队装备的枪械主要包括手枪、突击步枪、狙击步枪、冲锋枪、机枪和霰弹枪等。

美国 M1911 手枪

M1911 手枪是由美国著名枪械设计师约翰·勃朗宁研制的一款半自动手枪，于 1911 年开始服役，曾经是美军在战场上常见的武器，经历了一战、二战以及二战后的多场局部战争。

结构解析

M1911 半自动手枪采用了双重保险，大大增强了安全性，不容易出现走火等事故。其保险装置包括手动保险和握把式保险。手动保险在枪身的左侧，在保险状态时，击锤和阻铁都会被锁紧，且套筒不能复进。而握把式保险则

基本参数	
口径	11.43 毫米
全长	210 毫米
枪管长	127 毫米
枪口初速	251 米／秒
有效射程	50 米
弹容量	7 发

需要用掌心保持一定的按压力度才能让手枪进入战斗状态，而松开保险后手枪无法射击，这种设计使该枪安全性极高。

作战性能

M1911 手枪性能优秀，其 11.43 毫米的大口径能够确保在有效射程内快速让敌人失去战斗能力，而且该手枪的故障率很低，不会在一些关键时刻出问题，这两点对战斗手枪来说非常关键。此外，该手枪结构简单，零件数量较少，而且比较容易拆解，方便维护和保养。M1911 手枪的缺点在于弹匣容量小，而且体积和重量较大，后坐力也偏大。

美国 M9 手枪

M9 手枪是意大利伯莱塔公司于 20 世纪 80 年代为美军设计的一款半自动手枪，由意大利伯莱塔 92F（早期型 M9）及伯莱塔 92FS 衍生而成。

▌▌▌▶ 结构解析

M9 手枪沿用伯莱塔 92F 的设计，采用短行程后坐作用原理、单 / 双动扳机设计，以 15 发可拆式弹匣供弹，保险制及弹匣释放钮左右两面皆可操作。M9 手枪配发 M12 手枪套，但也有士兵采用其他手枪套。2003 年，美国军方推出了 M9 的改进型，名为 M9A1，主要加入了皮卡汀尼导轨以安装战术灯、雷射指示器及其他附件。

基本参数	
口径	9 毫米
全长	217 毫米
枪管长	125 毫米
重量	952 克
弹容量	15 发
有效射程	50 米

▌▌▌▶ 作战性能

M9 系列手枪在风沙、尘土、泥浆及水中等恶劣战斗条件下的适应性强，其枪管的使用寿命高达 10 000 发。该枪从 1.2 米高处落在坚硬的地面上不会出现偶发，一旦在战斗损坏时，较大故障的平均修理时间不超过 30 分钟，小故障不超过 10 分钟。

美国 MEU(SOC) 半自动手枪

MEU(SOC) 手枪是美国海军陆战队以 M1911 手枪为基础改装而来的半自动手枪，由美国海军陆战队精确武器工场的军械工人手工生产。

结构解析

MEU(SOC) 手枪将 M1911A1 手枪的弧形握把背板改为直线形，坡膛抛光并加宽，其他改进还有：从商业途径订购套筒。早期的套筒在前端没有防滑纹，为了便于射手轻推套筒来确认膛内是否有弹，新的套筒在前面增加了防滑纹；扩展抛壳口，以提高可靠性；增加右侧的保险柄；安装了一个纤维材料的后坐缓冲器；握把底部增加了吊环；配用 7 发不锈钢弹匣。

基本参数	
口径	11.43 毫米
全长	210 毫米
枪管长	127 毫米
重量	1.11 千克
有效射程	70 米
弹容量	7 发

作战性能

MEU(SOC) 手枪的后坐缓冲器颇具争议，既有赞扬的声音也有反对的声音。缓冲器可以降低后坐感，在速射时尤其有利，但其本身似乎不太耐用，批评的声音就集中在缓冲器的小碎片容易积累在手枪里面导致出现故障。但大多数陆战队员认为这没多大问题，因为在陆战队里面所有的武器都能得到定时和充分的维护，如果缓冲器破损会很快被发现并在出现问题前更换。

美国"汤普森"冲锋枪

"汤普森"冲锋枪是美军在二战中最著名的冲锋枪，由约翰·汤普森在 20 世纪初期设计，并由美国自动军械公司生产。"汤普森"冲锋枪有多种型号，包括 M1921 型、M1923 型、M1927 型、M1928 型、M1928A7 型、M1 型和 M1A1 型等。

基本参数	
口径	11.43 毫米
全长	850 毫米
枪管长	270 毫米
枪口初速	285 米／秒
有效射程	50 米
弹容量	50 发

结构解析

M1921 型采用半后坐、延迟闭锁系统设计，机匣用整块钢材铣削而成。由于射速高，枪管迅速过热，所以枪管带有散热刻纹，并采用木质前握把。M1923 型装有长方形护木、两脚架、背带及刺刀座，M1927 型是 M1921 型的半自动版本，由 M1921 型替换部分零件改造而成。M1928 型是 M1921 型的改进版，加装了降低射速的零件，瞄具是可调整射程的折叠式觇孔瞄准具。M1928A1 移除木质前握把，改为枪管下的长方形护木、垂直式主握把及备有军用背带。

作战性能

"汤普森"系列冲锋枪的早期版本已经达到 1200 发／分的射速，而 M1921 型有 850 发／分，M1928 型则有 720 发／分，M1 型及 M1A1 型的平均射速为 600 发／分。这使"汤普森"冲锋枪有一个相当沉重的扳机和下降极快的弹药量，也使枪管于自动射击时很容易上扬。相较于现代的 9 毫米冲锋枪，"汤普森"冲锋枪可算是相当沉重，这也是它的主要缺点之一。

美国柯尔特 9 毫米冲锋枪

柯尔特 9 毫米冲锋枪是美国柯尔特公司在 1982 年以 AR-15 系列步枪为蓝本改进而成的，主要装备美国海军陆战队和执法机构，其他国家也有装备。

结构解析

柯尔特 9 毫米冲锋枪采用导气式原理，配用 20 发或 32 发直弹匣，可实施单发或连发射击。该枪有空仓挂机机构，枪口有消焰器。扳机护圈可向下打开，便于射手戴手套时扣压扳机。

基本参数	
口径	9 毫米
全长	730 毫米
枪管长	266 毫米
重量	2.61 千克
有效射程	100 米
弹容量	20、32 发

作战性能

柯尔特 9 毫米冲锋枪的结构紧凑、射击精度好，是美国海军陆战队主要的冲锋枪。该枪短小轻便，直线结构配合低后坐力冲击的 9×19 毫米帕拉贝鲁姆子弹，能够降低枪口上跳，实现高度精确的射击。而紧凑的结构和侵彻力较低的弹药，使得该枪适合在城市、船舶和有大量平民的建筑物（如飞机场、火车站）等环境下使用。柯尔特 9 毫米冲锋枪分解不需要专门工具，而且清洁和维护也很容易。

美国 M1 "加兰德" 半自动步枪

M1 "加兰德" 是世上第一种大量服役的半自动步枪，也是二战中最著名的步枪之一，1957 年被 M14 自动步枪取代。

结构解析

M1 步枪采用导气式工作原理，枪机回转式闭锁方式。导气管位于枪管下方。击锤打击击针使枪弹击发后，部分火药气体由枪管下方靠近末端处一导气孔进入一个小活塞筒内，推动活塞和机框向后运动。M1 步枪的供弹方式比较有特色，装双排 8 发子弹的钢制弹匣由机匣上方压入弹仓，最后一发子弹射击完毕时，枪空仓挂机，弹匣会自动弹出并发出声响，提醒士兵重新装子弹。

基本参数	
口径	7.62 毫米
全长	1100 毫米
枪管长	610 毫米
重量	4.37 千克
弹容量	8 发
枪口初速	853 米／秒

作战性能

与同时代的手动后拉枪机式步枪相比，M1 "加兰德" 步枪的射击速度有了质的提高，并有着不错的射击精度，在战场上可以起到很好的压制作用。此外，该枪可靠性高，经久耐用，易于分解和清洁，在丛林、岛屿和沙漠等战场上都有出色的表现，被公认是二战中最好的步枪之一。美军士兵非常喜爱 M1 "加兰德" 步枪，乔治·巴顿将军还评价它是 "曾经出现过的最了不起的战斗武器"。

美国 M14 自动步枪

M14 是由美国春田兵工厂研制的一款自动步枪，在 20 世纪 50 年代末取代 M1 "加兰德"成为美军制式步枪，现已被 M16 取代，但其改良型仍在服役。

结构解析

M14 步枪部分零件继承自 M1 "加兰德"步枪，采用导气式原理，枪机回转闭锁方式，可选择半自动或全自动射击。其导气装置包括导气箍顶塞、活塞筒、活塞、枪机框和复进簧等。该枪的击发机构包括双钩击锤、扳机和扳机连杆（第一阻铁）以及带阻铁簧的第二阻铁等，

基本参数	
口径	7.62 毫米
全长	1118 毫米
枪管长	559 毫米
重量	4.5 千克
弹容量	5、10、20 发
枪口初速	850 米／秒

整个发射机构一起装在机匣后部，由保险机固定栓固定。M14 步枪备有冬季用扳机、M6 刺刀、M76 枪榴弹发射插座和两脚架等。

作战性能

M14 步枪具有精度高和射程远的优点，使用 7.62×51 毫米北约标准步枪弹，由可拆卸的 20 发弹匣供弹。M14 服役后便在丛林作战中大量使用，由于枪身比较笨重，单兵携带弹药量有限，而且弹药威力过大，全自动射击时散布面太大，难以控制精度，在丛林环境中不如苏联 AK-47 突击步枪（使用中间型威力枪弹），导致评价较差，并且很快停产。此后，经过现代化改造的 M14 才被美军重新起用。

美国 M16 突击步枪

M16 是美国著名枪械设计师尤金·斯通纳设计的一款突击步枪，自 20 世纪 60 年代以来一直是美国陆军的主要步兵武器。

结构解析

M16 的枪管、枪栓和机框为钢制，机匣为铝合金，护木、握把和后托则是塑料。该枪采用导气管式工作原理，但与一般导气式步枪不同，它没有活塞组件和气体调节器，而采用导气管。枪管中的高压气体从导气孔通过导气管直接推动机框，而不是进入独立活塞室驱动活塞。高压气体直接进入枪栓后方机框里的一个气室，再受到枪机上的密封圈阻止，因此急剧膨胀的气体便推动机框向后运动。机框走完自由行程后，其上的开锁螺旋面与枪机闭锁导柱相互作用，使枪机右旋开锁，而后机框带动枪机一起继续向后运动。

基本参数	
口径	5.56 毫米
全长	986 毫米
枪管长	508 毫米
重量	3.1 千克
弹容量	20、30 发
枪口初速	975 米／秒

作战性能

由于 M16 在试验与评价都不够充分的情况下便装备部队，在战场上经常发生卡壳、枪膛严重污垢、枪管与枪膛锈蚀、拉断弹壳、弹匣损坏等故障。这导致 M16 的早期评价极差，但问题很快得到解决。M16A2 步枪和之后的改进型号采用了加厚的枪管，减缓了连续射击时的过热问题，适合持续射击。枪机后方的塑料枪托中设有金属复进簧，可有效缓冲后坐力，使准星不会发生明显的偏移，减轻使用者的疲乏程度。M16A4 步枪设有皮卡汀尼导轨，可安装传统的携带提把、瞄准系统或者各种光学设备，以适应各种作战需求。不过，比起使用导气活塞的步枪，M16 系列需要更频繁的清洁和润滑以保持稳定工作。

装备 M16 突击步枪的美军士兵

美国 M82 狙击步枪

M82 是美国巴雷特公司研制的一款重型特殊用途狙击步枪 (Special Application Scoped Rifle，SASR)，主要有 M82A1、M82A2 和 M82A3 三种型别。

结构解析

M82 采用气动式工作原理，射击时枪管将后坐约 25 毫米，并由回转式枪机安全锁住。短暂后坐后，枪栓被推入弯曲轨，然后扭转将枪管解锁。解锁后，枪机拉臂瞬间退回，枪管转移后坐力的动作完成循环。之后枪管固定且枪

基本参数	
口径	12.7 毫米
全长	1219 毫米
枪管长	508 毫米
重量	14 千克
最大射程	6800 米
枪口初速	853 米／秒

栓弹回，弹出弹壳。当撞针归位，枪机从弹匣引出一颗子弹并送进膛室，而扳机弹回撞针后方位置。该枪的膛室分为上、下两部分，由薄钢板冲压而成并以十字栓固定。枪管设有凹孔增加散热和减重，还装有大而有效的枪口制动器。

作战性能

M82 具有超过 1500 米的有效射程，甚至有过 2500 米的命中纪录，超高动能搭配高能弹药，可以有效摧毁各类战略物资。除了军队以外，美国很多执法机关也钟爱此枪，包括纽约警察局，因为它可以迅速拦截车辆，一发子弹就能打坏汽车发动机，也能很快打穿砖墙和水泥，适合城市战斗。美国海岸警卫队还使用 M82 进行反毒作战，有效打击了海岸附近的高速运毒小艇。

美国 M110 狙击步枪

M110 是美国奈特武器公司（KAC）推出的一款 7.62 毫米半自动狙击步枪，曾被评为"2007 年美国陆军十大发明"之一。

结构解析

M110 狙击步枪采用加长型模块化导轨系统，直接固定在上机匣上，使导轨和机匣一体化，比以往的导轨更稳固，射击时的震动和重复装卸时产生的偏差很小，而且下导轨也可自由装卸。此外，M110 狙击步枪的弹匣释放按钮和保险、拉机柄均可两面操作。为防止被热成像仪发现，M110 半自动狙击手系统从武器到附件表面均为深土黄色。

基本参数	
口径	7.62 毫米
全长	1029 毫米
枪管长	508 毫米
重量	6.91 千克
弹容量	20 发
枪口初速	783 米／秒

作战性能

许多人都觉得 M110 狙击步枪只是美国陆军装备库内的一种可选武器，而非完全替代已经久经考验的 M24 狙击步枪。此外，对于半自动狙击步枪是否适合专业狙击手也受到质疑，因为根据一些美军狙击手在伊拉克使用半自动狙击步枪的情况来看，这种武器更适合在城市战里使用。在阿富汗和伊拉克执行作战任务的美军都装备了 M110 狙击步枪。有的士兵认为，M110 狙击步枪的半自动发射系统过于复杂，反不如运动机件更少的 M24 狙击步枪精度高。

美国 TAC-50 狙击步枪

TAC-50 是美国麦克米兰兄弟步枪公司研制的一款手动狙击步枪/反器材步枪，2000 年被加拿大军队选为制式武器。

结构解析

TAC-50 狙击步枪采用旋转后拉式枪机，装有比赛级浮置枪管，枪管表面刻有线槽以减轻重量，枪口装有高效能制动器以缓冲 12.7 毫米子弹的强大后坐力，由可装 5 发子弹的可分离式弹仓供弹，采用麦克米兰玻璃纤维强化塑胶枪托，枪托前端装有两脚架，尾部装有特制橡胶缓冲垫，

基本参数	
口径	12.7 毫米
全长	1448 毫米
枪管长	736 毫米
重量	11.8 千克
有效射程	2000 米
枪口初速	850 米／秒

整个枪托尾部可以拆下以方便携带。握把为手枪型，扳机是雷明顿式扳机，扳机力约 1.6 千克。

作战性能

TAC-50 狙击步枪使用的 12.7×99 毫米 NATO 子弹破坏力惊人，狙击手可用来对付装甲车辆和直升机。该枪还因其有效射程远而闻名世界。2002 年，加拿大军队的罗布·福尔隆下士在阿富汗山区使用 TAC-50 狙击步枪在 2430 米距离击中一名 RPK 机枪手，创出当时最远狙击距离的世界纪录，至 2009 年 11 月才被英军下士克雷格·哈里森以 2475 米的距离打破。

美国 M60 通用机枪

M60 是美国于 20 世纪 50 年代研制的通用机枪，堪称世界上最著名的机枪之一。除美军装备外，英国、意大利、韩国、澳大利亚等三十多个国家的军队也有装备。

结构解析

M60 通用机枪采用了气冷、导气和开放式枪机设计，采用 7.62×51 毫米子弹的 M13 弹链供弹。在枪管上附加有两脚架，而且可以更换更加稳定的三脚架。M60 通用机枪的射程较远，有效射程可达 1100 米，瞄准装置采用的是可调式标尺型照门和固定式准星，后期型也可以通过导轨加装各类瞄准具。

基本参数	
口径	7.62 毫米
全长	1105 毫米
枪管长	560 毫米
重量	12 千克
弹容量	250 发
有效射程	1100 米

作战性能

M60 通用机枪虽然总体性能较佳，但也出现了一些设计上的缺点，例如早期型 M60 的机匣进弹有问题，需要托平弹链才能正常射击。该枪的空枪重量达到 12 千克，再加上弹药和其他装备，对士兵来说负重过大不利于机动。该枪 550 发 / 分的射速也相对较低，在压制敌人火力点的时候有点力不从心，且不能对射速进行调整。早期型的 M60 更换枪管还需要戴耐热手套，浪费了大量的宝贵时间，在战斗中容易留下较长的火力空隙。

美国 M2 重机枪

M2 重机枪由美国著名枪械设计师约翰·勃朗宁设计，1923 年被美国军队采用作为制式装备。之后因枪管容易过热而改用重枪管并命名为M2HB，后来又推出了可快速更换枪管的 M2QCB 及轻量化版本，各版本一直沿用至今。

结构解析

M2 重机枪的结构非常独特，采用枪管短后坐式工作原理，卡铁起落式闭锁。射击时，随着弹头沿枪管向前运动，在膛内火药气体压力作用下，枪管和枪机同时后坐。M2 重机枪采用简单的片状准星和立框式表尺，准星和表尺都安置在机匣上。

基本参数	
口径	12.7 毫米
全长	1650 毫米
枪管长	1140 毫米
重量	38 千克
枪口初速	930 米／秒
有效射程	1830 米

作战性能

M2 重机枪发射 12.7×99 毫米 (.50 BMG) 大口径子弹，具有高火力、弹道平稳、极远射程的优点，每分钟 450～550 发的射速及后坐作用系统令其在全自动发射时十分稳定，命中率也较高，但低射速也令 M2 重机枪的支援火力降低。M2 重机枪发射 M2 普通子弹时的最大射程可达 7.4 千米，装上 M3 三脚架也有 1.8 千米的有效射程。M2 重机枪的用途广泛，为了对应不同配备，它可在短时间内变为机匣右方供弹，而无须专用工具。

美国 M249 轻机枪

　　M249 轻机枪是美国以比利时国营赫斯塔尔工厂的 FN Minimi 轻机枪改良而成，又被称为 M249 班用自动武器。

结构解析

　　M249 采用开放式枪机及气动式原理运作，当扣动扳机时，枪机和枪机连动座在受到复进簧的推力下向前移动，子弹脱离弹链并进入膛室，击针击发子弹后膨胀气体经枪管进入导气管回到枪机内，并使弹壳、弹链扣排出，同时拉入弹链及带动枪机和枪机连动座回到待击状态，多余的气体会在导气管末端排气口排出。

基本参数	
口径	5.56 毫米
全长	1041 毫米
枪管长	521 毫米
重量	7.5 千克
枪口初速	915 米／秒
有效射程	1000 米

作战性能

　　M249 的枪管可快速更换，令机枪手在枪管故障或过热时无须浪费时间修理，护木下前方装有折叠式两脚架以利于部署定点火力支援，也可对应固定式三脚架及车用射架。M249 对应弹链及 STANAG 弹匣供弹，机枪手在缺乏弹药等紧急情况时可向其他装备 M16 步枪或 M4 卡宾枪的士兵借用弹匣来射击。美军士兵对 M249 的使用意见不一，有人认为 M249 有耐用和火力强大的优点，也有人认为 M249 在卧姿射击时能够满足一般轻机枪用途，但是在抵腰和抵肩射击时较难控制。

美国雷明顿 870 霰弹枪

雷明顿 870 霰弹枪是美国雷明顿公司于 20 世纪 50 年代研制的一款泵动式霰弹枪，在军队、警队及民间市场都颇为常见。

结构解析

M870 采用推拉式枪机、双动式结构、内部击锤设计，枪管内延长式枪机闭锁。管式弹仓在枪管下部，从底部装弹，弹壳从机匣右侧排出。其机匣、扳机系统、保险制及套筒释放钮与雷明顿 7600 系列相似，部分零件可与雷明顿 1100 互换。该枪的金属零件经过磷化或黑色阳极氧化处理，并配有光滑的塑料枪托。光滑的加长下护木加工有手指沟槽，弹匣前端加工成阶梯形，可作为制式 M7 刺刀的环座，刺刀卡笋可作为背带环。

基本参数	
口径	18.52 毫米
全长	1060 毫米
枪管长	533 毫米
重量	3.5 千克
弹容量	8 发
有效射程	40 米

作战性能

M870 霰弹枪的结构紧凑，价格合理，在恶劣气候条件下的耐用性和可靠性较好。尤其是改进型 M870 霰弹枪，采用了许多新工艺和附件，性能得到进一步提升。在进入建筑或防守时，M870 霰弹枪具有超高的性能，受到了常规部队和特种部队的青睐。

俄罗斯"马卡洛夫"手枪

"马卡洛夫"手枪由尼古拉·马卡洛夫设计，20世纪50年代初成为苏联军队的制式手枪，目前仍在俄罗斯和其他许多国家的军队及执法部门中被大量使用。

结构解析

"马卡洛夫"手枪采用自由枪机式自动方式，击发机构为击锤回转式，双动发射机构。保险装置包括有不到位保险，外部有手动保险机柄。钢质弹匣可容纳8发手枪弹，弹匣壁镂空，既减轻了重量也便于观察余弹数，并有空仓挂机能力。

基本参数	
口径	9 毫米
全长	161.5 毫米
枪管长	93.5 毫米
枪口初速	315 米／秒
有效射程	50 米
弹容量	8 发

作战性能

"马卡洛夫"手枪的结构比较简单，具有质量小、体积小和便于携带等优点。该枪采用固定式片状准星和缺口式照门，在15～20米内时有最佳的射击精度和杀伤力。"马卡洛夫"手枪最明显的缺点是较弱的杀伤力，以及小容量的弹匣。

俄罗斯"托卡列夫"手枪

　　"托卡列夫"手枪是由苏联著名枪械设计师托卡列夫于 1930 年设计的一款半自动手枪，主要有 TT-30 和 TT-33 两种型号。

结构解析

　　TT-30 手枪使用 7.62×25 毫米手枪子弹，在外观和内部机械结构方面，与比利时 FN M1903 手枪有异曲同工之妙，不过不同的是 TT-30 手枪发射子弹时枪机后坐距离较短。TT-30 手枪在开始生产后简化了一些设计，如枪管、扳机释放钮、扳机及底把等，更易于生产，这种改进型名为 TT-33。为了降低生产成本，苏联在 1946 年再一次对 TT-33 手枪进行了简化设计。

基本参数	
口径	7.62 毫米
全长	194 毫米
枪管长	116 毫米
枪口初速	480 米／秒
有效射程	50 米
弹容量	8 发

作战性能

　　"托卡列夫"手枪具有火力强大、成本低廉，握持及携带方便、易于装配和拆卸及可靠性强等优点，而其缺点在于没有保险装置，子弹缺乏足够的制止力。

俄罗斯斯捷奇金自动手枪

斯捷奇金自动手枪 (Automaticheskij Pistolet Stechkin，APS) 是苏联于 20 世纪 50 年代研制的冲锋手枪，是当时世界上唯一被列为制式军用的冲锋手枪。

结构解析

为了在全自动射击时容易控制，APS 在握把内安装了一个插棒式弹簧缓冲器，并把套筒后坐行程延长到相当于"马卡洛夫"手枪弹长度的两倍，使理论射速降低到 600 发 / 分。为了进一步增大射程和提高全自动射击时的散布

基本参数	
口径	9 毫米
全长	225 毫米
枪管长	140 毫米
枪口初速	340 米 / 秒
有效射程	50 米
弹容量	20 发

精度，APS 还采用了一种可驳接到手枪上充当枪托的硬壳式枪套，既可以通过腰带卡把枪套挂在腰上，也可以通过手枪握把尾端的引导槽驳接枪套，当作枪托使用。

作战性能

APS 在 1953 年至 1954 年大量装备给苏军的炮兵、坦克 / 装甲输送车的车组、步兵中的 RPG-7 射手、前线军官等军事人员。苏军部队发现此枪存在多种问题，如体积过大、枪托式枪套太重导致其不方便携带以及火力不足等。因此 APS 在 20 世纪 70 年代从常规部队撤装，并成为储备武器。而俄罗斯特种部队及多个执法部队则装备至今。

俄罗斯 PPSh-41 冲锋枪

PPSh-41 冲锋枪（又称"波波莎"冲锋枪）是二战期间苏联生产数量最多的武器之一，在斯大林格勒战役中，它起到了非常重要的作用，成为苏军步兵标志性装备之一。

结构解析

PPSh-41 冲锋枪采用自由式枪机原理，开膛待击，带有可进行连发、单发转化的快慢机，发射 7.62 × 25 毫米托卡列夫手枪弹，这种子弹是苏联手枪和冲锋枪使用的标准弹药。

基本参数	
口径	7.62 毫米
全长	843 毫米
枪管长	269 毫米
枪口初速	488 米／秒
有效射程	150 米
弹容量	71 发

作战性能

PPSh-41 能够以 1000 发 / 分的射速射击，射速与当时其他大多数军用冲锋枪相比而言是非常高的。该枪的设计以适合大规模生产与结实耐用为首要目标，对成本则未提出过高要求，因此 PPSh-41 上出现了木质枪托枪身。沉重的木质枪托和枪身使 PPSh-41 的重心后移，从而保证枪身的平衡性，而且可以像步枪一样用于格斗，同时还特别适合在高寒环境下握持。

俄罗斯 PPS-43 冲锋枪

PPS-43 冲锋枪是苏联在二战期间生产的冲锋枪，1943 年被列为苏联制式冲锋枪。该枪从 1943 年开始生产直到二战结束，总产量超过了 100 万支。

结构解析

PPS-43 冲锋枪采用自由枪机式工作原理，开膛待击，只能连发射击。保险手柄位于机匣下方、扳机护圈的右侧，可将枪机锁定于前方或后方位置。PPS-43 冲锋枪使用较短的金属折叠式枪托，供弹方式为 35 发弧形弹匣，发射 7.62 毫米托卡列夫手枪弹或 7.63 毫米毛瑟手枪弹。

基本参数	
口径	7.62 毫米
全长	820 毫米
枪管长	243 毫米
枪口初速	500 米／秒
有效射程	150 米
弹容量	35 发

作战性能

受战争形势影响，PPS-43 冲锋枪被设计成只使用当时的现有机器和材料就能生产，这是它最大的优点之一。PPS-43 冲锋枪大部分部件采用钢板冲压、焊接、铆接制成，具有结构简单、加工及操作方便等特点。该冲锋枪采用机械瞄准具，包括 L 形翻转式表尺、方形缺口式照门，射程装定为 100 米和 200 米。

俄罗斯 AK-47 突击步枪

AK-47 是由苏联著名枪械设计师卡拉什尼科夫设计的一款突击步枪，20 世纪 50 年代至 80 年代一直是苏联军队的制式装备。

结构解析

AK-47 采用导气式自动原理、回转式闭锁枪机，导气管位于枪管上方，通过活塞推动枪机动作。保险/快慢机柄在机匣右侧，可以选择半自动或者全自动的发射方式，拉机柄位于机匣右侧。该枪由弧形弹匣供弹，可装 30 发子弹。

基本参数	
口径	7.62 毫米
全长	870 毫米
枪管长	415 毫米
重量	4.3 千克
弹容量	30 发
枪口初速	710 米/秒

作战性能

与二战时期的步枪相比，AK-47 的枪身短小、射程较短（约 300 米）、火力强大，适合较近距离的突击作战的战斗。它的枪机动作可靠，即使在连续射击时或有灰尘等异物进入枪内时，它的机械结构仍能保证它继续工作。在沙漠、热带雨林、严寒等极度恶劣的环境下，AK-47 仍能保持相当好的效能。此外，该枪结构简单，易于分解、清洁和维修。AK-47 的主要缺点是全自动射击时枪口上扬严重，导致射击精度较差，特别是 300 米以外的目标难以准确射击，连发射击精度更低。

使用 AK-47 突击步枪的警察

俄罗斯 AK-74 突击步枪

AK-74 是卡拉什尼科夫于 20 世纪 70 年代研制的一款突击步枪，它是苏联装备的第一种小口径突击步枪，直至现在仍是许多国家的制式步枪。

结构解析

AK-74 采用了与 AK-47 相同的导气式原理和回旋机枪闭锁方式，50% 的零部件与 AK-47 的改进型 AKM 的零部件相同。AK-74 为发射 5.45 毫米子弹进行了相应的修改，机匣使用模压金属片制成，极其耐用。在外形上基本与 AK-47 相同，最大的区别是采用结构复杂的圆柱形枪口制退器，利用火药气体具有制退和减震的作用，以利于提高射击精度。

基本参数	
口径	5.45 毫米
全长	943 毫米
枪管长	415 毫米
重量	3.3 千克
弹容量	20、30、45 发
枪口初速	900 米／秒

作战性能

与 AK-47 和 AKM 相比，AK-74 的口径更小，射速提高，后坐力减小。由于使用小口径弹药并加装了枪口装置，AK-74 的连发散布精度大大提高，不过单发精度仍然较低，而且枪口装置导致枪口焰比较明显，尤其是在黑暗中射击。此外，AK 系列枪机撞击机匣的问题依然没有解决，且仍采用缺口式照门，射击精度仍低于一些西方枪械。但 AK-74 仍不失为一把优秀的突击步枪，它使用方便，未经过训练的人都能很轻松地进行全自动射击。

俄罗斯 SVD 狙击步枪

　　SVD 狙击步枪是苏联设计师德拉贡诺夫研制的一款半自动狙击步枪，也是现代第一支为支援班排级狙击与长距离火力支援用途而专门制造的狙击步枪。

结构解析

基本参数	
口径	7.62 毫米
全长	1225 毫米
枪管长	620 毫米
重量	4.3 千克
有效射程	800 米
枪口初速	830 米 / 秒

　　SVD 狙击步枪采用导气式工作原理，其发射机构可视为 AK-47 突击步枪的放大版本，但更为简单。为了提高射击精度，该枪采用短行程活塞的设计，导气活塞单独地位于活塞筒中，在火药燃气压力下向后运动，撞击机框使其后坐，这样可以降低活塞和活塞连杆运动时引起的重心偏移。由于 SVD 发射的弹药威力比 AK-47 配用的弹药威力大得多，因此重新设计了枪机机头，并强化以承受高压。不过由于只能单发射击，所以击发机构比较简单。

作战性能

　　随着莫辛 – 纳甘 M1891/30 狙击步枪的退役，SVD 狙击步枪成为苏军的主要精确射击装备。但由于苏军狙击手是随同大部队进行支援任务，而不是以小组进行渗透、侦查、狙击，以及反器材 / 物资作战，因此 SVD 狙击步枪发挥的作用有限，仅仅将班排单位的有效射程提升到 800 米，更远距离的射击能力则受限于 SVD 狙击步枪的光学器材与枪支性能。即便如此，SVD 狙击步枪的可靠性仍然是公认的，这使 SVD 狙击步枪被长期而广泛地使用，在许多局部冲突中都曾出现。

俄罗斯 DP 轻机枪

　　DP 轻机枪是由苏联工兵中将瓦西里·捷格加廖夫主持设计的轻机枪，1928 年装备苏联红军。1944 年，DP 轻机枪被改进为 DPM。DP/DPM 轻机枪是苏联在二战中装备的主要轻机枪。

结构解析

　　DP 轻机枪采用导气式工作原理，闭锁机构为中间零件型闭锁卡铁撑开式。闭锁时，靠枪机框复进将左右两块卡铁撑开，锁住枪机。圆状弹盘是 DP 轻机枪最大的特征，它平放在枪身的上方，由上下两盘合拢构成。发射机构只能进行连发射击，有手动保险。DPM 与 DP 没有

基本参数	
口径	7.62 毫米
全长	1270 毫米
枪管长	604 毫米
枪口初速	840 米／秒
有效射程	800 米
弹容量	60 发

太大差别，仍采用弹盘供弹，但是在机匣后端配用弹簧缓冲器，加装厚管壁重型枪管，并采用可长时间射击的金属弹链。

作战性能

　　DP 轻机枪的结构比较简单，只有 65 个零件，制造工艺要求不高，适合大量生产，这也是它被苏军广泛采用的原因之一。在苏德战争期间，DP 轻机枪伴随苏军参加了每次重大军事行动，得到士兵们的普遍赞誉。不过，DP 轻机枪连续射击后会因枪管发热致使枪管下方的复进簧受热而改变性能，影响武器的正常工作。

俄罗斯 RPK 轻机枪

RPK 是苏联枪械设计师卡拉什尼科夫以 AKM 突击步枪为基础发展而来的轻机枪，其名称是"卡拉什尼科夫轻机枪"的缩写。

结构解析

RPK 轻机枪沿用了 AKM 突击步枪著名的冲铆机匣，枪支内部的冲压件比例大幅度提高，并把铆接改为焊接。RPK 轻机枪的弹匣为轻合金制成，并能够与原来的钢质弹匣通用，后期还研制了一种玻璃纤维塑料压模成型的弹匣。该枪的护木、枪托和握把均采用树脂合成材料，以降低枪支重量并增强结构。

基本参数	
口径	7.62 毫米
全长	1040 毫米
枪管长	590 毫米
枪口初速	745 米／秒
有效射程	1000 米
弹容量	100 发

作战性能

RPK 轻机枪保持着 AK-47 突击步枪的良好效能及可靠性的传统，其有效射程及枪口初速比 AK-47 突击步枪高，枪口装有新型制退器用以降低连续射击时的后坐力，备有可提高射击精确度及方便卧姿射击的折叠两脚架。由于射程较远，其瞄准具还增加了风偏调整。

俄罗斯 PK 通用机枪

PK 通用机枪是卡拉什尼科夫在 20 世纪 60 年代所设计的一款通用机枪，用于取代当时设计老旧的 RPD 轻机枪和 SG-43 机枪。1969 年，卡拉什尼科夫推出了改进型 PKM。

结构解析

PK 通用机枪的原型是由 AK-47 突击步枪改进而成，两者的气动系统及回转式枪机闭锁系统相似。改进型 PKM 的枪管较轻，没有凹槽，枪托底板上有翻转式的支肩板，很容易识别。PK 通用机枪大幅度减轻了枪身的重量，枪机容

基本参数	
口径	7.62 毫米
全长	1173 毫米
枪管长	658 毫米
枪口初速	825 米／秒
有效射程	1000 米
弹容量	25 发

纳部用钢板压铸成型，枪托中央挖空，并在枪管外围刻了许多沟纹，PK 通用机枪仅重 9 千克，而 PKM 只有 8.4 千克。PK 通用机枪发射 7.62 ×54 毫米子弹，弹链由机匣右边进入，弹壳在左边排出。

作战性能

PK 通用机枪发射 7.62×54 毫米子弹，弹链由机匣右边进入，弹壳在左边排出。PK 通用机枪的设计除可用作一般射击有生目标外，也可作为防空机枪用途。当时苏军的 7.62×54 毫米子弹链主要为 25 发，士兵大多需要手动连接。

英国"斯特林"冲锋枪

"斯特林"是英国斯特林军备公司于 20 世纪 40 年代研制的冲锋枪，1953 年 8 月被英国军方作为制式武器，并命名为 L2A1。之后经过了数次的改良，出现了 L2A2 和 L2A3 等改进型。

结构解析

"斯特林"冲锋枪的结构简单，属于反冲式设计。该枪的突出特征在于其圆管形枪机容纳部下方的垂直型握柄，以及枪机容纳部左侧装设的香蕉型弹匣。握柄上附有一个选择钮，可以进行全自动与半自动射击模式的切换。折叠式枪托的形状很特殊，可以说是一种很独特

基本参数	
口径	9 毫米
全长	686 毫米
枪管长	196 毫米
最大射速	550 发／分
有效射程	200 米
弹容量	34 发

的设计。此外，圆管形枪机容纳部的前半部有许多小孔，能够增加散热能力。该枪在护木前端的下方，可以装上刺刀。

作战性能

"斯特林"冲锋枪较"斯登"冲锋枪有了很大进步，其保留了"斯登"冲锋枪结构简单、加工容易的优点，同时缩小了体积和减轻了质量。"斯特林"冲锋枪的瞄准基线更长，射速更低，对提高射击精度有利，侧向安装的弹匣降低了火线高度，有利于减小卧姿射击时射手的暴露面积。该枪的另一个优点是弹容量大，火力持续性好。

英国 AW 狙击步枪

AW 狙击步枪是英国精密国际公司"北极作战"系列狙击步枪的基本型，自 20 世纪 80 年代一直服役至今，拥有众多改进型。

结构解析

AW 标准型的机匣长 225 毫米，圆柱部直径 30.5 毫米，抛壳口位于机匣右侧，长 78 毫米。机匣由一整块实心的锻压碳钢件机加而成，壁厚，底部和两侧较平，整体式的瞄准镜导轨通过机加生产在机匣顶部。机匣通过弹匣座附近的螺丝固定在一个铝合金底座上。机头上周向均匀排列有 3 个经过热处理的闭锁凸笋，闭锁时枪机旋转 60°，通过 3 个闭锁凸笋与固定在机匣前桥上的闭锁环扣合而实现闭锁。

基本参数	
口径	7.62 毫米
全长	1180 毫米
枪管长	660 毫米
重量	6.5 千克
有效射程	800 米
枪口初速	850 米／秒

作战性能

AW 的枪机操作快捷，只需向上旋转 60° 和拉后 107 毫米，这种设计的优点很明显：射手在操作枪机时头部能始终靠在托腮处，因而狙击手可以一边保持瞄准镜中的景象一边抛出弹壳和推弹进膛。而且该枪机还具有防冻功能，即使在 –40℃ 的温度中仍能可靠地运作，而这一点也是英军特别要求的。事实上，"北极作战"的名称便源于其在严寒气候下良好的操作性。

英国"布伦"轻机枪

"布伦"轻机枪是英国在二战中装备的主要轻机枪，也是二战中最好的轻机枪之一，1938 年开始生产。

结构解析

"布伦"轻机枪采用导气式工作原理，枪机偏转式闭锁方式。枪口装有喇叭状消焰器，在导气管前端有气体调节器，并设有 4 个调节挡，每挡对应不同直径的通气孔，可以调整枪弹发射时进入导气装置的火药气体量。其拉机柄可折叠，并在拉机柄 / 供弹口、抛壳口等机匣开口处设有防尘盖。

基本参数	
口径	7.7 毫米
全长	1156 毫米
枪管长	635 毫米
枪口初速	744 米／秒
有效射程	550 米
弹容量	20 发

作战性能

"布伦"轻机枪的口径为 7.7 毫米（后改为 7.62 毫米型，另外还有 7.92 毫米型），能够发射英军标准步枪弹，使用 20 发弹匣供弹。该机枪良好的适应能力使得它的使用范围十分广泛，在进攻和防御中都被使用，在战争中被证明是世界上最好的轻机枪之一。

法国 MAT-49 冲锋枪

MAT–49 冲锋枪是由法国日蒂勒兵工厂制造，法国军队在 1949–1979 年使用的冲锋枪，主要发射 9×19 毫米鲁格弹。

结构解析

与二战之前法国军队所装备的冲锋枪不同，MAT–49 冲锋枪的零部件大都采用了钢板冲压成型制造，简化了生产工艺。MAT–49 冲锋枪具有一个钢条制造的可伸缩式设计枪托，当枪托伸展后的长度是 720 毫米，而枪管长度是 230 毫米。弹匣及弹匣插座可以充当前握把，可以向前以 45° 角折叠，然后和枪管向前平行，这种设计适合伞兵安全携带。

基本参数	
口径	9 毫米
全长	720 毫米
枪管长	230 毫米
重量	3.5 千克
最大射速	600 发／分
弹容量	35 发

作战性能

MAT–49 冲锋枪坚固耐用，故障率低，即使枪托处于伸展状态，外形也十分紧凑。当弹匣座向前折叠时，不但利于携带，也因无法供弹而避免了走火的可能，配合握把上设置的握把保险，使其具有出色的安全性能。此外，射击时操控感很好，采用点射时，对 50 米左右的目标也有相当高的精度。

法国 FAMAS 突击步枪

FAMAS 是法国军队的一款制式突击步枪，也是世界上著名的无托式步枪之一。

结构解析

FAMAS 步枪采用延迟后座式自动原理、闭锁待击和无托结构。整个枪体采用层压技术制造，钢质零件都进行了表面磷化处理，轻合金制成的机匣则进行了阳极化处理。黑色塑料制的下护木连接着枪管和机匣，延伸至弹匣入口，扳机机构和手枪形握把安装在弹匣入口前方。上护木的外形很独特，包括了方拱形塑料提把和 1 个很轻的管状铝合金两脚架。机械瞄准具设在提把上，由提把两侧的护板保护。提把上还配有瞄准镜座，可以安装各种光学瞄准装置。

基本参数	
口径	5.56 毫米
全长	757 毫米
枪管长	488 毫米
重量	3.8 千克
弹容量	25 发
枪口初速	925 米／秒

作战性能

法国军队认为 FAMAS 在战场上非常可靠，不管是在近距离的突发冲突还是中远距离的点射，FAMAS 都有着优良的表现。该枪有单发、三发点射和连发三种射击方式，射速较快，弹道非常集中。FAMAS 不需要安装附件即可发射枪榴弹。不过，FAMAS 的子弹太少，火力持续性差。瞄准基线较高，如果加装瞄准镜会更高，不利于隐蔽。此外，其枪膛靠后，离射手头部较近，发射时噪声大，抛出的弹壳和烟雾会影响射手。

法国 FR-F2 狙击步枪

FR-F2 是 FR-F1 狙击步枪的改进型，从 20 世纪 80 年代中期开始逐步取代 FR-F1 装备法国军队，目前仍是法国军队的主要武器之一。

结构解析

FR-F2 的基本结构如枪机、机匣、发射机构都与 FR-F1 一样。主要改进之处是改善了武器的人机工效，如在前托表面覆盖无光泽的黑色塑料；两脚架的架杆由两节伸缩式架杆改为三节伸缩式架杆，以确保枪在射击时的稳定，有利于提高命中精度。另外在枪管外增加了一个用

基本参数	
口径	7.62 毫米
全长	1200 毫米
枪管长	650 毫米
重量	5.3 千克
弹容量	10 发
枪口初速	820 米／秒

于隔热的塑料套管，目的是减少使用时热辐射或因热辐射产生的薄雾对瞄准镜及瞄准视线的干扰，同时还降低了武器的红外特征，便于隐蔽射击。FR-F2 没有机械瞄准具，只能使用光学瞄准镜进行瞄准射击，除配有 4 倍白光瞄准镜，还配有夜间使用的微光瞄准镜，从而具有全天候作战性能。

作战性能

FR-F2 在 FR-F1 基础上所做的改进使其整体性能得到极大提高，也使其成为当今世界最优秀的狙击步枪之一。该枪射击稳定性好、精度高、威力大，子弹初速可达 820 米 / 秒，而且声音较小，非常适合隐蔽作战。另外，FR-F2 还装有防热设置，大幅提高了在恶劣环境下的可靠性。

德国毛瑟 C96 手枪

毛瑟 C96 手枪是德国毛瑟公司在 1896 年推出的一款半自动手枪，德军在两次世界大战中都有使用。

结构解析

毛瑟 C96 手枪在击发时，后坐力使得枪管及枪机向后运动，此时枪膛仍然处于闭锁状态。由于闭锁榫前方是钩在主弹簧上，因此有一小段自由行程。由于闭锁机组上方的凹槽，迫使闭锁榫向后运动时，只能顺时针向下倾斜，因此脱出了枪机凹槽。此时，枪管兼滑套因为闭锁榫仍套在其下，后退停止。枪机则因为闭锁榫脱出，得以自由行动，完成抛壳等动作。

基本参数	
口径	7.63 毫米
全长	312 毫米
枪管长	140 毫米
枪口初速	425 米／秒
有效射程	200 米
弹容量	10 发

作战性能

虽然毛瑟 C96 手枪的短后坐力原理提高了枪弹速度，但也使大量火药在枪口爆燃，枪口上跳的问题严重。毛瑟 C96 手枪的力矩偏下，使用起来比较费力。另外，弹匣前置导致整支手枪的体积过大，作为步枪又威力太小，而手枪主要是配备给德军军官和炮兵的，毛瑟 C96 手枪自然不及精致小巧的鲁格 P08 手枪那么有吸引力。

德国鲁格 P08 手枪

鲁格 P08 手枪由美籍德国人格奥尔格·鲁格于 1898 年设计，并在 1900 年起由德国武器及弹药兵工厂投入生产。在两次世界大战中，鲁格 P08 手枪都被选作德国军官的自卫手枪。

结构解析

作为最早的半自动手枪之一，鲁格 P08 手枪采用了较为独特的肘节式起落闭锁设计，击发时枪机会像肘关节一样曲起。鲁格 P08 手枪有两种口径可供选择，分别为 7.65 毫米口径型及 9 毫米口径型。1906 年，鲁格也曾推出过 11.43 毫米口径型版本，但最后并没有投产。

基本参数	
口径	9 毫米
全长	222 毫米
枪管长	98 毫米
重量	871 克
有效射程	50 米
枪口初速	400 米／秒

作战性能

鲁格 P08 手枪是两次世界大战中最具代表性的手枪之一，其做工精细、线条优美、性能可靠、质地优良，不过也有着成本造价高、结构复杂、战场上细小精密零件易遗失等不尽如人意之处。

德国瓦尔特 P38 手枪

瓦尔特 P38 手枪是由德国瓦尔特公司在 20 世纪 30 年代研制的一种 9 毫米半自动手枪，在二战期间被广泛使用。

结构解析

瓦尔特 P38 手枪是第一款采用双动发射机构的后膛闭锁手枪，可在枪弹上膛且击锤向下时携带，此时只需扣动扳机即可发射第一发弹。枪身的铭文内容标于套筒左侧，序列号标于套筒左侧以及套筒座左侧、扳机护圈前方。保险位于套筒后部左侧，弹匣扣位于握把左侧、扳机后方。

基本参数	
口径	9 毫米
全长	216 毫米
枪管长	125 毫米
重量	800 克
有效射程	50 米
枪口初速	365 米／秒

作战性能

瓦尔特 P38 手枪运用了与多种现代半自动手枪类似的设计，包括意大利伯莱塔 92 手枪。在紧急情况下，迅速开火比瞄准更重要，瓦尔特 P38 手枪只需简单的扣动扳机就可以完成竖起击铁和射出枪膛里的子弹这一系列动作。

德国瓦尔特 P1 手枪

瓦尔特 P1 手枪是二战时期德军使用的瓦尔特 P38 手枪的改进型，有民用型和军用型两种，其中军用型于 1957 年成为德军制式武器。

结构解析

瓦尔特 P1 手枪的自动方式为枪管短后坐式，闭锁方式为闭锁卡铁式。在套筒尾部、击锤上方设有指示杆，可指示膛内是否有弹。与瓦尔特 P38 手枪不同，瓦尔特 P1 手枪的套筒座用硬铝制成，击针也有所改进，故不能同瓦尔特 P38 手枪互换。瓦尔特 P1 手枪发射 9 毫米帕拉贝鲁姆手枪弹，采用 U 形缺口照门表尺，片状准星。

基本参数	
口径	9 毫米
全长	218 毫米
枪管长	124 毫米
重量	772 克
有效射程	50 米
枪口初速	350 米／秒

作战性能

瓦尔特 P1 手枪可以双动击发，也可单动击发，有空仓挂机机构。这种手枪的枪管和滑套的锁耳是互相独立的，而且由于枪管具有水平低反冲的特性，因此命中率可以说是相当高的。

德国 HK USP 手枪

HK USP 手枪是德国黑克勒·科赫公司研发的一种半自动手枪，该枪性能优秀，被多个国家的军队选为制式武器。

结构解析

HK USP 手枪由枪管、套筒座、套筒、弹匣和复进簧组件 5 个部分组成，共有 53 个零件。其滑套是以整块高碳钢加工而成，表面经过高温和氮气处理，具有很强的防锈和耐磨性。该枪的枪身由聚合塑胶制成，为避免滑套与枪身重量分布不均，在枪身内衬了钢架降低重心，以增强射击稳定性。

基本参数	
口径	9/10/11.43 毫米
全长	194 毫米
枪管长	108 毫米
空枪重量	748 克
有效射程	50 米
枪口初速	340 米／秒

作战性能

HK USP 手枪的撞针保险和击锤保险为模块式，且扳机组带有多种功能，能依射手的习惯进行选择。该枪的结构合理，动作可靠，经过双重复进簧装置抵消后坐力，其快速射击时的精度也大大提高，而且还可加装多种战术组件，大大增强了在特殊环境下的作战性能。

德国 MP40 冲锋枪

　　MP40 是二战期间德国军队使用最广泛、性能最优良的冲锋枪,在 1940 年至 1945 年服役。

结构解析

　　MP40 冲锋枪发射 9 毫米鲁格弹,以直形弹匣供弹,采用开放式枪机原理、圆管状机匣,移除枪身上传统的木质组件,握把及护木均为塑料。该枪的折叠式枪托使用钢管制成,可以向前折叠到机匣下方,以便于携带。在装甲车的射孔向外射击时,可利用枪管底部的钩状座固定在车体上。

基本参数	
口径	9 毫米
全长	833 毫米
枪管长	251 毫米
重量	4 千克
有效射程	100 米
最大射速	500 发／分

作战性能

　　MP40 冲锋枪在德军作战部队中非常受欢迎,在近距离作战中可提供密集的火力,不但装备了装甲部队和伞兵部队,在步兵单位的装备率也不断增加,也是优先配发给一线作战部队的武器。

德国 MP5 冲锋枪

MP5 冲锋枪是德国黑克勒·科赫公司于 20 世纪 60 年代研制的一款冲锋枪，也是黑克勒·科赫最著名及制造量最多的枪械产品之一。

结构解析

MP5 冲锋枪采用了与 HK G3 自动步枪一样的半自由枪机和滚柱闭锁方式，当武器处于待击状态在机体复进到位前，闭锁楔铁的闭锁斜面将两个滚柱向外挤开，使之卡入枪管节套的闭锁槽内，枪机便闭锁住弹膛。射击后，在火药气体作用下，弹壳推动机头后退。一旦滚柱完全脱离卡槽，枪机的两部分就一起后坐，直到撞击抛壳挺时才将弹壳从枪右侧的抛壳窗抛出。

基本参数	
口径	9 毫米
全长	680 毫米
枪管长	225 毫米
重量	2.54 千克
弹容量	15、30 发
有效射程	200 米

作战性能

与 MP5 同时期研制的冲锋枪普遍采用自由后坐式，以便大量生产，但由于枪机质量较差，射击时枪口跳动较大，准确性不佳，而 MP5 冲锋枪采用 HK G3 系列结构复杂的闭锁枪机，且采用传统滚柱闭锁机构来延迟开锁，射击时枪口跳动较小。因此，MP5 冲锋枪的性能尤为优越，特别是半自动、全自动射击精度相当高，而且射速快、后坐力小、重新装弹迅速，完全弥补了威力稍低的缺点。

德国 Kar98K 半自动步枪

Kar98k 是由 Gew 98 毛瑟步枪改进而来的一款半自动步枪，是二战中德国军队广泛装备的制式步枪，也是战争期间产量最多的轻武器之一。

结构解析

Kar98k 沿用了毛瑟 Gew 98 步枪经典的旋转后拉式枪机，这是一种简单而又坚固的整体式枪机，能使步枪获得更好的精准度。枪机有两个闭锁齿，都位于枪机顶部。枪机拉柄与枪机本身连接，Kar98k 将 Gew 98 的直形拉柄改成了下弯式，便于携行和安装瞄准镜。枪机尾部是保险装

基本参数	
口径	7.92 毫米
全长	1110 毫米
枪管长	600 毫米
重量	3.7 千克
弹容量	5 发
枪口初速	760 米／秒

置。Kar98k 的用途较多，而作为狙击步枪使用时加装了 4 倍、6 倍光学瞄准镜。

作战性能

Kar98k 是一种可靠而精准的步枪，被认为是二战中最好的旋转后拉式枪机步枪之一。对有经验的狙击手来说，使用配有 4 倍瞄准镜的 Kar98K 狙击步枪可射杀 400 米处的目标，若选择 6 倍瞄准镜则可射杀 1000 米处的目标。Kar98k 的缺点在于射速慢，同时期的英国李 – 恩菲尔德步枪能在一分钟内射击更多次。在生产过程中，Kar98k 步枪经历了数次改进，众多改进的目的在于缩减制造成本。但是因为原料不足、时间紧迫以及技术缺乏，随着战争的进行，这种步枪在制作工艺上越来越差。

德国 StG44 突击步枪

StG 44 是德国在二战期间研制的一款突击步枪，也是世界上第一款真正意义上的突击步枪。

结构解析

StG 44 突击步枪采用导气式自动原理和枪机偏转式闭锁方式。该枪在子弹击发后，火药气体被导出枪管进入导气管驱动活塞带动枪机动作，并完成抛弹壳和子弹上膛动作。StG 44 突击步枪可选择单发或连发的射击模式，机匣等零件采用冲压工艺制造，易于生产，而且成本较低。

基本参数	
口径	7.92 毫米
全长	940 毫米
枪管长	419 毫米
重量	4.62 千克
弹容量	30 发
枪口初速	685 米／秒

作战性能

StG 44 突击步枪具有冲锋枪的猛烈火力，连发射击时后坐力小易于掌握，在 400 米距离内拥有良好的射击精度，威力也接近普通步枪弹，而且重量较轻，便于携带。该枪成功地将步枪与冲锋枪的特性相结合，受到德国前线部队的广泛好评。StG 44 突击步枪对轻武器的发展有着非常重要的影响，自其诞生之后，许多自动步枪都开始使用短药筒弹药，并逐渐取代了老式步枪。

德国 G3 自动步枪

G3 自动步枪是德国黑克勒·科赫公司于 20 世纪 50 年代以 StG45 步枪为基础改进而来的现代化自动步枪，是世界上制造数量最多、使用最广泛的自动步枪之一。

结构解析

G3 采用半自由枪机式工作原理，零部件大多使用冲压件，机加工件较少。机匣为冲压件，两侧压有凹槽，起导引枪机和固定枪尾套的作用。枪管装于机匣之中，并位于机匣的管状节套的下方。管状节套点焊在机匣

基本参数	
口径	7.62 毫米
全长	1026 毫米
枪管长	450 毫米
重量	4.41 千克
弹容量	5、10、20 发
枪口初速	800 米／秒

上，里面容纳装填杆和枪机的前伸部。装填拉柄在管状节套左侧的导槽中运动，待发时可由横槽固定。发射机构是一个独立的组合件，用连接销固定在机匣上。该枪采用机械瞄准具，并配有光学瞄准镜和主动式红外瞄准具。

作战性能

G3 自动步枪的零部件大多是冲压件，机加工件较少。该枪具有很高的精度，这是它结构的优点，缺点则是弹容量小、射速较慢。因此，G3 自动步枪只适合在中远程距离上用，近战时很难发挥大的作用。经过半个世纪的发展，G3 自动步枪已成为使用最广泛的自动步枪之一，数量和 FN FAL 自动步枪相差无几。

德国 G36 突击步枪

G36 突击步枪是德国黑克勒·科赫公司在 1995 年推出的一款现代化突击步枪，是德国国防军自 1995 年以来的制式步枪。

结构解析

G36 步枪采用转栓式枪机、短行程活塞导气系统设计，具有模块化、信息化的特点。G36 步枪的机匣以碳纤维聚合物制造，清枪分解时无须专用工具。枪机拉柄在机匣上方，左右手皆可操作。各个型号的 G36 步枪都附有折叠枪托，并且折叠时不妨碍排壳口运作。该枪有单发、二连发、三连发和全自动发射模式，具体情况取决于不同型号的板机组。

基本参数	
口径	5.56 毫米
全长	999 毫米
枪管长	480 毫米
重量	3.63 千克
弹容量	30、100 发
枪口初速	920 米／秒

作战性能

G36 大量使用高强度塑料，质量较轻、结构合理、操作方便，模块化设计大大提高了它的战术性能。其模块化优势体现在，只用一个机匣，变换枪管、前护木就能组合成多种不同用途的枪械。由于步枪的射击活动部件大都在机匣内，多种枪型使用同一机匣，步枪的零配件大为减少。在战场上，轻机枪的枪机打坏了，换上短突击步枪的枪机也可以使用。

德国 MG42 通用机枪

　　MG42 通用机枪是德国于 20 世纪 30 年代研制的通用机枪，德军在二战时期大量采用，也是二战中最著名的机枪之一。

结构解析

　　MG42 通用机枪采用枪管短后坐式工作原理，滚柱撑开式闭锁机构，击针式击发机构，发射机构只能连发射击。该枪采用机械瞄准具，瞄准具由弧形表尺和准星组成，准星与照门均可折叠。

基本参数	
口径	7.92 毫米
全长	1120 毫米
枪管长	533 毫米
重量	11.57 千克
有效射程	1000 米
最大射速	1200 发／分

作战性能

　　MG42 通用机枪使用德国毛瑟 98 式的 7.92 毫米子弹，射速非常快，并会发出独特的枪声，因此被各国军人取了许多绰号，如"亚麻布剪刀""希特勒的电锯""骨锯"等。MG42 通用机枪在实战中也很可靠，在 –40℃的严寒中，依然可以保持稳定的射击速度。

意大利伯莱塔 M12 冲锋枪

　　伯莱塔 M12 冲锋枪是意大利伯莱塔公司于 1958 年研制的一款冲锋枪，1961 年开始成为意大利军队的制式装备，之后也被非洲和南美洲部分国家选作制式装备。

结构解析

　　伯莱塔 M12 冲锋枪采用环包枪膛式设计。枪管内外经镀铬处理，长 200 毫米，其中 150 毫米是由枪机包覆，这种设计有助缩短整体长度。该枪可以全自动和单发射击，后照门可设定瞄准距离为 100 米或 200 米。此外，伯莱塔 M12 冲锋枪拥有手动扳机阻止装置，能自动令枪机停止在闭锁安全位置的按钮式枪机释放装置。

基本参数	
口径	9 毫米
全长	660 毫米
枪管长	180 毫米
重量	3.48 千克
有效射程	200 米
最大射速	550 发／分

作战性能

　　伯莱塔 M12 冲锋枪有三种弹匣，容量分别为 20 发、30 发和 40 发。金属管制成的枪托可折叠到枪身右侧，也可改为安装可拆卸的木质固定枪托。由于横向尺寸小，加上采用包络式枪机和可折叠枪托，伯莱塔 M12 冲锋枪的整体尺寸紧凑，容易隐藏和携带，操作简单，性能也非常可靠。

意大利 AR70/90 突击步枪

AR70/90 是由意大利伯莱塔公司于 20 世纪 70 年代研制的一款突击步枪，是目前意大利武装部队的制式步枪。

结构解析

AR70/90 步枪采用导气式工作原理，回转式枪机闭锁，枪机上有两个闭锁突笋，活塞筒在枪管上方。活塞筒与气体调节器固定在一起，气体调节器有三个位置：打开时为正常位置，再打开为恶劣条件下使用的位置，关闭时为发射枪榴弹的位置。标准型击发机构可进行单发、连发和三发点射。AR70/90 步枪的附件非常多，包括刺刀、可拆卸的轻合金两脚架、空包弹助推器、提把等。

基本参数	
口径	5.56 毫米
全长	998 毫米
枪管长	450 毫米
重量	4.07 千克
弹容量	30、100 发
枪口初速	1950 米／秒

作战性能

AR70/90 步枪在保留 AR70 步枪基本结构的基础上，做了某些重要改进。AR70/90 的零部件较少，只有 105 个，而且有 80% 的零部件可与 AR70 互换，易于分解和结合，具有操作顺手、坚固耐用、可靠性强、射击精度高等特点。除了基本型外，AR70/90 系列步枪还有卡宾型、短卡宾枪型和轻机枪型等型号。基本型主要装备常规步兵，卡宾枪型主要装备特种部队，短卡宾枪型主要装备装甲部队、特种部队和空降部队。

瑞士 Sauer P226 手枪

Sauer P226 手枪是由瑞士西格·绍尔公司研制的一款全尺寸半自动手枪，1980 年开始生产。

结构解析

P226 手枪采用枪管短后坐工作原理，枪管摆动式开闭锁方式，常规双动扳机击发机构。这种双动式发射机构通过扣压扳机使击锤向后回转呈待发状态，继续扣动扳机，击锤在击锤弹簧的作用下向前击发子弹。另外，该枪也可以手动使击锤待发，再扣动扳机实现单动击发。

基本参数	
口径	9 毫米
全长	195.6 毫米
枪管长	111.8 毫米
重量	0.96 千克
弹容量	20 发
有效射程	50 米

作战性能

P226 手枪可以发射 9×19 毫米、10×22 毫米（.40）S&W、9×22 毫米（.357）SIG 和 5.6×15 毫米（.22）LR 四种手枪弹，射击精度很高。其中 40 S&W 与 .357 SIG 口径之间的转换十分简单，只要更换枪管即可。与西格·绍尔公司之前的 P220 手枪相比，P226 主要增大了弹匣容量。除弹匣外，另一个改进就是两侧都可以使用的弹匣卡笋。P226 可以不改变握枪的手势就能直接用拇指操作弹匣解脱扣。

瑞士 SIG SG 550 突击步枪

SG 550 是由瑞士 SIG 公司于 20 世纪 70 年代研制的突击步枪，被瑞士陆军选作制式步枪。

结构解析

SG 550 步枪采用导气式自动方式，子弹发射时的气体不是直接进入导气管，而是通过导气箍上的小孔，进入活塞头上面弯成 90°的管道内，然后继续向前，抵靠在导气管塞子上，借助反作用力使活塞和枪机后退

基本参数	
口径	5.56 毫米
全长	998 毫米
枪管长	528 毫米
重量	4.05 千克
弹容量	5、10、20、30 发
枪口初速	905 米／秒

而开锁。SG 550 步枪的枪管用镍铬钢锤锻而成，枪管壁很厚，没有镀铬。SG 550 步枪的透明弹匣两侧附有弹匣连接卡笋，使多个弹匣不需要附加其他装置就可以很方便地并联在一起。

作战性能

SG 550 步枪结构简单，只有 174 个零部件。同时，SG 550 步枪大量采用冲压件和合成材料，大大减小了重量。该枪坚固耐用，可靠性好，机动性强，费效比好，耐高温，抗严寒，是一款设计比较成功的小口径步枪。SG 550 步枪采用屈光校准瞄准具，高低与方向可调。瞄准具上有荧光点，便于夜间瞄准射击。此外，还可安装望远瞄准镜或红外瞄准具，也可使用北约 STANAG 标准瞄准具座，安装任何光学瞄准镜。

比利时 FAL 自动步枪

FAL（Light Automatic Rifle，轻型自动步枪）是由比利时枪械设计师塞弗设计的自动步枪，它是世界上最著名的步枪之一，曾是很多国家的制式装备。

结构解析

FAL 步枪采用气动式工作原理，枪机偏移式闭锁方式。导气装置位于枪管上方，导气箍前端有可调整的螺旋气体调节器，可根据不同的环境状况来调整枪弹发射时进入导气装置的火药气体压力，可选择发射枪榴弹。该枪由 20 发弹匣供弹，带空仓挂机机构，不随枪机运动的拉机柄位于机匣左侧，快慢机柄可选择单发和连发射击模式，机匣上方装有可折叠的提把。枪托接近枪管中心线，能有效抑制枪口跳动，枪口装有消焰器。

基本参数	
口径	7.62 毫米
全长	1090 毫米
枪管长	533 毫米
重量	4.25 千克
弹容量	20 发
枪口初速	840 米／秒

作战性能

FAL 步枪单发射击精度高，但由于使用的弹药威力大，射击时后坐力大使连发射击时难以控制，存在散布面较大的问题。不过瑕不掩瑜，由于 FAL 步枪工艺精良、可靠性好，成为装备国家最广泛的军用步枪之一，FN 公司直到 20 世纪 80 年代仍在生产。直到 20 世纪 80 年代后期，随着小口径步枪的兴起，许多国家的制式 FAL 才逐渐被替换。

比利时 FN MAG 通用机枪

FN MAG 是比利时国营赫斯塔尔公司于 20 世纪 50 年代初期研制的一款气动式操作的通用机枪，发射 7.62×51 毫米北约标准步枪弹。

▶ 结构解析

FN MAG 是全自动、气冷、气动式操作的通用机枪，采用长方形冲铆件机匣，强度较好，而且机匣内部、表面均采用表面镀铬处理。该枪由开放式链接、金属弹链从左侧的供弹口供弹。其供弹机构有两种类型：第一种是美国研制的 M13 可散式弹链，另一种则是德国的 DM1 不可散式

基本参数	
口径	7.62 毫米
全长	1263 毫米
枪管长	630 毫米
重量	12.5 千克
枪口初速	853 米／秒
有效射程	1100 米

弹链。FN MAG 配备了一个固定式木质枪托、手枪握把、提把和机械瞄具，机械瞄具包括前端的刀片状准星和 1 个具有两种照门的可折叠叶片式表尺。

▶ 作战性能

FN MAG 通用机枪与俄罗斯 PK 系列一样是目前世界上最流行的通用机枪之一，并于全球各地的武装冲突中被广泛使用。这种机枪可作轻、重机枪使用，战术用途广，结构坚固，动作可靠。

比利时 FN Minimi 轻机枪

FN Minimi 轻机枪是由比利时国营赫斯塔尔工厂设计的一款轻机枪，被世界多国采用为制式装备，美国将其命名为 M249 班用自动武器。

结构解析

FN Minimi 采用开膛待击的方式，增强了枪膛的散热性能，可有效防止枪弹自燃。导气箍上有一个旋转式气体调节器，是以 FN MAG 机枪的气体调节器为基础发展而成，有三个位置可调节：一个为正常使用，一个位置为在复杂气象条件下使用，另一个位置是发射枪榴弹时使用。

基本参数	
口径	5.56 毫米
全长	1038 毫米
枪管长	465 毫米
重量	7.1 千克
有效射程	1000 米
最大射速	750 发／分

作战性能

FN Minimi 采用 5.56×45 毫米子弹所制的可散式金属弹链供弹，也可以使用北约标准的 20 发或 30 发弹匣。FN Minimi 在枪托下装有折合式两脚架，配有可快速更换及自动归零的长或短重枪管，而由于采用了小口径弹药，FN Minimi 的重量比 7.62 毫米通用机枪轻得多，总重量仅有 7.1 千克，可靠性也更高，所以更适合作为班用支援武器。

比利时 FN P90 冲锋枪

FN P90 冲锋枪是比利时国营赫斯塔尔公司于 1990 年推出的个人防卫武器，P90 是 "Project 90" 的简写，意即 90 年代的武器专项。

结构解析

FN P90 冲锋枪采用单纯反冲运作原理，由枪机重量造成的惯性及复进弹簧的阻力使子弹发射时保持闭锁，以保证 FN P90 冲锋枪能精准射击。FN P90 冲锋枪能够有限度地同时取代手枪、冲锋枪及短管突击步枪等枪械，它使用的 5.7×28 毫米子弹能把后坐力降至低于手枪，而穿透力还能有效击穿手枪不能击穿的、具有四级甚至于五级防护能力的防弹背心等个人防护装备。

基本参数	
口径	5.7 毫米
全长	500 毫米
枪管长	263 毫米
重量	2.54 千克
有效射程	150 米
弹容量	50 发

作战性能

FN P90 冲锋枪的枪身重心靠近握把，有利单手操作并灵活地改变指向。经过精心设计的抛弹口，可确保各种射击姿势下抛出的弹壳都不会影射击。水平弹匣使得 FN P90 冲锋枪的高度大大减小，卧姿射击时可以尽量伏低。此外，FN P90 冲锋枪的野战分解非常容易，经简单训练就可在 15 秒内完成不完全分解，方便保养和维护。

奥地利 Glock 17 手枪

Glock 17 手枪是由奥地利格洛克公司设计并生产的半自动手枪，1983年成为奥地利军队的制式手枪，此后被世界上数十个国家的军队和执法机构所采用。

结构解析

Glock 17 手枪的外形非常简洁，完全不像传统的手枪外形设计那样讲究曲线的运用。该枪的设计十分符合实战应用，便于随身携带和使用。手枪握把与枪管轴线的夹角比任何手枪都要大，这个角度是根据人体手臂自然抬起的瞄准姿势与身体的角度而定的，因此几乎不用刻意瞄准便可

基本参数	
口径	9 毫米
全长	186 毫米
枪管长	114 毫米
重量	0.62 千克
弹容量	17 发
有效射程	50 米

举枪射击，这样的设计在突然遭遇的近战中瞄准反应速度特别快而且精准度较高。

作战性能

Glock 17 手枪及其衍生型都以可靠性著称。因为坚固耐用的制造和简单化的设计，它们能在一些极端的环境下正常运作，并且能使用相当多种类的子弹，更可改装成冲锋枪。Glock 17 的零部件也不多，维修相当方便。与其他 Glock 手枪一样，Glock 17 有 3 个安全装置。另外，必要时 Glock 17 手枪还可以在水下发射。

奥地利 AUG 突击步枪

AUG 是由奥地利斯泰尔·曼利夏公司于 1977 年推出的军用自动步枪，它是历史上首次正式列装、实际采用犊牛式设计的军用步枪。

结构解析

AUG 步枪采用短活塞导气原理，导气活塞插入枪管上的连接套内，连接套内有导气室，导气活塞的复进簧也位于导气室内。外形上最突出的特点是无托结构，这使得它的全长在不影响弹道表现下缩短了 25%(与其他有同样枪管长度的步枪相比)。AUG 的枪机系统由枪机

基本参数	
口径	5.56 毫米
全长	790 毫米
枪管长	508 毫米
重量	3.6 千克
弹容量	30 发
枪口初速	970 米 / 秒

框、两个空心复进簧导杆、复进簧、活塞和拉机柄组成。其机匣采用铝合金压铸，耐腐蚀，有钢增强嵌件。枪管用高强度钢冷锻成形，弹膛和枪膛镀铬。该枪使用半透明弹匣，射手可以快速地检视子弹存量，其控制系统也可左右对换。

作战性能

AUG 将以往多种已知的设计理念聪明地组合起来，结合成一个可靠美观的整体。它是当时少数拥有模块化设计的步枪，其枪管可快速拆卸，并可与枪族中的长管、短管、重管互换使用。在奥地利军方的对比试验中，AUG 的性能表现可靠，而且在射击精度、目标捕获和全自动射击的控制方面表现优秀，与 FN FAL、M16 等著名步枪相比毫不逊色。

奥地利 SSG 69 狙击步枪

SSG 69 是奥地利斯太尔·曼利夏公司研制的旋转后拉式枪机狙击步枪，目前是奥地利陆军的一款制式狙击步枪。

结构解析

SSG 69 的闭锁方式为枪机回转式，开、闭锁时需人工将枪机转动 60°。扳机为两道火式，扳机行程的长短和扳机拉力的大小均可以进行调整。机匣后端上方的滑动型保险卡锁起枪机保险和击针保险的作用。该枪采用加长机匣，

基本参数	
口径	7.62 毫米
全长	1140 毫米
枪管长	650 毫米
重量	3.9 千克
弹容量	5 发
枪口初速	860 米／秒

使枪管座的长度达到 51 毫米，从而使枪管与机匣牢固结合。枪管采用冷锻加工方法制造。枪托用合成材料制成，托底板后面的缓冲垫可以拆卸，因此枪托长度可以调整。

作战性能

SSG 69 的精准度大约是 0.5 MOA，大大超出奥地利军队最初提出的狙击步枪设计指标。无论在战争还是大大小小的国际比赛之中，SSG 69 都证明了它是一支非常准确的狙击步枪。据奥地利宪兵突击队 (GEK) 中的狙击手称，SSG 69 可以在 100 米处命中一枚硬币、500 米处命中头像靶、800 米处命中胸环靶。不过，SSG 69 最大的优点在于保证精度的条件下减小了质量，很多口径相同且精度与 SSG 69 不相上下的狙击步枪的质量要大得多。

以色列"乌兹"冲锋枪

"乌兹"冲锋枪是由以色列国防军军官乌兹·盖尔于 1948 年开始研制的轻型冲锋枪，其结构简单，易于生产，被世界上许多国家的军队、警队和执法机构采用。

结构解析

"乌兹"冲锋枪采用自由式枪机(惯性闭锁)，枪机结构为包络式，这种结构的优点是结构紧凑。在枪机闭锁、击发瞬间的时候，枪机的前部有很长一段套在枪管尾部。这样既可以缩短全枪长度，又可以在万一发生早发火或迟发火等

基本参数	
口径	9 毫米
全长	650 毫米
枪管长	260 毫米
空枪重量	3.5 千克
有效射程	120 米
射速	600 发／分

故障的情况下避免损坏枪的工作机构或伤害射手。而且由于该枪采用前冲击发，可以抵消一部分火药气体压力冲量，因此在同等效果下，其枪机重量能比采用闭膛待击的自由式枪机的重量减轻一半。

作战性能

"乌兹"冲锋枪最突出的特点是和手枪类似的握把内藏弹匣设计，能使射手在与敌人近战交火时能迅速更换弹匣(即使是在黑暗环境)，保持持续火力。不过，这个设计也影响了枪口的高度，导致卧姿射击时所需的空间更大。此外，在沙漠或风沙较大的地区作战时，射手必须经常分解清理"乌兹"冲锋枪，以避免在射击时出现卡弹等情况。

以色列 Galil 步枪

Galil（加利尔）是以色列军事工业在 20 世纪 70 年代末研制的一款步枪，分为两种口径，分别是发射 5.56×45 毫米子弹的突击步枪、发射 7.62×51 毫米子弹的自动步枪。

结构解析

Galil 步枪采用导气式工作原理，枪机回转式闭锁方式。导气活塞筒内的排气孔固定，无气体调节器。导气箍固定在枪管上，导气孔向后倾斜，与枪管轴线成 30° 夹角。活塞头和活塞杆均镀铬，活塞杆在机匣上方运动。活塞头

基本参数	
口径	7.62 毫米
全长	1112 毫米
枪管长	509 毫米
重量	7.65 千克
弹容量	25 发
枪口初速	950 米／秒

上有 6 个排气孔，活塞杆后端的延伸部为机框，机框上半部为中空，容纳复进簧。枪机上有一个导柱，在枪机框的定型槽中运动。枪机上的两个闭锁突笋在击发前旋转送入闭锁卡槽，完成闭锁，并牢固地支撑住枪弹。拉机柄与机框连在一起，机柄复进到位，即表示枪机已确实闭锁。机柄自机匣右侧伸出，向上弯曲，左右手均可拉动。

作战性能

Galil 步枪吸收了 AK-47、AKM 步枪抗风沙性好、结实耐用等特点的同时，还有许多独特之处：零件小、结构简单、机构动作可靠、使用性好、互换性高等，尤为突出的是平稳性好，不论是单发射击还是连发射击，都非常容易控制。不过，Galil 步枪很重，几乎是同口径步枪中最重的。

以色列"内盖夫"轻机枪

　　"内盖夫"（NEGEV）轻机枪是由以色列军事工业于20世纪90年代研制的一款轻机枪，1997年开始装备以色列国防军。

结构解析

　　与FN Minimi轻机枪相同，"内盖夫"轻机枪可以弹链及弹匣供弹，但弹匣口改为机匣下方，配有塑料套的两脚架及M1913皮卡汀尼导轨，其两脚架可充当前握把。后期型"内盖夫"配有独立前握把及可拆式激光瞄准器，也可装上短枪管，枪托折叠时不会阻碍弹盒，设计紧凑。

基本参数	
口径	5.56 毫米
全长	1020 毫米
枪管长	460 毫米
重量	7.5 千克
有效射程	1000 米
最大射速	850 发／分

作战性能

　　"内盖夫"轻机枪可靠而准确，有着轻型、紧凑及适合沙漠作战的优势，更可通过改变部件或设定来执行特别行动而不会减低火力及准确度。该枪使用5.56×45毫米子弹，可以使用标准的弹链、弹鼓或弹匣供弹，可腰际夹持射击或者用两脚架、三脚架射击，或者在地面、车辆、直升机上的枪架上进行射击。

捷克 CZ 52 手枪

CZ 52 手枪是捷克塞斯卡 – 直波尔约夫卡兵工厂研制的一款半自动手枪，1952 年被捷克斯洛伐克军队选作制式手枪。

结构解析

CZ 52 手枪采用后坐反冲式设计，8 发可拆卸弹匣，单动模式。此枪在设计时受到德国 MG42 通用机枪的滚轴闭锁系统影响，这种机构很少被用在手枪上，但 CZ 52 手枪却将其运用了起来。总体来说，CZ 52 手枪的发射机构设计比较简单，充分考虑了零件的加工工艺性，尽可能地使用了冲压件。

基本参数	
口径	7.62 毫米
全长	209 毫米
枪管长	120 毫米
重量	950 克
有效射程	50 米
枪口初速	500 米／秒

作战性能

CZ 52 手枪采用威力较大的 M48 子弹（这种弹药原本是供给冲锋枪用的），有较大的后坐力。此外，精准度和寿命都不比发射 9 毫米鲁格弹的手枪优秀，所以 CZ 52 手枪的国外用户并不多。

芬兰索米 M1931 冲锋枪

索米 M1931 冲锋枪是芬兰在二战期间设计的冲锋枪，"索米"在芬兰语中意为"芬兰"，因此也被称为芬兰冲锋枪。

结构解析

索米 M1931 冲锋枪采用传统的自由枪机、开膛待击，比较特殊的地方当属枪栓。传统冲锋枪的枪栓跟随枪机来回运动，而索米 M1931 冲锋枪的枪栓拉上以后就固定不动，使得枪膛封闭，就避免了杂物进入枪膛造成故障。

基本参数	
口径	9 毫米
全长	870 毫米
枪管长	314 毫米
重量	4.6 千克
有效射程	200 米
最大射速	900 发／分

作战性能

索米 M1931 冲锋枪被许多人认为是二战期间最成功的冲锋枪之一，其众多设计被后来的冲锋枪所效仿。索米 M1931 冲锋枪由于枪管较长，做工精良，所以其射程和射击精准度比大批量生产的苏联 PPSh-41 冲锋枪高出很多，而射速和装弹量则与 PPSh-41 冲锋枪一样。它最大的弊端在于过高的生产成本，所采用的材料是瑞典的优质铬镍钢，并以狙击步枪的标准生产，费工费时。

参考文献

[1]瑾蔚. 战争之王：火炮[M]. 北京：中国铁道出版社，2017.

[2]深度军事. 坦克与装甲车大百科[M]. 北京：清华大学出版社，2015.

[3]李斌. 经典陆战武器装备[M]. 北京：中国经济出版社，2015.

[4][英]罗伯特·杰克逊. 坦克与装甲车视觉百科全书[M]. 北京：机械工业出版社，2012.

[5]黎贯宇. 世界名枪全鉴[M]. 北京：机械工业出版社，2013.

[6]李大光. 世界著名战车[M]. 西安：陕西人民出版社，2011.

[7]郭漫. 世界陆军武器图鉴[M]. 北京：航空工业出版社，2010.